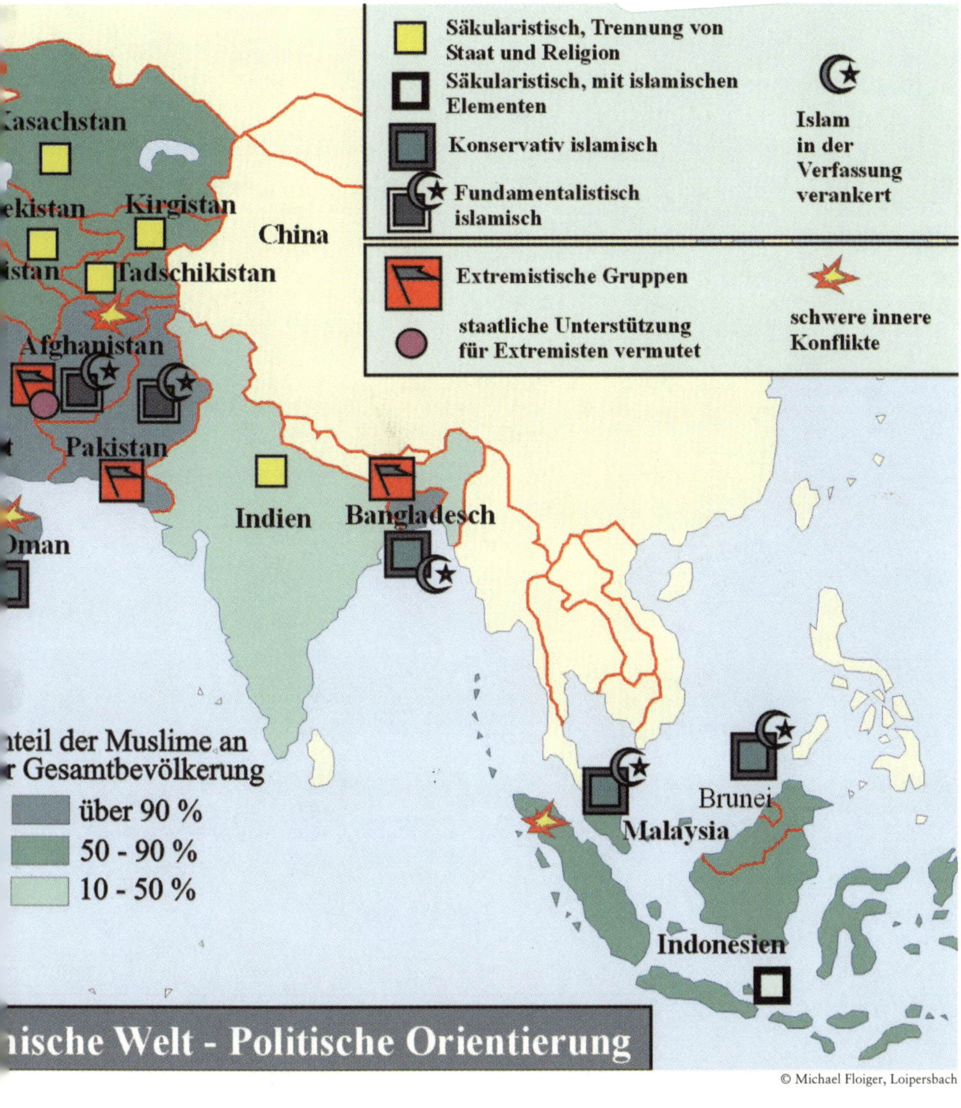
Säkularistisch, Trennung von Staat und Religion
Säkularistisch, mit islamischen Elementen
Konservativ islamisch
Fundamentalistisch islamisch
Islam in der Verfassung verankert
Extremistische Gruppen
staatliche Unterstützung für Extremisten vermutet
schwere innere Konflikte
Kasachstan
Kirgistan
China
Tadschikistan
Afghanistan
Pakistan
Indien
Bangladesch
Oman
Brunei
Malaysia
Indonesien
nteil der Muslime an
r Gesamtbevölkerung
über 90 %
50 - 90 %
10 - 50 %
nische Welt - Politische Orientierung

Karin Kneissl

DIE GEWALTSPIRALE

Karin Kneissl

DIE GEWALTSPIRALE

Warum Orient und Okzident nicht miteinander können

ecowin

Karin Kneissl
Die Gewaltspirale
Warum Orient und Okzident nicht miteinander können
Salzburg: Ecowin Verlag GmbH, 2007
ISBN: 978-3-902404-39-8

Unsere Web-Adresse:
www.ecowin.at

1 2 3 4 5 / 09 08 07

Lektorat: Arnold Klaffenböck
Covergestaltung: www.adwerba.at (Stephan Enzinger)

Gesamtherstellung: Druckerei Theiss GmbH, A-9431 St. Stefan, www.theiss.at
Printed in Austria

Gewidmet ist dieses Buch
der russischen Journalistin Anna Politkovskaja,
hingerichtet von einem Auftragsmörder
am 7. Oktober 2006 in Moskau,
und dem libanesischen Journalisten Samir Kassir,
den eine Autobombe am 2. Juni 2005 in Beirut
heimtückisch tötete.

Beide Kollegen haben gegen die Gewalt
von Krieg und Besatzung geschrieben.
Sie sind mutig für die Wahrheit und eine Versöhnung
zwischen Ost und West eingetreten.

Inhaltsverzeichnis

Einleitung

„In den USA spielen wir nicht Schach, sondern Baseball. Die Devise lautet: Schlag zu und lauf", so der Nahostexperte der Brookings-Stiftung, William Quandt. Mit diesem sportlichen Vergleich erläuterte mir Quandt 1989 den Zickzackkurs der USA im Nahen Osten. Als junge Studentin, die eine Arbeit über die Rolle der USA im Libanon an der Universität Georgetown verfasste, suchte ich bei diesem ehemaligen Berater des US-Präsidenten Rat. In wochenlanger Arbeit in den Archiven der Washingtoner Library of Congress war ich die Mikrofiches diverser US-Zeitungen zwischen 1974 und 1979 durchgegangen und musste immer wieder die vielen Widersprüche der Politik Washingtons im Libanon feststellen. Das Bild vom Baseballspieler, der den Ball schlug und loslief, ohne sich viele Gedanken über Sinn und Ziel zu machen, schien nun aber vieles in diesem Chaos zu erklären. „Hit and run" anstelle langer Reflexionen über den nächsten und übernächsten Schachzug des Gegners, wie es das Schachspiel kennt. Damit wurde einiges klarer.

Seither erklärt sich aus dieser Metapher für meine Sicht auf die Probleme zwischen östlicher und westlicher Welt auch der Zusammenprall unterschiedlicher Verhandlungsstile und Mentalitäten zwischen Ost und West. Besonders deutlich konnte ich diese Differenzen in den OPEC-Konferenzen beobachten. Der westliche Analyst, besessen von der Überzeugung, die Zukunft zu kontrollieren, will hier und jetzt klare Informationen, um zur Hauptsendezeit seinen Beitrag zu bringen. Dabei trifft sein Zeitverständnis auf jenes des nahöstlichen Ölministers, der sich alle Zeit der Welt nimmt, um im Konsens und bei einer Serie von Teetassen alle Punkte mit seinen Amtskollegen zu besprechen.

Das Verhältnis zwischen Orient und Okzident ist aber nicht nur eines des Konflikts, wie dieses Buch anhand einer Reihe von Krisenherden darstellt. Vielmehr sind die Brückenschläge zwischen den beiden Zivilisationen seit Jahrtausenden so intensiv, dass die Entwicklung in der einen Weltregion ohne die Folgen für die andere unvorstellbar erscheint. Die Verbindungen zu Europa sind besonders eng. Neben der historischen Verantwortung der Europäer, die in der Neuordnung der Karten der Region nach dem Ersten Weltkrieg durch die Briten und in der Vernichtung des europäischen Judentums während der NS-Herrschaft besteht, stellen die europäische Abhängigkeit von Energielieferungen aus dem nahöstlichen Raum und die wachsende muslimische Bevölkerung in Europa einen Teil dieses Dilemmas zwischen Orient und Okzident dar.

In den meisten kontinentaleuropäischen Sprachen ist vom Nahen, nicht vom Mittleren Osten die Rede. Denn die Region ist Europa wahrlich nahe. Aus Londoner Perspektive hingegen betrachtet, bildet die Region eher einen „Middle East". Für Kontinentaleuropa ist der Nahe Osten schon über die Verbindung zum Mittelmeer historisch und kulturell näher, als dies für die USA zum Beispiel gilt.

Aus dem einstigen „mare nostrum" des Römischen Imperiums, Wiege der gemeinsamen Kultur rund um das Mittelmeer, wurde aber ein Meer der Gefahren, mögen sie sich illegale Migration, ökologische Bedrohung oder Islamisierung Europas nennen. Dabei stand eine phönizische Prinzessin aus Tyros im heutigen Südlibanon Patin bei der Namensgebung des Kontinents. Der griechischen Mythologie zufolge verliebte sich Göttervater Zeus in die junge Dame. Als Stier verwandelt entführte er die Orientalin namens Europa nach Kreta. Und wir wurden zu Europäern.

Weiter im Norden an der libanesischen Küste liegt ein weiterer weltgeschichtlich bedeutender Stadtstaat, eine echte Polis, die 7000 Jahre durchgehender Besiedlung aufweisen kann: Byblos. Bei diesem Namen handelt es sich um die griechische Version für Papyrus, also das Papier. Damit war der Stadtstaat, dessen Blütezeit als ägyptischer Vasall auf dem Zedernhandel fußte, auch Pate für das Wort „Bibel". Der Libanon bietet trotz seiner konfessionellen Grenzen das ideale Ambiente für die Debatte über den Dialog zwischen Orient und Okzident, wozu sich auch Universitäten und religiöse Gemeinschaften allen Widrigkeiten zum Trotz immer wieder aufraffen. Denn hier finden sich faszinierende Beispiele gelebter politischer Kultur, ob in der Form der Koexistenz oder der Konfrontation einer gemischten Gesellschaft. Ist doch dieses kleine Land mit seinen 18 Konfessionen Inbegriff der Absurditäten unserer kriegerischen Zeiten.

Der Zweifel an Brücken im großen Stil zwischen den Kulturen ist jedoch groß. Das Pulverfass Mazedonien oder Bosnien sind nur ein Beispiel unter vielen auf dem Balkan, wie rasch sich die Flächenbrände im Kampf um Behauptung kultureller Rechte, sei es die Verwendung der Muttersprache oder das Praktizieren der Religion, entfachen können. Und der Libanon ist der nahöstliche Mikrokosmos, in welchem sich die religiösen und kulturellen Bruchlinien bedauerlicherweise nach 16 Jahren Krieg und Vertreibung verfestigt haben. Eine Jugend, die infolge des politischen Chaos nur die jeweiligen „Kantone" innerhalb ihrer ethnischen Zugehörigkeit erlebt hat, beachtet das Wesen der Religion und die Kultur der Mitbürger nicht. Ignoranz und Arroganz gegenüber dem Anderen sind die Folge. Wie ein roter Faden zieht sich von Granada 1492 über Saloniki und Odessa nach dem Ersten Weltkrieg, allesamt einst Zentren gemischter Kulturen, bis nach Sarajevo und Beirut die blutige Tendenz, ethnisch zu säubern.

Das Modell des unverbindlichen „Multikulti" in Deutschland, Österreich und anderen westlichen Gesellschaften hat längst ausgedient, wie der Göttinger Politikwissenschaftler Bassam Tibi feststellt. Tibi fordert statt dieser wertneutralen Doktrin Dialog und eine allgemein akzeptable Leitkultur für Europa ein. Der entglittenen Debatte über eine deutsche Leitkultur setzt er ein anderes, klareres Wertekonzept gegenüber, um das aktuelle Vakuum, insbesondere in der deutschen Gesellschaft, zu füllen.

Allen gut gemeinten Ansätzen des besseren Verständnisses zum Trotz behauptet sich die Konstante wechselseitigen Misstrauens. Die Vorurteile blühen, politische Gewalt und Manipulation tragen zu Ängsten und Dämonisierung des Anderen bei. Die Dichte an Publikationen über die Kreuzzüge in arabischer Sprache belegt dieses bedauerliche Faktum ebenso, wie die von westlichen Medien systematisch gepflegten Stereotypen eines „islamischen Fanatismus". Die Spitze des Unfugs scheinen wir vorläufig mit dem Begriff des „islamischen Faschismus" erreicht zu haben, indem nun sämtliche Feindbilder vom Kommunismus über den Nationalsozialismus bis hin zu Mussolinis Faschismus mit dem politischen Islam in einen Topf geworden werden.

In diesen gefährlichen Antagonismus schiebt sich das ziellose Lavieren der EU um ihr Verhältnis zur Türkei. Nur wo und wann setzt sich das institutionalisierte Europa mit diesen Fragen, welche die Zukunft der Union nicht nur im Lichte der Migration unmittelbar mitgestalten, auseinander? Mit der Erweiterungsperspektive in Richtung Bosporus zeigt sich, wie brisant das Thema Religion auch in die an sich säkular orientierte EU einfließen kann. Befinden wir uns auf dem Weg zurück in mittelalterliche Denkkategorien, die zwei göttliche Gemeinschaften – die christliche „Civitas Dei" der islamischen „Umma" – einander gegenüberstellen? Diesem Eindruck kann sich der Beobachter kaum entziehen, so als hätten Aufklärung und Modernisierung nie stattgefunden. Für die Türkei wird ein EU-Beitritt zugleich immer mehr zu einer Frage der Ehre. Und dass sich die EU auf einen Minenpfad begeben hat, ist offenkundig. Es stellt sich daher immer dringender die Frage nach dem Umgang mit einem „europäischen Islam", der sich infolge der Migration bereits in Gestalt eines französischen oder deutschen Islam zeigt. Bekennt man sich ehrlich dazu, dass Religion und Kultur miteinander verschmelzen, dann bestehen eben diese kulturellen, sprich religiösen Grenzen. Sie liegen am Bosporus, mitten in der Föderation von Bosnien und Herzegowina, aber auch in den Satellitenstädten der Pariser Banlieues oder in Südspanien.

Unsere wechselseitigen Bilder voneinander, wie wir uns aus der religiösen Tradition heraus sehen und heute medial einander darstellen, verschärfen die Auseinandersetzung. Der griechische Held Alexander der Große, dessen Feldzüge in der abendländischen Geschichtsschreibung den Auftakt für die Verschmelzung von Ost und West im Sinne des Hellenismus bilden, hat ein völlig anderes Bild in Persien als in Europa. In den Ruinen von Persepolis, jener mächtigen Residenzstadt der persischen Kaiser, die der Grieche völlig niederbrennen ließ, lässt sich erahnen, warum hier jener europäische Held als „Alexander der Teufel" bezeichnet wird. Die iranischen Schulkinder haben die Geschichte nicht vergessen, und mag sie auch 2400 Jahre alt sein. Ähnlich verhält es sich mit den österreichischen Schulbüchern und den Türkenbelagerungen von Wien. Noch stärker wirken die vielen Daten des 20. Jahrhunderts in die Gegenwart hinein, so die Balfour-Deklaration, die eine jüdische Heimstätte in Palästina schuf, oder der Sechstagekrieg von 1967, der Israel zur Besatzungsmacht weiterer arabischer Gebiete machte.

Jene Stadt, welche aufgrund ihrer Rolle in der Heilsgeschichte dreier Weltreligionen theoretisch Symbol der Koexistenz der Kulturen sein sollte, hat sich indes zum Inbegriff für zwischenkulturelle Gewalt entwickelt. Jerusalem zeigt auf, wie weit die Menschheit vom Ideal der Koexistenz der Religionen entfernt ist. Eine Betonmauer trennt heute die Stadt, geht durch gewachsene Wohnviertel und steht für unüberwindbare Angst und Hass. Sie macht der Schandmauer von Berlin Konkurrenz.

Dieses Buch möchte einige dieser grundlegenden Probleme in acht unabhängig voneinander lesbaren Kapiteln in ihren historischen Ursachen und in ihrer aktuellen politischen Relevanz darstellen. Kaum ein Konflikt hat so viele Publikationen und Experten hervorgebracht wie der nahöstliche, der mittlerweile zu einem Krieg globalen Ausmaßes geworden ist. Warum also noch ein Buch über das offensichtlich unlösbare Dilemma?

Jeder Mensch sieht und erfährt den Konflikt aus einer anderen Lebenslage heraus. Meine erste Begegnung mit dem Nahen Osten hatte ich als Fünfjährige im Bürgerkrieg in Jordanien, wo meine Familie damals lebte. Was neben Bombenangriffen, Straßensperren und erschrockenen Erwachsenen in meiner Erinnerung blieb, ist aber auch ein ganz anderes Bild. Die dunklen Zelte unserer Nachbarn, der Beduinen, die mit ihren Tierherden die Täler von Amman ausfüllten, habe ich nicht vergessen. Hier lebten zufriedene Menschen. Sie waren in Frieden mit sich und der unwirtlichen Natur. Es sollte später als Studentin, Krankenpflegerin, Diplomatin und schließlich Journalistin die Rückkehr in den Orient folgen, um die Kenntnisse der arabischen und hebräischen Sprache zu vervollkommnen. Die Studien, die Suche nach den Quellen des Konflikts und der Wunsch, zu verstehen und zu helfen, trieben mich regelmäßig in den Nahen Osten. Dazwischen versuchte ich wieder Abstand zu gewinnen, angewidert und enttäuscht von all dem Wahnsinn, der sich in Beirut abspielte. Doch ohne diese Erfahrungen wäre ich nicht jene geworden, die ich bin. Mein Dank sei daher all jenen Menschen, Gastgebern und Gesprächspartnern ausgesprochen, die mir geholfen haben, das Dilemma ein wenig besser zu verstehen.

Dieser Streifzug durch einige schwierige Kapitel des Verhältnisses zwischen Orient und Okzident möge einen Beitrag dazu leisten, die Leserinnen und Leser für die Probleme zu sensibilisieren. Wir dürfen nicht aus Überforderung mit der Komplexität des Themas bei den nächsten tragischen Nachrichten aus Gaza, Israel, dem Irak oder Libanon die Ohren verschließen. Schließlich leben wir in einer Epoche, in der ein Irakkrieg kein regionales Ereignis darstellt, denn der Nahe Osten ist uns Europäern sehr nahe.

Dieses Buch wurde am Tag der Hinrichtung von Ex-Diktator Saddam Hussein fertiggestellt. Der Prozessverlauf und die Umstände der Exekution sorgen für Aufruhr im Irak.

Die Gewaltspirale hat damit neuen Auftrieb erhalten.

Karin Kneissl — Seibersdorf, im Dezember 2006

Es war einmal die Faszination

„Eines Tages wird alles gut sein, das ist unsere Hoffnung. Heute ist alles in Ordnung, das ist unsere Illusion."

Voltaire, Aufklärer und Schriftsteller (1694–1778)

Führten wir eine Debatte über das Verhältnis zwischen Orient und Okzident im Jahre 1907, also nur 100 Jahre vor der Publikation dieses Buches, so wären die Themen und die Atmosphäre völlig anders. Es stünden nicht die Angst des Westens vor Terror und tägliche Gewalt infolge der Kriege, die der Westen seit 2001 in die islamische Welt exportiert hat, im Vordergrund. Weder Karikaturen aus einer kleinen dänischen Redaktion noch Reden des Papstes in der deutschen Provinz beherrschten die Schlagzeilen am Wendepunkt vom 19. ins 20. Jahrhundert.

In jener Aufbruchszeit vor dem Ersten Weltkrieg ging es um die neuen großen Linien im politischen und gesellschaftlichen Leben sowohl in Europa als auch im Nahen Osten. Vielversprechende Ideen im Namen von Ideologien, die noch nicht gescheitert waren, beherrschten die politischen Salons von Aleppo in Syrien bis Shiraz in Persien. Die sich eben erst entfaltenden nationalen Bewegungen hatten starken Zustrom aus dem Mittelstand. Eine gut ausgebildete und finanzkräftige Bourgeoisie meldete sich zu Wort und verlangte die Neuordnung der Machtverhältnisse. Ihre Vorbilder fanden sie in den bürgerlichen Revolten des 19. Jahrhunderts in Europa. Die Jungtürken probten ihren Aufstand gegen das osmanische Vielvölkerreich, die Perser hatten 1906 eine Verfassung errungen und die arabischen Nationalisten bereiteten sich auf eine Arabische Revolte vor mit dem Ziel, die seit dem 14. Jahrhundert herrschenden osmanischen Gouverneure zu beseitigen.

Der Aufstieg der Nationalisten

Die Wiederbelebung der arabischen Sprache und Kultur, um eine arabische Einheit neu zu begründen, erfolgte vor allem dank der christlichen Eliten. Die Angehörigen der altorientalischen christlichen Kirchen, von den Armeniern über Maroniten bis hin zu den Griechisch-Orthodoxen, verfügten teils über eine höhere Bildung als ihre muslimischen Landsleute und hatten dank Verwandtschaft im Ausland zudem mehr Reisemöglichkeiten. Einer der ersten Texte, der in arabischer Sprache gedruckt wurde, war übrigens die Bibel. Eine Druckerpresse wurde in einem Kloster im Libanon bereits 1610 eingerichtet.

Es waren daher auch christliche arabische Nationalisten, die an arabischen Enzyklopädien und Wörterbüchern nach dem Vorbild von Diderot in Frankreich und der Gebrüder Grimm in Deutschland schrieben, um die sprachliche Identität zu stärken. Denn die arabische Sprache war seit dem Untergang der arabischen Dynastien und dem Aufstieg der Osmanen immer mehr verfallen. Attraktiv für die politisch mobilisierten Nichtmuslime war eine säkulare Ideologie wie der Panarabismus. Letzterer bildete die logische politische Alternative zur islamischen Herrschaft der Osmanen.[1] Der türkische Sultan war als Kalif zugleich geistlicher Führer der sunnitischen Welt. Einer solchen religiös legitimierten Monarchie stellten die Araber unabhängig von ihrer jeweiligen konfessionellen Zugehörigkeit ein weltliches politisches Konzept entgegen. Im Mittelpunkt ihrer Bewegungen, ob royalistisch oder republikanisch geprägt, standen der Wunsch nach Befreiung von der Fremdherrschaft und die Wiedererrichtung eines geeinten arabischen Reiches.

Für Michel Aflaq, einen griechisch-orthodoxen Christen aus Damaskus, war die Idee eines nationalistischen arabischen Sozialismus die revolutionäre Antwort auf die reaktionären Monarchien, wie jene der Haschemiten, welche die Briten später als ihre Verbündeten in Jordanien und im Irak installierten. Aflaq gründete gemeinsam mit einigen Mitstreitern in den späten 1930er Jahren die Baath-Partei, welche in den 1970er Jahren im Irak und in Syrien der jeweils bestimmende Machtapparat werden sollte. Baath heißt auf Arabisch „Wiedererwachen". Gemeint war eine Renaissance der arabischen Einheit. Doch die rivalisierenden Flügel der syrischen und irakischen Baath sollten sich in der Folge heftig bekriegen. Syriens Diktator Hafez al-Assad und sein irakischer Amtskollege Saddam Hussein stritten um den Führungsanspruch in der arabischen Welt. Denn nach dem Tod von Ägyptens Gamal Abdel Nasser im Jahre 1970, dem im Sechstagekrieg 1967 gegen Israel kläglich gescheiterten Champion des Panarabismus, war der Führungsanspruch in der arabischen Welt verwaist.

Die Palästinenser emanzipierten sich damals von den panarabistischen Bewegungen und gründeten mit der PLO, der Palästinensischen Befreiungsorganisation, ihre eigene nationale Gruppierung. Die PLO ist eine Dachorganisation von teils sehr zerstrittenen Parteien; die wesentliche unter ihnen bildet die Fatah, deren Vorsitzender Jassir Arafat bis zu seinem Tode Ende 2004 war. Auch hier kamen arabische Christen an die Spitze von Gruppen wie der Volksbefreiungsfront PFLP, die sich von Arafats Aussöhnung mit Israel 1993 auf Basis der Verträge von Oslo distanzierte. Der politische Islam spielte in jener Ära des arabischen Nationalismus nur eine sehr geringe Rolle. Doch nicht nur arabische Intellektuelle träumten vom Ideal einer Nation, um zu einer neuen zivilisatorischen Blütezeit zu gelangen.

Auf der Bühne der neuen nationalen Bewegungen, die Europa in mehreren revolutionären Wellen zwischen 1789 und 1848 von Frankreich über Deutschland bis Griechenland erfassten, trat in Wien um 1900 schließlich in Gestalt des Zionismus auch der jüdische Nationalismus auf. Von einer religiösen Prägung war Theodor Herzl ebenso weit entfernt wie die Begründer der nationalen Parteien in der arabischen Welt. Für Herzl stellte die jüdische Frage eine nationale und keine religiöse Thematik dar. Herzl wollte einen Judenstaat errichten, dessen Geografie ihm anfänglich relativ egal erschien. Viel wichtiger waren Herzl die gesellschaftlichen und wirtschaftlichen Strukturen, die eine Art Utopia auf Erden schaffen sollten. Die Bemühungen, in Palästina einen solchen Staat neu zu gründen, verfestigten sich aber bereits auf dem Ersten Baseler Zionistenkongress 1897.[2] Gleichzeitig kursierten mehrere andere Optionen. So hatte Lord Rothschild seine Ländereien in Südargentinien angeboten; auch Madagaskar und Uganda wurden – in traditionellem europäischen Kolonialdenken – als mögliche Standorte für das zionistische Unternehmen diskutiert.

Unter dem Eindruck der antisemitischen Hetze und des Prozesses gegen den französischen Hauptmann Alfred Dreyfus, den Herzl als Korrespondent der „Neuen Freien Presse" in Paris 1894 mitverfolgte, beschloss er nach seiner Rückkehr nach Wien, die Idee eines jüdischen Nationalstaats zu seiner Lebensaufgabe zu machen. Herzl war der festen Überzeugung, dass weder Emanzipation noch Assimilierung die Juden zu gleichberechtigten Bürgern in Europa gemacht hatten. Sein Ziel war die Schaffung eines jüdischen Gemeinwesens, um die jüdische Frage im Sinne der Nationalbewegungen jener Zeit zu lösen.

Der Zionismus wurde auch tatsächlich trotz des frühen Todes Herzls 1904 rasch zu einem politischen Faktor. Seine starke Lobby in London erreichte mit der Balfour-Deklaration 1917, welche die britische Absegnung einer „jüdischen Heimstätte in Palästina" enthielt, ein erstes diplomatisches Dokument. Die Briten hatten der zionistischen Bewegung ein Land versprochen, das damals noch völkerrechtlich unter osmanischer Herrschaft stand. Zudem war Palästina kein leeres Land, wie es der zionistische Slogan im Sinne von „Ein Land ohne Volk für ein Volk ohne Land" propagierte, sondern sehr wohl besiedelt. Für die Palästinenser ist daher, historisch betrachtet, diese rechtlich unverbindliche politische Verwendungszusage im Sinne eines Gentleman's Agreement der Beginn ihres Leidens.

Parallel hatte London den Anführern der Arabischen Revolte 1915 die Unterstützung Seiner Majestät für die Errichtung eines Vereinigten Arabischen Königreiches zugesagt. Die Haschemiten, deren Stammbaum angeblich wie der vieler anderer aktueller Monarchen auf den Propheten Mohammed zurückgeht, waren die Hüter der heiligen Stätten von Mekka und Medina. Scherif Hussein, das damalige Stammesoberhaupt, stand in Korrespondenz mit britischen Beamten, um den Aufstand gegen die türkische Fremdherrschaft vorzubereiten und ein neues arabisches Reich zu gründen, das auch das historische Palästina umfasst hätte. Der sagenumwobene britische Offizier T. E. Lawrence wurde als „Lawrence von Arabien" im traditionellen Beduinengewand zum Symbol für diese britisch-arabische Allianz gegen die mit Deutschland verbündeten Türken. Lawrence musste in Begleitung der arabischen Delegation bei den Verhandlungen 1919 in den Pariser Vororten miterleben, wie seine Regierung alle den Arabern gegebenen Versprechen gebrochen hatte.

Tatsächlich nämlich hatten die Siegermächte des Ersten Weltkriegs die Überreste des Osmanischen Reiches schon im Sykes-Picot-Abkommen von 1916 unter sich aufgeteilt. Die Rolle der Europäer, vor allem aber Großbritanniens, in der Neuordnung des Nahen Ostens nach dem Ersten Weltkrieg war verheerend. Mit großer Verzögerung, erst im Dezember 2002, reichte der damalige britische Außenminister Jack Straw bei einer Nahostreise eine nur mehr historisch relevante Entschuldigung für die Rolle Londons nach. Großbritanniens Orientpolitik während und nach dem Ersten Weltkrieg ist ursächlich für die vielen ungelösten Territorialprobleme, ob der Palästinenser, der Kurden oder anderer Völker in der Region. In London versuchte man mit diesem späten Eingeständnis zumindest diplomatisch für mehr guten Willen auf arabischer Seite zu werben.

Interessant erscheint im Lichte der aktuellen Ereignisse im Irak, dass die britische Regierung zumindest konsequenter und lauter für eine umfassende Lösung der Palästinafrage eintritt, als dies in der Vergangenheit der Fall gewesen war. Denn die britische Regierung hatte mit ihrem Engagement im Irakkrieg und ihrer ambivalenten Haltung im Libanonkrieg im Sommer 2006 international an Glaubwürdigkeit eingebüßt. Zugleich hat sich Großbritannien den Hass der islamischen Welt eingehandelt und das Land gerät in das Visier von Terroristen, wie die blutigen Anschläge vom 7. Juli 2005 und zahlreiche vereitelte Attentate deutlich machen. Kausal hierfür ist zweifellos die britische Außenpolitik, wie bereits ein Bericht des britischen „Home Office", also des Innenministeriums, vom 6. April 2004 eindringlich warnte, der jedoch vom Büro des Premierministers zurückgewiesen wurde.[3] In dem vertraulichen Dokument wird eine Neugestaltung der Beziehungen zur muslimischen Bevölkerung gefordert, welche die britische Außenpolitik als Angriff auf die islamische Welt wahrnimmt. Großbritannien, angesichts seiner wichtigen pakistanischen Bevölkerungsgruppe muslimischen Glaubens, sowie Frankreich und Deutschland, wo die nordafrikanischen und türkischen Einwanderergruppen unter besonderer Beobachtung stehen, befinden sich wie viele andere westliche Staaten in einem komplexen Dilemma. Diese Staaten werden geradezu in die Gewaltspirale, die sie historisch oder aktuell politisch mitverursacht haben, hineingezogen.

Ganz anders stellte sich die Situation vor knapp hundert Jahren dar. Wissensdurst und Reiselust ließen Menschen aus Orient und Okzident – wohlgemerkt aus jenen Schichten, die es sich leisten konnten – aufeinander zugehen und voneinander lernen. Die Welt befand sich also um 1900 insgesamt im Aufbruch, ob in der Wissenschaft oder Politik, man hoffte auf eine neue bessere Ära für die Menschheit. Doch mit der „Urkatastrophe" des 20. Jahrhunderts, dem Ersten Weltkrieg, schien dieser Traum geplatzt. Wir leiden noch heute an den Folgen von 1918, während der Zweite Weltkrieg mit dem Fall der Berliner Mauer 1989 endlich zu Ende ging. Die Karten Europas und des Nahen Ostens wurden mit der Zerschlagung der alten Vielvölkerreiche, der Donaumonarchie oder dem Osmanischen Reich, neu gezeichnet. Nationalstaaten waren an ihre Stelle getreten. Es wurden Völker getrennt, Minderheiten entstanden und „ethnische Säuberungen“ sollten in mehreren blutigen Kapiteln der jüngeren europäischen Geschichte zu Massakern und dramatischen Flüchtlingsbewegungen führen. Die Balkankriege von 1991 bis 1999 waren eine weitere grausame Neuauflage der europäischen Geschichte des 20. Jahrhunderts.

Vor jenem Großen Krieg, wie ihn die Zeitgenossen nannten, beäugte man sich wechselseitig oftmals voller Neugierde und nicht mit dem Misstrauen unserer Zeit. Europäische Künstler und abenteuerlustige Archäologen bereisten den Orient, kehrten oft mit verklärten Eindrücken zurück, die sich dann im Stile der orientalistischen Malerei niederschlugen. Die unterdrückten Sehnsüchte viktorianisch erzogener Briten konnten sich in den Vorstellungen exotischer Schönheiten ausleben, wie die zahlreichen Haremsdarstellungen bezeugen. Fantasie und nicht die Wirklichkeit wurde abgebildet. Andererseits besuchten Studenten aus Damaskus, Kairo und anderen arabischen Städten die europäischen Universitäten und kehrten mit neuen Ideen nach Hause zurück. In Heidelberg hörten sie Vorlesungen über Herder und Fichte, an der Sorbonne begeisterten sich junge Juristen und Philosophen aus aller Welt für die Ideen der Gewaltentrennung nach Montesquieu und in London las man aufmerksam Locke. Zurück in der Heimat, wurden diese Erfahrungen in den politischen Salons der finanzkräftigen Familien heftig diskutiert. In bestimmten Kreisen wusste man wohl von- und übereinander mehr, als dies heute der Fall ist. Man beherrschte die Sprache des Anderen, war gereist, kannte den Alltag und empfand das Land der Studienzeit, ob Frankreich oder Deutschland, oftmals als eine spirituelle Heimat, der man ein Leben lang verbunden blieb.

Viel geschmähter Orientalismus damals und heute

Auch an den diplomatischen Schulen Europas wurden junge Beamte sprachlich und mental wohl besser auf ihre Posten vorbereitet, als dies heute der Fall ist. So war die Vorläuferin der jetzigen Wiener Diplomatischen Akademie die Orientakademie. Mit den europäischen Herrscherhäusern war das Haus Habsburg ohnehin verwandt. Hier wurde Diplomatie oftmals über Eheverträge gestaltet und man musste sie nicht professionell gebildeten Beamten und Gesandten übertragen, vieles ließ sich „en famille" regeln. Der ursprüngliche Name des Außenamts spiegelt dies als Staatskanzlei für Haus- und Hofangelegenheiten wider. Gegenüber dem Osmanischen Reich musste aber systematisch diplomatische Arbeit betrieben werden. Nachdem man sich fast 250 Jahre lang heftig bekriegt und Wien zwei Belagerungen überstanden hatte, gingen die Habsburger und Osmanen mit dem Frieden von Karlowitz 1699 daran, ihre Dispute über diplomatische Verhandlungen zu lösen. Voraussetzung hierfür war zunächst die wechselseitige Anerkennung und die Aufgabe der Zerstörung des als „Ungläubigen" wahrgenommenen Feindes. Eine Normalisierung zwischen den Habsburgern und Osmanen ermöglichte neuen Austausch zwischen Ost und West. Die jungen Beamten, die für das Haus Habsburg nach Istanbul und weiter östlich gingen, lernten die Verwaltungssprache Osmanli sowie Arabisch und Persisch. Sie betreuten die christlichen Untertanen des Osmanischen Reiches, die meist als Händler wirkten, ob Armenier oder Orthodoxe und Lateiner, und setzen so die konsularische Arbeit fort, welche Frankreich bereits im späten 16. Jahrhundert mit den türkischen Verbündeten über die „Kapitulationen" begonnen hatte.

Es mag richtig sein, mit den Orientalisten und ihrer europazentrierten Sicht auf den Orient hart ins Gericht zu gehen, wie dies der palästinensische Autor Edward Said in seinem Klassiker „Orientalism" tat und damit eine Revolution in der Geschichtsbetrachtung lostrat.[4] Doch der Vorteil jener Kenner des Orients zu Beginn des 20. Jahrhunderts, die zweifellos von europäischer Arroganz im Sinne der zivilisatorischen Überlegenheit geprägt waren, bestand in ihren sprachlichen Fähigkeiten und ihrem historischen Wissen. Nur die Briten und Russen, in geringerem Umfang Frankreich und Deutschland, leisten sich in der Ausbildung ihrer Diplomaten heute noch den Luxus von Experten, welche beispielsweise die arabischen Staaten bereist und deren Sprache, Kultur und Geschichte umfassend studiert haben. Die Fähigkeit, zwischen den Zeilen zu lesen, sich in die Lage des Anderen zu versetzen, ist aber indes leider vielen Länderexperten, ob in diplomatischen oder nachrichtendienstlichen Apparaten, abhanden gekommen. Selbst unter den israelischen Fachleuten, die noch bis vor 20 Jahren zu den großen Kapazitäten zählten, haben Persönlichkeiten wie Yehoshafat Harkabi oder Abba Eban, die Sachverhalte umfassend und eigenständig beurteilen konnten, kaum Nachfolger im akademischen, nachrichtendienstlichen oder diplomatischen Leben gefunden. Die Rechnung für die Vernachlässigung in der Ausbildung dieser Talente wird dem Westen gegenwärtig jeden Tag aufs Neue präsentiert.

Die Diplomatische Akademie in Wien bietet schon seit Jahren keinen Arabischkurs mehr an. Als Orchideenfächer werden Orientalistik und Arabistik von Politikern in Österreich müde belächelt, obwohl Wien einst über hohe Reputation in diesen Geisteswissenschaften verfügte. Die „Arabists" im US-Außenministerium wurden in den letzten Jahrzehnten immer stärker in den Hintergrund gedrängt. Die Ausbildung an den vielen Nahostzentren der US-Universitäten ist stark verflacht, das mangelnde Wissen der Experten sollte sich in Afghanistan und im Irak für die USA verhängnisvoll auswirken.

Bedauerlicherweise geht das Wissen voneinander gerade unter Entscheidungsträgern, trotz all der verbesserten und leicht zugänglichen Information, immer mehr zurück. Grotesk erscheint die wachsende Zahl all jener Iran- und Irakexperten, welche noch nie zuvor diese Länder bereist haben, geschweige die Sprachen der Region beherrschen. Die Denkfabriken unserer Epoche, welche sich immer stärker in die Entscheidungsfindung von Regierungen einbringen, beschäftigen sich oftmals wenig mit der Realität. Anders als eine bilaterale Botschaft mit residenten Mitarbeitern hat die Denkfabrik im Regelfall keine dauernde Präsenz in dem Gebiet, über welches sie arbeitet. Anstatt sich an der Wirklichkeit zu orientieren und diese aufmerksam und mit gesundem Menschenverstand zu studieren, wird von Länderexperten eine „policy", also ein politischer Kurs, erarbeitet, an welchen dann wiederum die Wirklichkeit anzupassen ist. Das Ergebnis kann verheerend sein, wie die Dramen in Afghanistan und im Irak zeigen. Geradezu verklärt erscheint angesichts solcher Missstände die Erinnerung an die echten Orientalisten von anno dazumal. Sie wussten zumindest aus eigener Anschauung, wovon sie sprachen. Dies trifft auf so manchen unverantwortlichen Meinungsmacher in einigen Redaktionen, Denkfabriken und Lobbys gegenwärtig nicht mehr zu. Es wird vom Schreibtisch aus die Realität nachgestellt, Agenturmeldungen werden unreflektiert übernommen. Journalistenreisen organisiert der jeweilige Pressedienst eines Regierungsbüros, um in der Folge inhaltlich abgestimmte Artikel zu platzieren. Diese bedauerliche Entwicklung des Journalismus beklagt Ignacio Ramonet, Herausgeber von „Le Monde Diplomatique", als die „Tyrannei der Kommunikation". Es wird eben nur mehr kommuniziert, aber nicht mehr informiert.[5]

Dieses Defizit der persönlichen Wissensüberprüfung durch eine ernsthafte Auseinandersetzung mit dem Studienobjekt gilt ebenso für die Politikexperten aus den nahöstlichen Staaten, wenngleich auch in geringerem Umfang. Doch die Zahl jener, die westliche Universitäten absolvieren und selbst erfahren haben, wofür die Werte des Abendlandes stehen, geht zurück. Der Grund liegt teils in den wachsenden Visa- und anderen Reisebeschränkungen für Akademiker des Südens, wenn sie in die nördliche Hemisphäre wollen. So bedauern Universitätslehrer von Rabat bis Damaskus, dass ihre Generation noch problemlos zur Dissertation nach Frankreich reiste, die Generation ihrer Studenten aber noch nie im Ausland war und kaum Perspektiven auf ein Stipendium in Europa hat. Dem ist jedoch entgegenzuhalten, dass es ein Mohammed Atta, einer der Todespiloten vom 11. September 2001, an die Hamburger Universität schaffte. Der Westen verliert aber aus verschiedenen Gründen seine Attraktivität für junge Orientalen. Studenten aus den Golfstaaten, die traditionell von ihren wohlhabenden Familien in die USA zum Studium geschickt wurden, absolvieren vermehrt ihre Ausbildung in den chinesischen oder indischen „Business-schools“. Denn die asiatischen Partner sind im Begriff, die europäischen Regierungen, Firmen und Universitäten in den arabischen Staaten abzulösen. Daran wird wohl auch nichts ändern, dass die ehrwürdige Sorbonne im Oktober 2006 eine Außenstelle in Abu Dhabi eröffnet hat.

Trotz erleichterter Kommunikation über das Internet und Satellitenfernsehen, das den Alltag der Nachrichten und TV-Serien der Anderen in das jeweilige Wohnzimmer holt, fehlt die gemeinsame Sprache. Das Niveau der Kenntnisse der englischen oder französischen Sprache ist auch in einst so gebildeten Mittelschichten wie jener der Palästinenser, Libanesen, Algerier oder Iraner – von Ausnahmen abgesehen – stark zurückgegangen. Einen bemerkenswerten Effekt haben die neuen arabischen Satellitensender wie Al-Jazira allein sprachlich bewirkt. Die klassische arabische Sprache wird wieder öfter und korrekter gesprochen, als dies noch vor einem Jahrzehnt der Fall war. Manche Enthusiasten wollen bereits von einer zweiten „nahda“ (Wiedererwachen) der arabischen Sprache sprechen, wie sie zuletzt um 1900 im Zuge der Wiederbelebung der Sprache infolge der Enzyklopädien und Wörterbücher nach deutschem und französischem Vorbild stattgefunden hatte.

Infolge der osmanischen Okkupation und der Kolonialreiche der Europäer in der arabischen Welt war die klassische arabische Sprache zugunsten regionaler Dialekte stark in den Hintergrund gerückt. Das klassische Hocharabisch, das in den Moscheen zu hören ist, in welchem Bücher verfasst werden, bildet weiterhin jene noble Sprache, in der die Menschen von Casablanca über den Sudan bis in die Koranschulen von Taschkent einander verstehen. Mit der Rückkehr der Frömmigkeit hat das ernsthafte Studium westlicher Ideen und Gesellschaft stark nachgelassen. So haben der Rückgang der säkularen Ideen und der Anstieg des religiösen Extremismus die Gräben zwischen den politischen und akademischen Entscheidungsträgern auf beiden Seiten stark vergrößert. Kannte man sich einst aus gemeinsamen Universitäten und Begegnungen, so prägt heute vielmehr die Entfremdung die wechselseitige Wahrnehmung.

Die europäischen Einflusszonen im Orient

Anders verhielt es sich zu Beginn des 20. Jahrhunderts. Besonders in Paris wurde in Zirkeln, die sich der politischen Errichtung einer „Asie Française“ widmeten, von einem Kultur- und Wirtschaftsraum geträumt, der frankophon dominiert die Brücke zwischen Ost und West schlagen sollte. Seit der Ankunft Napoleons I. in Ägypten und der Entsendung seiner zahlreichen Forschungsexpeditionen hatten sich französische Archäologen im gesamten Vorderen Orient festgesetzt. Ernest Renan überredete um 1860 Napoleon III. zu einer weiteren großen Expedition nach Phönizien, also in das Gebiet der Küsten des heutigen Libanons, Syriens und Israels. Die Idee der Wiederbelebung des antiken Erbes dieser Region, die seit dem 15. Jahrhundert unter osmanischer Kontrolle stand, bewegt viele politische Entscheidungsträger in Europa. Jede Kapitale verfolgte hierbei ihre ganz konkreten Interessen. Die Archäologen hatten nicht selten auch geheimdienstliche Aufgaben übernommen, denn sie waren auf dem Terrain, besaßen Kontakte zur Bevölkerung und konnten auch die Operationen anderer Staaten, wie den Bau von Eisenbahnen durch deutsche Ingenieure, besser beobachten.

Die Franzosen wollten, aufbauend auf ihrem weit verzweigten Netz von Schulen, Hospitälern und Konsulaten, auch ihre politische Einflusssphäre kräftig ausdehnen. Bereits 1535 hatten Franz I. von Frankreich und der osmanische Sultan Süleyman in ihren Kapitulationen die Grundlage für konsularische Beziehungen gelegt. Es ging damals vor allem auch um die Rolle der christlichen Minderheiten, für welche Frankreich die Rolle einer Schutzmacht beanspruchte. Diese besondere Funktion sollte sich auch das republikanische Frankreich, das den Laizismus gesetzlich verankerte, in allen außenpolitischen Belangen in der Region erhalten. Wie stark das Gewicht Frankreichs im Osmanischen Reich damals war, zeigte sich in den Teilungsplänen, welche Paris und London in der Tradition europäischer Geheimdiplomatie 1916 unter dem Titel des „Sykes-Picot-Abkommens" beschlossen hatten. Demnach sollten die Zonen direkten französischen Einflusses bis weit in die Türkei und in das Gebiet des heutigen Israels reichen. Die Zonen direkten und indirekten Einflusses wurden jeweils rot und blau gekennzeichnet. Frankreich hätte demnach die gesamte Levante bis tief nach Mesopotamien und Syrien hinein dominiert. Eine „Asie Française" schien auf der Basis von Sykes-Picot fast zur Wirklichkeit zu werden. Die Grundlagen hatte Paris über intensive konsularische und diplomatische Arbeit seit Jahrhunderten gelegt. Ihr Monopol im Schulwesen schien aufgrund der neuen protestantischen Hochschulen der US-Amerikaner nur allmählich zu wanken, wie der libanesische Schriftsteller Amin Maalouf in seinem Roman „Der Felsen von Tanios" mit viel Witz und historischer Kenntnis beschreibt.

Die Briten waren hingegen viel stärker an Ägypten und der freien Fahrt durch den Suezkanal interessiert, um an ihr eigentliches Ziel, die indische Kronkolonie, zu gelangen. Stets pragmatisch hatte London kaum ein Interesse an großen politischen Ideen oder Bildungsmission. Das Leitmotiv lautete vielmehr: „free passage to India". In diesem Sinne waren die Zugänge zum Roten Meer und Persischen Golf entscheidend, um in das britische Indien zu reisen. Für die Briten war ein Fortbestand ihres Königreiches ohne Indien unvorstellbar. An den Küsten in Richtung Subkontinent, so vor allem im Persischen Golf, hatten die britischen Handelskompanien bereits Niederlassungen gegründet, die sogenannten „Trucial States“, also Staaten auf Basis von Waffenstillstandsabkommen, errichtet und sich mit diversen Stammesfürsten zur Sicherung ihrer Einflusszonen im Handelsverkehr verbündet. Aus „Tribes with flags“ (Stämmen mit Flaggen) sollten in der Folge Nationalstaaten werden, deren Kitt der Ölreichtum und die Allianzen mit den USA sind. Die Grundlagen für die kleinen Golfemirate, die dann nach dem Zweiten Weltkrieg von der britischen Krone entlassen wurden – Kuwait übrigens erst 1970 –, waren hierin gelegt worden.

In ihrer geheimen Korrespondenz, die erst durch die Öffnung der zaristischen Archive im Zuge der Oktoberrevolution 1917 bekannt wurde und die Welt entsprechend überraschte, hatten die beiden Diplomaten François Georges Picot und Mark Sykes übrigens ganz bewusst das historische Palästina ausgeklammert. Das Gebiet, das heute den Staat Israel und die besetzten palästinensischen Gebiete umfasst, sollte aufgrund der Bedeutung der heiligen Stätten von Jerusalem und anderer Städte für die drei monotheistischen Weltreligionen zu einem Kondominium, also einem Gebiet geteilter Souveränität, werden. Diese Idee wurde von US-Präsident Bill Clinton im Zuge der Camp-David-Friedensgespräche zwischen Israeli und Palästinensern im Sommer 2000 neuerlich für Jerusalem aufgegriffen. Es handelte sich um den vorerst letzten großen Vermittlungsversuch einer US-Regierung, der aber zum Scheitern verurteilt war, da unter Hochdruck verhandelt wurde, um die großen Brocken zu lösen, welche 1993 im Verhandlungsprozess von Oslo bewusst ausgeblendet worden waren: der Status von Jerusalem, die Grenzen und das Rückkehrrecht der palästinensischen Flüchtlinge.

Inmitten des Ersten Weltkriegs begannen sich die Einflusszonen zugunsten der Briten zu verschieben und London bestand dann nach dem Krieg auf mehr Anteilen an der Konkursmasse des Osmanischen Reiches. Denn auf dem nahöstlichen Schlachtfeld sollten sich die britischen Truppen viel stärker als ihre französischen Verbündeten behaupten. Mit dem Einmarsch von General Allenby in Jerusalem im Herbst 1917 wurde auch das Ende für das Sykes-Picot-Abkommen eingeläutet, welches der britische Offizier und einer der Organisatoren der Arabischen Revolte, Lawrence von Arabien, in den Friedensverhandlungen nach dem Ersten Weltkrieg in einer Korrespondenz noch als einen „sheet-anchor" der Araber, also einen Rettungsfaden, bezeichnete. Es folgte dann im April 1920 an der italienischen Riviera jene Neuordnung der Region, die bis heute vorerst gilt. Die Grenzen wurden unter anderem entlang von Pipelines gezogen, so wie jene zwischen dem Irak, Syrien und dem Libanon. Palästina wurde britisches Mandatsgebiet und die jüdische Besiedlung erreichte nach der nationalsozialistischen Machtergreifung 1933 erstmals einen Höhepunkt an Immigration und Landnahme, welche die ansässige arabische Bevölkerung tief beunruhigten.

Der Blick auf die europäischen Kolonialmächte ist seither geprägt von jener Neuordnung des Nahen Ostens während und nach dem Ersten Weltkrieg. Die europäischen Großmächte schafften sich über die Errichtung der Mandate zusätzlich zu ihren Kolonien weitere Einflusszonen. Der feine rechtliche Unterschied zu Letzteren bestand darin, dass die Mandatsverwaltung als zeitlich beschränkt qualifiziert wurde, um den verwalteten Völkern dieser neu gegründeten Nationalstaaten auf dem „Weg in die Unabhängigkeit zu helfen", bis sie die hierfür erforderliche Reife erreicht hätten. Es handelte sich jedoch de facto um eine weiter entwickelte Form des Kolonialismus. Die Mandate fanden teils vor dem Zweiten Weltkrieg (Irak 1932) oder kurz danach (Syrien, Libanon) ihr Ende. Während die Briten die brisante Palästinafrage den Vereinten Nationen zur Lösung übertrugen, entließ Frankreich Syrien und den Libanon 1945 in die Unabhängigkeit. Der Irak und Jordanien verblieben ebenso wie viele der Golfemirate, so vor allem Kuwait, noch in einem besonderen Naheverhältnis zu Großbritannien. Das Erbe des Kolonialismus prägt bis in die Gegenwart die Wahrnehmung dieser beiden Staaten in der nahöstlichen Region. Sein offizielles Ende fand der europäische Kolonialismus mit der Suezkrise im Herbst 1956. Die britisch-französische Militärintervention in Reaktion auf die Verstaatlichung des Suezkanals durch Nasser endete in einem Debakel. Die USA plädierten für eine internationale Lösung im Rahmen der UNO, die Briten fühlten sich im Stich gelassen und Frankreich wechselte vom Tandem mit London zu einer neuen außenpolitischen Achse, nämlich zu jener mit Deutschland.

Ehrgeizige Infrastrukturprojekte der Deutschen

Deutschland seinerseits spielte nie die Rolle einer Kolonialmacht in der nahöstlichen Welt. Während Frankreich bereits vor dem Ersten Weltkrieg emsig an einer Neuordnung der Region arbeitete und damit gegen das Osmanische Reich agierte, schwenkte Großbritannien erst im Laufe des Ersten Weltkriegs auf einen Kurs zur „Neuordnung der Karten". Jenes „reshuffling of the maps" fand dann nach dem Ersten Weltkrieg in den Vororten von Paris statt. Dem Vertrag von Sèvres folgte 1923 jener von Lausanne, der einen türkischen Nationalstaat inklusive Anatolien wieder auf der Karte hatte, während die Versprechungen an die Kurden, ihren eigenen Staat errichten zu können, von London wieder gebrochen wurden. Die Achsenmächte Deutschland und Österreich-Ungarn hingegen waren Verbündete des Osmanischen Reiches im Ersten Weltkrieg.

Deutschland pflegte um 1900 sehr enge Kontakte zu den osmanischen Regierungsstellen. Bei den britischen Banken war der osmanische Staatshaushalt schwer verschuldet, alle Reformversuche des 19. Jahrhunderts im Sinne einer Neuordnung von Verwaltung und Militär schienen ergebnislos.[6] Die deutschen Ingenieure bauten aber fleißig an den großen Eisenbahnprojekten jener Tage. Die Bagdad-Bahn und die Hedschas-Bahn, welche den Orient mit Mitteleuropa über Eisenbahntrassen verbinden sollten, waren große Infrastrukturvorhaben, wie sie heute unvorstellbar wären. Orient und Okzident waren offensichtlich vor einem Jahrhundert einander fast näher, als dies heute der Fall ist. Daran ändern auch nichts tägliche Flugverbindungen. Denn Städte wie Beirut, Bagdad oder Bethlehem sind angesichts zerstörter Häfen und Flughäfen, der Kontrollpunkte und Schikanen nur über Umwege zu erreichen.

Die Grenzen zwischen den Ländern des Nahen und Mittleren Ostens sind seit der Entstehung der Nationalstaaten gleichsam dicht. Zu groß ist die Angst vor dem jeweiligen Nachbarn, vor der Unterstützung der jeweiligen Opposition im eigenen Land. In der Zeit vor dem Ersten Weltkrieg war aber dank der osmanischen Verwaltung noch ein gemeinsamer Wirtschafts- und Verkehrsraum möglich. Die Vergabe der Eisenbahnkonzessionen durch Istanbul war ein Schritt zur Öffnung für westliche Investitionen, welche vor allem das deutsche Kaiserreich für seine Industrie im Wettlauf mit den Briten nutzte. Auch Herzl wusste, dass der Draht nach Istanbul über Berlin ging, um das zionistische Unternehmen voranzutreiben. Legendär ist das Foto, das Herzl neben Kaiser Wilhelm II. hoch zu Ross vor Jerusalem zeigt. Herzl warb auch damals persönlich beim Kaiser für die Idee des Judenstaates. Deutschland beteiligte sich auch an den ersten Erdölkonzessionen, die dann nach 1918 eine wichtige Rolle bei der Neuordnung der Region bilden sollten. Die Siegermächte übernahmen die jeweiligen deutschen Anteile im Erdölgeschäft. Fichte, Herder und später Marx verkörperten im Original und in ihren arabischen Übersetzungen spannende neue Ideen. Die Anziehungskraft der deutschen Kultur war damals sehr stark. Ebenso stand entlang der Gleise der Bagdad-Bahn deutsches Ingenieurwesen für Aufbruchsstimmung. Deutschland als Gegner des Kolonialherrn Großbritannien bestimmte in der Folge auch die historisch positive Wahrnehmung Deutschlands von Kairo bis Teheran. Der Nordafrikafeldzug von General Rommel wurde von den arabischen Beobachtern mit großen Erwartungen verfolgt.

Die Rolle von NS-Deutschland zwischen 1933 und 1945 hat ihrerseits zur Prägung des Deutschlandbildes beigetragen. Die kollektive Verantwortung für den Völkermord an sechs Millionen Juden bestimmt bis heute die deutsche Politik im Nahen Osten, vor allem das besondere Verhältnis zu Israel. Andererseits gab und gibt es eine bizarre Nähe zwischen deutschen und arabischen Revisionisten. Das Geschichtsbild Letzterer ist unter anderem von einzelnen Elementen des Nationalsozialismus geprägt. Internationale Aufregung verursachen die Aussagen des iranischen Präsidenten Mahmud Ahmadinedschad, der seit seinem Amtsantritt im Sommer 2005 nicht müde wird, in Reden und Interviews seine Zweifel am Holocaust zu äußern. Im Iran selbst findet diese Debatte trotz Konferenzveranstaltung, wie im Dezember 2006, wenig Anklang. Die Iraner haben mehrheitlich andere Sorgen, sehen sich nicht als „Speerspitze gegen das zionistische Regime“, wie dies die Propaganda regelmäßig verkündet, zumal historisch betrachtet bis in die jüngere Vergangenheit hinein Perser und Juden sich oft als Verbündete wiederfanden.

In der arabischen Welt hingegen hat die Thematisierung des Holocaust im Sinne einer Leugnung teils großes Echo gefunden, obwohl sich ebenso palästinensische Intellektuelle in privaten Initiativen scharf gegen diese gefährliche Polemik aussprechen. Es fanden viel weniger ehemalige Nazis in den arabischen Staaten Unterschlupf als im katholischen Spanien unter General Franco oder in diversen südamerikanischen Ländern. Zu jenen Staaten, die ihre Häfen unbürokratisch und großzügig für jüdische Flüchtlinge öffneten, gehörten muslimische Länder wie die Türkei und Ägypten, während die Schweiz ihre Grenzen schloss. Mit der Schaffung des Staates Israel im Frühjahr 1948 und den nachfolgenden arabisch-israelischen Kriegen, der Vertreibung der Palästinenser und dem Aufstieg Israels als strategischer Verbündeter der USA, vor allem seit 1973, änderte sich das grundsätzliche Verhältnis zwischen Muslimen und Juden in vielen islamischen Staaten. Was aber viele Araber und Muslime weltweit bewegt, wenn es um den Holocaust, die europäische Verantwortung und die Folgen für die Palästinenser geht, ist die Frage: Warum soll der Nahe Osten den Preis für die Verbrechen der Europäer bezahlen?[7]

Deutschland unternimmt diplomatisch seit 2001 immer schwieriger werdende Drahtseilakte, da es zum einen militärisch in Einsatzgebieten wie Afghanistan mitwirkt, zum anderen im israelisch-palästinensischen Konflikt und auch im Streit um das iranische Atomdossier in mehreren diplomatischen Foren als Vermittler auftritt. Nicht verschrecken ließ sich auch bis heute die deutsche Wirtschaft, die im Iran als wichtiger Investor fungiert. Deutsche Unternehmensqualität wird im gesamten nahöstlichen Raum von Israel bis in den Iran geschätzt. Kurioserweise haben einige Entscheidungsträger, speziell in Staaten wie dem Iran und Libanon, eine ganz besondere Nahebeziehung auch zu bestimmten deutschen Philosophen, wie Martin Heidegger, beibehalten. Heidegger bezog bekanntlich seinerseits zum Holocaust nie eindeutig Stellung. Das Deutschlandbild ist oft seltsam verzerrt, romantisiert und auch kontrovers, wie diese Handvoll an Beispielen zeigt. Darüber hinaus sieht sich Berlin außen- wie innenpolitisch mit wachsenden Widersprüchen konfrontiert. So weigert sich die deutsche Bundesregierung, die deutschen Truppen, die auf Basis des NATO-Mandats in Afghanistan im Norden des Landes vor allem zivil-militärische Aufgaben im Wiederaufbau übernommen haben, für Kampfeinsätze in gefährlichere Regionen zu entsenden. Die harten Verbalattacken seitens einiger NATO-Kommandanten lassen sich mit dem Satz „Die Deutschen müssen das Töten lernen“ zusammenfassen.[8]

Angesichts der explosiven Lage in der Region, welche deutsche Soldaten in den Hindukusch gebracht hat, könnte auch die Wahrnehmung dieses europäischen Landes jederzeit wieder kippen. Mit der Vorlage des Irakberichts der „Iraq Study Group“ bei der US-Regierung am 6. Dezember 2006 hat sich eventuell ein neues Kapitel für die deutsche Nahostpolitik aufgetan. Es ist die fünfte von 79 Empfehlungen: „Die Bundesrepublik“, heißt es, „sollte als Teil einer Stabilisierungsgruppe in die Bemühungen eingebunden werden, die verheerende Situation im Irak in konstruktive Bahnen zu lenken.“ Bei allem gerechtfertigten Lob für den Bericht, der den Pluralismus in der US-Politik und die institutionalisierte Fähigkeit zur Selbstkritik zeigt, wie sie in vielen europäischen Regierungen eher unvorstellbar scheint, so ist doch eines klar: Weder Deutschland noch andere wohlmeinende europäische Staaten können das Chaos reparieren, das die USA im Irak und damit in der gesamten Region angerichtet haben.

Die Tendenz in einigen extremen Zirkeln, Europa, die USA und Israel in einen Topf zu werfen und diesen als „dekadenten Westen“ zu bezeichnen, wächst. Den Hintergrund für diese Pauschalierung bilden nicht zuletzt all jene Kriege, welche der Westen in die islamische Welt in den letzten Jahren exportiert hat.

Vor dem Hintergrund der Okkupation des Iraks und der explosiven Lage im Nahen Osten verhärten sich zunehmend die Fronten zwischen den Welten, der westlichen – in all ihrer Zerrissenheit – und der nicht weniger vielfältigen und innerlich ebenso gespaltenen islamischen Welt. Das Buch von Samuel P. Huntington über den „clash of civilizations“[9] ist ein Bestseller in islamistischen Kreisen und im Pentagon. Dient die Idee kultureller Bruchlinien doch beiden Lesern: Islamisten fühlen sich in ihrem Kulturkampf bestätigt und US-Strategen finden Argumente für ihre neuen Feindbilder. Doch ist der Kulturkampf wirklich unvermeidbar? Zahlreiche europäische Regierungen und jedenfalls die Menschen auf den Straßen wollen mit ihrem Nein zum Krieg im Irak das Gegenteil beweisen. Die vatikanische Diplomatie war im Frühjahr 2003 aktiv wie kaum zuvor in ihrer langen Geschichte, auch um klarzustellen, dass nicht Christentum und Islam auf Kriegskurs sind. Papst Johannes Paul II. hatte zwei Jahre zuvor mit muslimischen und christlichen Geistlichen in der Omajaden-

Moschee von Damaskus gemeinsam gebetet. Wie die Hagia Sophia in Istanbul war auch dieses Gotteshaus ursprünglich eine Kirche gewesen, bevor es im Zuge der islamischen Eroberungen in eine Moschee umgewandelt wurde. Die Botschaft, die jener Papst damit an die Welt weitergab, lautete: Orient und Okzident brauchen einander, denn sie haben sich auch stets wechselseitig befruchtet.

Die Nahostpolitik des Vatikans unter Johannes Paul II. bedeutete damit gleichsam das offizielle Ende der unseligen Kapitel der Kreuzzugsgeschichte der katholischen Kirche. Hatten päpstliche Bullen einst allen Teilnehmern am Feldzug die Vergebung der Sünden zugesagt, so schrieb der gebrechliche polnische Papst an den US-Präsidenten George W. Bush wenige Tage vor der Invasion im Irak, dass man mit „Berufung auf den lieben Gott nicht alles rechtfertigen könne".[10] Im September 2001 hatte eben dieser Präsident den Begriff „Kreuzzug" verwendet, um auf die Anschläge vom 11. September zu reagieren. Diese Wortwahl stieß auf scharfe Ablehnung, nicht nur in der islamischen Welt, wo das Geschichtsbild von den Kreuzzügen als eine Form des westlichen Imperialismus in der Öffentlichkeit stark verankert ist. Nicht von ungefähr läuft der Kampf der Extremisten unter dem Titel „Vertreibung der Kreuzfahrer, Juden und aller Ungläubigen".

Es sei hier eine kleine Analogie zu den historischen Kreuzzügen erlaubt. Im 12. Jahrhundert erzeugte der Aufruf zu diesen „bewaffneten Pilgerfahrten" – die Bezeichnung Kreuzzug tauchte erst viel später auf – das kollektive religiöse Bewusstsein, das in der Folge europäische Identität entstehen ließ.[11] Es war von der Unumgänglichkeit des Kampfes die Rede, es wurde der Eindruck vermittelt, dass der Islam ein stabiles und einheitliches Herrschaftsgebiet sei, was nicht stimmte. Der Kampf gegen die Ungläubigen aus christlicher Sicht ermöglichte aber die Unterdrückung der vielen Adelsfehden innerhalb der westlichen Christenheit. Anstatt sich intern weiter zu bekriegen, zogen Ritter als Teil der christlichen Gemeinschaft ins Heilige Land. Es war ein „bellum iustum", ein gerechter Krieg, für den die Gotteskrieger von Burgund bis Florenz in den Kampf ritten. Das Konzept des gerechten Krieges hat das moderne Völkerrecht des 20. Jahrhunderts spätestens 1945 mit der Charta der Vereinten Nationen verworfen. Dennoch ist der „Kampf gegen den Terror“ als „just war“, also „gerechter Krieg“, Teil des täglichen politischen und medialen Wortschatzes. Dies gilt im Übrigen nicht für US-Präsident Bush, sondern für all jene Stimmen, die ständig vom „Krieg gegen den Terror“ sprechen und sich oft genug als gefährliche Hetzer offenbaren.

Dschihad versus Kreuzzug

Wir erleben gegenwärtig eine Rückkehr des Religiösen in den internationalen Beziehungen, wie sie viele Historiker noch vor 30 Jahren inmitten des damaligen Kalten Krieges nicht für möglich gehalten hätten. Mit dem Zerfall der etablierten Ideologien und der rasanten Globalisierung ist endgültig ein neues Vokabular im Epos rund um Krieg und Frieden in die Alltagssprache eingezogen. „Kultur“, „Religion“, „Ethnie“ und anverwandte Begriffe sind zu Schlüsselwörtern unserer Zeit geworden, wie es Debatten und vor allem eben die Kriege dieser Epoche beweisen. Die Entzauberung der Welt dank Fortschrittsglaubens und Massenkommunikation ist nicht erfolgt, weder in der Dritten noch, wie sich deutlich abzeichnet, in der industrialisierten Welt der Aufklärung, wie der deutsche Soziologe Theodor Hanf bereits 1985 schrieb.[12] Und auch der französische Schriftsteller André Malraux ahnte voraus, dass das 21. Jahrhundert ein „religiöses Jahrhundert“ werden würde: „Le 21ème siècle sera un siècle réligieux ou il ne sera pas.“ („Das 21. Jahrhundert wird ein religiöses sein oder es wird nicht sein.“)

Das Religiöse wird am Beginn des 21. Jahrhunderts offenbar als sicherheitspolitischer Faktor wahrgenommen und nicht bloß als der Wunsch nach mehr Spiritualität. So infiltriert der neue Missbrauch der Religion die Politik bereits seit Jahrzehnten und wird zum Auslöser blutiger Kriege, in deren Mittelpunkt ein aussichtsloser Kampf um Identitäten steht. Dies gilt nicht nur für die bekannten Krisenzonen unserer Erde, sondern auch für die bislang geschützten Werkstätten skandinavischer oder mitteleuropäischer Wohlfahrtsstaaten, wo die Furcht vor weltweiter Rezession, die Migrationsdebatte, die Ängste um den Arbeitsplatz und ganz allgemein vor dem Fremden einen neuen Populismus hervorgebracht haben, der ebenfalls alte Identitäten rekonstruieren will.

Angesichts des Verlusts der Ideologien und des Rückzugs des Staates aus vielen Verantwortungen scheint es, dass allein die Kulturgemeinschaft dem Menschen in einer verunsicherten Welt Halt bietet. Weder eine Weltsprache oder Weltgemeinschaft noch ein universell geltendes Recht sind bislang entstanden. Wenngleich die universalste aller internationalen Organisationen, jene der Vereinten Nationen, 192 Mitglieder zählt, die sich den – völkerrechtlich betrachtet – sehr bestimmenden Kriterien der Satzung der Vereinten Nationen unterworfen haben, so ist diese UNO doch ein schwaches Band. Dass diese oftmals in der jüngeren Geschichte bereits angestrebte Weltgemeinschaft, man erinnere sich auch des gescheiterten Völkerbunds, bislang nicht entstanden ist und wohl auch nie zustande kommen wird, erklärt sich ganz einfach: Eine solche breit gefasste Gemeinschaft wirkt nicht identitätsstiftend.

Je extremer die Verunsicherungen sind – wie im Falle des Nahen Ostens und Südosteuropas durch permanenten Kriegszustand oder den Zusammenbruch eines Systems –, umso heftiger suchen die Betroffenen, die Eliten und die einfachen Menschen gleichermaßen, ihr Heil in der religiös bestimmten Identität. Die Hoffnungen, die auf die eigene meist als überlegen betrachtete Kultur gesetzt werden, sind groß und oft tragisch überzogen. Phasen der Regression, der Rückwendung zu rekonstruierten Gemeinschaften, „imagined communities“, lassen sich vielerorts verzeichnen. Die Idee der Wiedererrichtung eines „Kalifats von Córdoba“ oder anderer Kalifate, wie es einige islamistische Gruppen in ihren Manifesten ankündigen, ebenso wie der nationalistische Größenwahn auf dem Balkan, der immer noch ungelöst ist, illustrieren nur allzu deutlich, um welch brisante Themen es geht: Grenzen, Minderheiten und neue territoriale Souveränitäten. All dies soll kriegerisch und eben mit „Gottes Hilfe“ erreicht werden.

Die öffentliche Debatte über den Inhalt der religiösen Pflicht des „Dschihad“ findet seit Jahren in der islamischen und westlichen Welt vermehrt statt. Geht es ursprünglich um die heilige Pflicht, sich anzustrengen, ein guter Muslim zu sein, so ist die Rolle des bewaffneten Kampfes im Namen Gottes zweifellos in der Wahrnehmung viel stärker. Ansätze zur Selbstkritik in der arabischen Welt über den Missbrauch des Dschihad im Sinne terroristischer Aktionen wurden im Gefolge des Massakers von Beslan in Nordossetien im September 2004 laut. Zahlreiche Kommentatoren in wichtigen arabischen Medien äußerten sich angesichts der Geiselnahme von mehr als 300 Kindern und anderen Zivilisten durch tschetschenische Terroristen sehr kritisch. Der damalige Grundtenor lässt sich derart zusammenfassen, dass „zwar nicht jeder Muslim ein Terrorist ist, aber gegenwärtig fast jeder Terrorist ein Muslim“. Noch härter formulierte es jener jordanische Chefredakteur, dessen Zeitung „Schahin“ die Mohammed-Karikaturen im Februar 2006 nachdruckte, indem er seinen Kommentar betitelte: „Was ist schädlicher für den Islam? Eine Karikatur oder ein Anschlag auf eine Hochzeitsgesellschaft?“ Der Journalist spielte hierbei auf die schweren Attentate vom November 2005 auf jordanische Hotels an, die vermutlich von Islamisten im Dunstkreis des jordanischen Ablegers der Al-Qaida durchgeführt wurden. Die Folgen waren drastisch: Die Zeitung wurde eingestellt, der Journalist verhaftet und ihm ein Strafprozess gemacht.

„Deus lo vult“ – „Gott will es!“, so lautete der Schlachtruf von Papst Urban II. bei der Synode von Clermont 1095. Unter Berufung auf Gottes Hilfe finden sich Dschihadisten auf islamischer Seite ebenso wie extreme wiedergeborene Christen in den USA und andere religiöse Bewegungen, die Gott für ihre politischen Ziele missbrauchen.

Im Juni 2006 erläuterte ein iranischer Diplomat im Interview über die Möglichkeit eines Dialogs zwischen Teheran und Washington seine Zuversicht, dass es früher oder später zu direkten Gesprächen kommen würde, mit folgendem Bild: „Wenn Präsident Bush und Präsident Ahmadinedschad einander treffen, werden sie sich wunderbar verstehen. Denn beide haben Gott getroffen."[13] Mit spitzer Ironie beschreibt der Vertreter der Islamischen Republik Iran die Symmetrie gewisser Politiker und bringt damit den Sachverhalt auf den Punkt. Wir befinden uns mitten in einem Konflikt, in welchem religiös verbrämte Machtpolitik die realen Interessen, wie den Zugriff auf Rohstoffe oder den Führungsanspruch in einer Region, überlagert. Folgende Beobachtung aus dem Internet sei illustrativ hier noch angemerkt. Sucht man über den Buchhandel „Amazon" die beiden weltweit am meisten verkauften Bücher, so sind diese die Bibel und der Koran.

Der französische Soziologe Gilles Kepel hat mit seinem Buch „Die Rache Gottes" die Rückkehr des Religiösen bereits vor über 18 Jahren beschrieben, indem er die religiösen Fanatiker, ob jüdisch, christlich, muslimisch oder hinduistisch, in ihren Programmen und Methoden verglich und zu dem Schluss kam, dass sie sehr ähnlich agierten.[14] Mittlerweile hat sich dieses Phänomen herumgesprochen und die Bewertung der Religion als Faktor internationaler Politik ist allgegenwärtig. Am Beispiel des Nahostkonfliktes, insbesondere des israelisch-palästinensischen Dilemmas, lässt sich die Entwicklung der Politik des 20. Jahrhunderts von einer Auseinandersetzung säkularer Ideologien hin zu einem Glaubenskrieg nachvollziehen. Am Anfang standen weltliche nationalistische Bewegungen wie der Zionismus und der arabische, später palästinensische Nationalismus einander gegenüber. Heute sind auf beiden Seiten immer mehr Glaubenskrieger an der Auseinandersetzung beteiligt, wie die tägliche Konfrontation zwischen national-religiösen jüdischen Siedlern mit der ansässigen palästinensischen Bevölkerung in den besetzten Gebieten oder der Dschihad muslimischer Extremisten zeigen.

Vorbei scheint die Epoche, als das Interesse, voneinander zu lernen, die Begriffe der fremden Kultur in die eigene zu übernehmen und die Neugierde noch das Verhältnis von Orient und Okzident dominierten. Dabei ist die wechselseitige Befruchtung vor allem über den Handel, die Sprache und die Migration entstanden. Letztere verlief jahrhundertelang von West nach Ost, als Europäer aus Italien oder Frankreich sich mit den vielen religiösen Minderheiten an den östlichen Mittelmeerküsten vermischten und zu Levantinern wurden. Die Levante stand für Völker- und Sprachengemisch, für Weltoffenheit, raffinierten Lebensstil und vieles mehr. Nach dem Untergang von Thessaloniki infolge Umsiedlungen türkischer und griechischer Bevölkerung in Kleinasien nach dem Ersten Weltkrieg und den Veränderungen in Städten wie Alexandria unter Nasser oder in Haifa mit der Entstehung des Staates Israel ist auch der levantinische Lebensstil verschwunden. Ansatzweise hat er sich noch im Libanon allen Widrigkeiten zum Trotz bewahrt. In dem kleinen Bergstaat mit dem schmalen geschichtsträchtigen Küstenstreifen haben sich – bedingt durch 18 Religionsgemeinschaften, drei Verkehrssprachen und einen kosmopolitischen Geist der Menschen – viele geistige Reibeflächen erhalten. Im Libanon stellt man an jeder Straßenecke fest, dass es viele „ways of life“ gibt und nicht eine nationalistisch oder religiös bestimmte Weltanschauung dominieren kann. Das galt einst für die meisten Küstenstädte des östlichen und südlichen Mittelmeers. Was uns damals über die vielen menschlichen Brücken gelang, war die Übernahme von Wissen und Traditionen. So war das Arabische Unterrichtssprache an den Universitäten Europas wie zum Beispiel in Aix-en-Provence.

Das gemeinsame Erbe

Schon bei näherer Betrachtung unserer Alltagssprache zeigt sich das reiche Erbe der arabischen Sprache. Vom Emir, der zum Admiral wurde, bis hin zum Zucker zehrt die deutsche Sprache von arabischen Begriffen. Diese Verwandtschaft ist Ergebnis friedlicher, aber auch kriegerischer Berührung. Dank der Errungenschaften arabischer Universitäten von Kairo bis Bagdad verfügen wir über unser Wissen. Kultur baut immer auf dem Erbe großer Geister vergangener Epochen auf.

Ohne Null wäre schon die Mathematik undenkbar. Die arabische Sprache erfand sie zwar nicht, doch vermittelten arabische Mathematiker dem Westen das indische Zahlensystem. Und unser Wort Ziffer ist dem arabischen „sifra", dem Begriff für Null, entlehnt. Hieraus entwickelte sich später die Chiffre, war doch auch die Kodierung geheimer Botschaften oft auf Zahlen aufgebaut. Die arabischen Hochkulturen des Mittelalters waren in erster Linie Vermittler zwischen den Zivilisationen und retteten verschüttetes antikes Erbe in die Renaissance hinüber. So kamen arabische Begriffe der Algebra und Alchemie von griechischen Quellen über französische und italienische Umwege in die deutsche Sprache. Der arabischen Kultur verdankt die Nachwelt jedoch auch eine Reihe eigenständiger Entdeckungen und Methoden.

Dem erfolgreichen Schachspieler ist „matt" das letzte Wort. Das Brettspiel hat seine Wurzeln im Orient. Und wer „matt" ist, der ist auf Arabisch mausetot. „Schach matt" heißt im O-Ton: der König ist tot – wobei für König der ältere persische Begriff des Schahs herhält. Selbst wenn der Islam den Genuss von vergärtem Traubensaft untersagt, der Alkohol ist auch eine arabische Wortschöpfung, ohne die viele nicht leben möchten. Dasselbe gilt für den Kaffee, der vom arabischen „qawha" abstammt und nicht – wie oft behauptet wird – vom abessinischen Kaffeebaum, dem Kaffa. Der Kaffee, und mit ihm die Idee des Kaffeehauses, gelangte um 1500 von Arabien in die Türkei. Osmanische Truppen brachten das Gebräu, dessen Bodensatz orientalischen Frauen noch immer zur Tagesprognose dient, nach Mitteleuropa.

In der Medizin ebenso wie in der Astronomie unternahmen muslimische Forscher entscheidende Fortschritte. Die Traktate des genialen Avicenna sprechen für sich. Ist die Rede von wissenschaftlicher Tradition, so sei nur an die Augenkliniken von Basra und die Observatorien von Bagdad oder Samarkand erinnert, die bereits vor Jahrhunderten exakt arbeiteten. Im Zuge eines Lateinbooms wurden in der Neuzeit viele der arabischen Wörter verdrängt, doch auf manche konnte man schlichtweg nicht verzichten, wie eben Alkohol, Alkali und Benzoe. Das Klassisch-Arabische, in welchem auch der Koran verfasst ist, ist jene Form der altarabischen Beduinensprache, die im achten Jahrhundert von Sprachgelehrten in Kufa und Basra aufgezeichnet und normiert wurde. Es handelt sich um eine höchst logisch strukturierte semitische Sprache, die auf Wurzeln aufbaut. Fast die ideale Sprache für Mathematiker. Neben dem klassischen Arabisch haben sich viele Dialekte entwickelt beziehungsweise ist es zu Vermischungen mit dem Persischen, mit Berbersprachen und dem Türkischen gekommen. Denn immerhin, der arabische Sprachraum erstreckt sich vom westlichen Nordafrika bis nach Zentralasien. Auch nach dem Auseinanderbrechen der Kalifate von Damaskus und Bagdad erhielt sich über die Wirren der Zeit hinweg eine klassische arabische Schriftsprache, die sich aber nicht weiterentwickelte. Erst im späten 19. Jahrhundert erwachte nach langem Schlaf unter osmanischer Okkupation die Sprache, oftmals dank arabischer Christen, wie den Boustany-Brüdern. Neue Wörterbücher entstanden und Arabisch erlebte mit dem Aufstieg der Nationalstaaten eine Renaissance.

Die Faszination, die der Orient noch um 1900 in Gestalt des „orientalisme“ auf die Kunst und Literatur in Europa ausübte, ist zu Beginn des 21. Jahrhunderts dem negativen Klischee des kriegerischen Nahen Ostens im Konflikt mit sich selbst und dem Rest der Welt gewichen. Und das Interesse, das man damals von Kairo bis Damaskus den europäischen Philosophen und Werten der Aufklärung entgegenbrachte, hat sich in tiefe Desillusion verwandelt.

Das „mare nostrum“, um welches die reiselustigen Griechen und Phönizier der Antike in ihren Kolonien von Sizilien über die Ebro-Mündung bis Karthago wie die Frösche um den Teich quakten, so Aristoteles, ist im Laufe der Epochen vom verbindenden zum trennenden Gewässer geworden: muslimische Piraten im Süden, christliche Flotten im Norden, europäische Kanonenboot-Diplomatie vor Tanger bis hin zu den Reisebeschränkungen des Nordens für den Süden im 21. Jahrhundert. Eine knappe Flugstunde trennt die madrilenischen Konsumtempel von den spanischen Enklaven Ceuta und Melilla am marokkanischen Festland, wo der Migrationsdruck entlang der Stacheldrahtverhaue sich brutal deutlich zeigt. Europa präsentiert sich via TV und „All Inclusive Magic Life Clubs“ an den Stränden Nordafrikas und der Türkei als nahes Paradies von Wohlstand und Freiheit.

Zugleich haben sich vielfältige Barrieren zwischen den EU-Mittelmeeranrainern und den arabischen Mittelmeerstaaten gebildet, die sich stetig verstärken. Aus europäischer Sicht ist die Realität der Migration aus eben diesen Regionen, ob im Schlauchboot über die Meerenge von Gibraltar oder durch Schlepperkutter albanischer Menschenschmuggler an die italienische Küste, das große Schreckgespenst. Die Erfolge populistischer Politiker, die für härtere Kontrolle illegaler Immigration auftreten, sind hinlänglich bekannt. Ein neuer Antagonismus zwischen Christentum und Islam zeichnet sich bereits in einigen europäischen Gesellschaften ab, wenn man die Debatte in den Niederlanden zum Beispiel verfolgt. Die Aussagen von Ministerpräsident Silvio Berlusconi im Herbst 2001 über die zivilisatorische Unterlegenheit des Islam oder jene des französischen Schriftstellers Michel Houellebecq, die beide in ein ähnliches demagogisches Horn blasen, spiegeln deutlich die Malaise der westlichen und aufgeklärten Wohlstandsgesellschaft wider. Wie rasch unter solchen Bedingungen auch jeglicher anderer geistiger und menschlicher Austausch unter die Räder kommen kann, ist tragisch und politisch gefährlich.

Hinzu kommt das brisante Dossier der Verhandlungen zwischen der EU und der Türkei über einen Beitritt zur Europäischen Union. Die Gegner einer solchen EU-Erweiterung über den Bosporus hinaus finden sich vor allem in Österreich und Deutschland. Neben der demografischen Frage, also dem hohen Anteil der türkischstämmigen Bevölkerung, kommt im östlichen Teil Österreichs auch die Erinnerung an die beiden Türkenbelagerungen von 1529 und 1683 immer wieder hoch. Es geht offenbar um die alte Konfrontation zwischen Orient und Okzident, die von den antiken Freiheitskriegen der Griechen gegen die Perser über die Kreuzzüge des Mittelalters bis hin zur europäischen Kolonialisierung der islamischen Welt reicht. Der österreichische Mikrokosmos von Volkskultur, es sei an all die Legenden rund um die Türken vor Wien erinnert, und die Alltagssprache mit weiterhin gebräuchlichen Begriffen wie „Kruzitürken" bieten Anschauungsmaterial. Sind also die Türkenkriege präsenter als die Schlachten gegen Franzosen, der Widerstand gegen Sowjets oder Deutsche, weil der Feind einer anderen Glaubenswelt angehörte? Um die Debatte eines EU-Beitritts der Türkei aus österreichischer Sicht zu verstehen, muss man die Rolle der Türkenbelagerungen im historischen Gedächtnis der Menschen, vor allem im Ostteil des Landes, begreifen. Ist es ein Paradoxon der österreichischen Seele, dass die Türkenkriege seit fünfhundert Jahren derart fest verankert sind, doch all die anderen Invasoren im kollektiven Gedächtnis kaum aufscheinen? Paris war eng mit der Hohen Pforte verbündet, um das Habsburgerreich mittels Zweifrontenkrieg zu schwächen. Und Napoleons Belagerung von Wien liegt knapp 200 Jahre zurück. Daran erinnert kaum ein Monument. Nur in Tirol wird der Bauernführer Andreas Hofer bis heute als Freiheitsheld gefeiert, dabei kämpften seine Guerilleros gegen die Bayern.

Ganz anders verhält es sich mit der zweiten Türkenbelagerung von Wien im Sommer 1683. Sie ist als eine Art Belagerungstrauma omnipräsent, teils in banaler Folklore wie Heidenmauern, Türkenköpfen auf Schornsteinen und teils in dumpfer Ablehnung des Fremden schlechthin. Vom Kahlenberg nordwestlich von Wien stürmten die Truppen unter König Johann III. Sobieski gegen die Osmanen. Die Flügelharnische von Sobieskis Husaren ließen vielleicht den Eindruck von Racheengeln entstehen? Auf einer Gedenktafel heißt es: „Am 12. September 1683 begann der Entsatz von Wien und hiermit die Rettung der abendländisch-christlichen Kultur." In Zeiten von Dschihad gegen den Westen und Kriegen des Westens mitten in der islamischen Welt brauchen alte Traumata und Feindbilder, herausgeholt aus dem Kühlfach der Geschichte, nur wenig Zeit, um die Gemüter zu erhitzen. Orient und Okzident waren einst säkularer und wohl neugieriger, was der jeweils Andere denkt und fühlt. Dies mag als verklärt und unwahr abgetan werden, doch die Kluft zwischen den Kulturen von Morgenland und Abendland war in der jüngeren Geschichte trotz aller Informations- und Reisemöglichkeiten wohl nie so groß, wie dies bedauerlicherweise zu Beginn des 21. Jahrhunderts der Fall ist. Im Zentrum aller Auseinandersetzung, die sich in den letzten Jahrzehnten zwischen Orient und Okzident verfestigt hat, steht jener offenbar unlösbare Konflikt um das eine Stück Land, das Palästina für die Einen und Israel für die Anderen heißt.

---

1 George Antonius: The Arab Awakening. Story of the Arab National Movement. London 1938.

2 Shlomo Avneri: The Making of Modern Zionism. New York 1981.

3 The Sunday Times vom 10.7.2005; www.times-archive.co.uk

4 Edward Said: Orientalism. New York 1978. Said kritisierte das Ungleichgewicht in der Betrachtung: „My contention is that Orientalism is fundamentally a political doctrine willed over the Orient because the Orient was weaker than the West, which elided the Orient's difference with its weakness. (…) As a cultural apparatus Orientalism is all aggression, activity, judgment, will-to-truth, and knowledge" (Orientalism, S. 204).

5 Ignacio Ramonet: La Tyrannie de la Communication. Paris 1999.

6 Jukka Nevakiki: Britain, France and the Arab Middle East. London 1969.

7 Der „Spiegel"-Redakteur Henryk M. Broder reagierte auf jene Rede des iranischen Präsidenten Ahmadinedschad, in welcher er einen jüdischen Staat in Deutschland oder Österreich anstatt in Palästina einforderte, prompt mit dem Essay: „Gebt den Juden Schleswig-Holstein!"; www.spiegelonline.de, abgerufen am 9.12.2005: „Der Vorschlag des iranischen Staatspräsidenten Mahmud Ahmadinedschad, Israel nach Deutschland zu verlegen, ist nicht so absurd, wie er klingt."

8 Dieser Satz titelte auch die „Spiegel"-Ausgabe vom 20.11.2006.

9 Der Politologe Samuel P. Huntington machte in der Herbstausgabe des „Foreign Affairs" 1993 Furore, als er seinen Aufsatz „Clash of Civilizations?" veröffentlichte. Drei Jahre später erschien sein Buch unter demselben Titel, jedoch ohne Fragezeichen. Das Werk ist binnen kurzer Zeit zu einem Klassiker geworden, kontrovers und oft zitiert.

10 Brief vom 7.3.2003, zitiert in der christlichen Nachrichtenagentur www.zenit.org

11 Franco Cardini: Europa und der Islam. Geschichte eines Missverständnisses. München 2000, S. 59–65.

12 Theodor Hanf: Modernisierung ohne Säkularisierung? Versuch über religiöspolitische Ideologien in der Dritten Welt, in: Die Bedeutung der Ideologien in der heutigen Welt. Sonderheft der Zeitschrift für Politik, 1985.

13 Interview in Teheran am 20.6.2006.

14 Gilles Kepel: La Revanche de Dieu. Paris 1991.

Das Drama um Palästina-Israel

„Wenn Ihr fest daran glaubt, so bleibt es kein Märchen."

Theodor Herzl, Begründer des Zionismus,
im Vorwort zum Buch „Der Judenstaat"

„Wer sich für eine gerechte Sache einsetzt, kann wohl nicht als Terrorist bezeichnet werden."

Jassir Arafat, ehemaliger Vorsitzender der PLO
und „Präsident Palästinas"

Kaum ein Konflikt bewegt die öffentliche Meinung weltweit so stark wie jener der Palästinenser und Israeli in ihren Ansprüchen auf dasselbe Stück Land. „Filistin", das historische Palästina, ist es für die ansässige arabische Bevölkerung sowie für die rund vier Millionen Flüchtlinge, deren Recht auf Rückkehr die UNO-Generalversammlung 1949 völkerrechtlich verankerte. „Eretz Israel" lautet der Name für die Israeli sowie für jene Teile der jüdischen Diaspora, die sich dem Land verbunden fühlen. Anders als im Fall der deutsch-französischen Erbfeindschaft um das Elsass, geht es hier nicht bloß um Gebietsansprüche und Grenzverläufe, die nach zwei Weltkriegen und vielen Gefechten davor, Millionen von Toten und Verwundeten, schließlich in der europäischen Integration gelöst wurden.

Der palästinensisch-israelische Konflikt reicht viel tiefer. Es geht gewissermaßen um alles oder nichts aller Beteiligten. Der Raum für Kompromiss, für eine Zwei-Staaten-Lösung, die seit 1947 angepeilt wird, wird immer kleiner. Israel hat mit den Siedlungen im Westjordanland, wo bereits 280.000 Siedler leben, der Annexion der Golanhöhen und Ost-Jerusalems sowie mit dem

Mauerbau Tatsachen geschaffen, die einen palästinensischen Staat, der auf einem zusammenhängenden Territorium liegt und lebensfähig ist, derzeit nicht möglich erscheinen lassen. Die Friedenseuphorie, die zwischen 1993 und 1995 bestand, als der Oslo-Prozess den Handschlag von Israels Premier Itzhak Rabin mit PLO-Chef Jassir Arafat und die wechselseitige Anerkennung ermöglichte, starb mit der Ermordung Rabins durch einen fanatischen Israeli im November 1995.

Alles versucht – nichts erreicht

Seit dem Ausbruch der zweiten Intifada im Herbst 2000 sind Tausende Palästinenser und Israeli umgekommen oder wurden invalid, Häuser wurden zerstört und der Hass ist dramatisch angewachsen. Ein Zermürbungskrieg wird seither geführt, der aber seinen Namen nicht nennt. Kriege enden nicht aus Einsicht der Kriegsherren, dass nun Schluss sein sollte. Nicht Logik, sondern erst die Erschöpfung aller Beteiligten öffnet den Weg für einen Neuanfang. Bis zur völligen Ermüdung der Zivilbevölkerung, der Militärs oder Kämpfer liegt ein weiter Weg. Eine Situation der völligen Zerstörung, der „debellatio", wie sie im Mai 1945 in Europa herrschte, kennt das israelisch-palästinensische Schlachtfeld nicht.

Haben die regelmäßigen Versuche internationaler Vermittler eine Chance? Wohl kaum. Zum einen aufgrund der noch vorhandenen Reserven, insbesondere des langen Atems begeisterter Islamisten. Zum anderen fehlt die Verhandlungsmasse. Dabei herrschte 1993 angesichts direkter Gespräche der PLO und der israelischen Regierung noch große Aufbruchsstimmung. Die US-Regierung holte die beiden Politiker Arafat und Rabin im September 1993 nach Washington, um dem Vertragswerk von Oslo dann auch noch das Abkommen von Washington hinzuzufügen. Am Anfang aber war ein gut vorbereiteter und exzellent durchgeführter Vermittlungsplan norwegischer Akademiker und Diplomaten gestanden, die offizielle Vertreter des israelischen und palästinensischen Apparats in einen direkten Dialog miteinander brachten. Während sich die USA noch in Tunis mit Gesprächen zwischen Palästinensern ohne Kontakt zur PLO und Israeli befassten, um nur nicht in Tuchfühlung mit der als Terrororganisation eingestuften PLO zu geraten, wurde auf einer norwegischen Datscha bereits „Tacheles" zwischen PLO-Funktionären und israelischen Diplomaten geredet. Dies ist umso bemerkenswerter, als für solche Kontakte damals noch hohe Freiheitsstrafen drohten.

Dem Oslo-Prozess, an dessen Ende laut damaligem Terminplan bereits 1999 ein souveräner Staat Palästina stehen sollte und in welchem eine umfassende regionale Friedenslösung für Wasser, Flüchtlinge etc. geplant war, ist tiefe Ernüchterung gefolgt. Der Siedlungsbau floriert, die Palästinenser verlassen sich auf die „F-15 des armen Mannes", den Selbstmordanschlag. Ein Neuanfang wäre mehrfach möglich gewesen, so zuletzt nach dem Tod von Arafat im November 2004. Die israelische Doktrin lautet aber: Uns fehlt der Verhandlungspartner. Zuerst wurde Arafat abgelehnt, dann sein Nachfolger Mahmud Abbas geschwächt, schließlich die gewählte Hamas-Regierung ruiniert.

Dieser Konflikt ist keine Regionalkrise, die seit bald 60 Jahren regelmäßig zu militärischen Konfrontationen führt, sondern reicht weit nach Europa, in die USA und in die gesamte islamische Welt hinein. Zum einen tragen die Europäer, vor allem Großbritannien und Frankreich, einen großen Teil der Verantwortung für die verworrene Lage in der Region, wie im ersten Kapitel beschrieben wurde. Zum anderen haben die heiligen Stätten von Jerusalem bis Galiläa eine starke Ausstrahlung auf die Gläubigen der drei monotheistischen Weltreligionen. Als es im Frühjahr 2002 zur israelischen Belagerung der Geburtskirche von Bethlehem kam, wo sich militante Palästinenser verschanzt hatten, zeigten die Berichterstattung und die intensiven Vermittlungsbemühungen, wie stark der Rest der Welt in die israelisch-palästinensische Konfrontation, die am 28. September 2000 als zweite Intifada begann, verwickelt ist.

Auslöser für diese neue palästinensische Erhebung – die deutsche Übersetzung für Intifada – war der Spaziergang von Ariel Scharon am Tempelberg zur Zeit des Freitagsgebets in der Al-Aksa-Moschee. Anders als die erste Intifada, die von 1987 bis 1993, also dem Beginn des Oslo-Friedensprozesses, dauerte, verläuft dieser neue Aufstand gegen die israelische Okkupation viel blutiger. Er beschränkt sich nicht auf die besetzten Gebiete, sondern findet auch in Tel Aviv und Haifa statt. Wurden in der ersten Intifada Steine geworfen und betrieb die israelische Öffentlichkeit damals Gewissenserforschung, wie man ethisch und militärisch korrekt auf diese völlig neue Situation eines Volksaufstandes reagieren sollte, so verläuft die zweite Intifada mit schweren Geschützen, Flächenbombardements und vor allem unter Einsatz eines gewaltigen Arsenals von „Märtyrern", den Selbstmordattentätern. Hinzu gekommen sind eine weitere Verschärfung der Lage im gesamten Nahen Osten und ein Anwachsen des religiösen Fanatismus auf Seiten aller Beteiligten.

Ein kurzer Rückblick auf einen der Höhepunkte in der militärischen Auseinandersetzung in den besetzten Gebieten im Frühjahr 2002 zeigt, wie erfolglos der damals und bis heute beschrittene Weg militärischer Optionen war und ist.

Mit dem Ziel, „die palästinensische Infrastruktur des Terrors auszumerzen" und „totale Ruhe" zu schaffen, startete der damalige Premier Ariel Scharon am 29. April die „Operation Schutzwall". Die Städte Ramallah, Bethlehem, Nablus und Jenin – alle in der palästinensischen autonomen A-Zone, wie es die Abkommen von Oslo von 1993 vorsehen – wurden von Israel besetzt. Weiter kam es zu massiven Durchsuchungsaktionen in den Städten Kalkilya und Tulkarem, die direkt an der „Grünen Linie", der Waffenstillstandslinie zwischen Israel und Jordanien von 1949, liegen. Diese Orte gelten infolge ihrer Nähe zu Israel als

Hochburgen der Selbstmordattentäter, da von hier ein Eindringen auf israelisches Gebiet relativ einfach ist. Die Gebiete wurden zu Militärzonen erklärt, Journalisten erhielten keinen Zutritt. Es folgten Hausdurchsuchungen und Massenverhaftungen sowie Proteste der Staatengemeinschaft. Die USA forderten Israel zu Zurückhaltung auf. Grundsätzlich schien jedoch Scharon „grünes Licht" von der US-Regierung für eine Operation zur Bekämpfung des Terrorismus erhalten zu haben. Im Dezember 2001 hatte Scharon einen Hausarrest gegen Arafat verhängt. Öffentlich hatte Scharon schon zuvor bedauert, Arafat nicht während der Belagerung von Beirut 1982 beseitigt zu haben. Von einem Showdown zwischen den beiden Erzfeinden Scharon und Arafat – dem Duo „Scharafat" – war in den israelischen und internationalen Medien die Rede. Von einem Erniedrigungsritual sprachen Beobachter, zumal die israelischen Truppen, deren Panzerrohre Arafat ins Visier nahmen, ausdrücklich die Anweisung erhalten hatten, ihm „kein Haar zu krümmen". Rund 200 Menschen, darunter rund 40 militante Palästinenser sowie die Hüter der Kirche, Franziskaner und Vertreter der armenischen und griechisch-orthodoxen Kirchen, harrten seit Ende März 2002 in der belagerten Kirche aus. 39 Tage dauerten die Gefechte rund um die Geburtskirche, die am 10. Mai mit einem Verhandlungskompromiss zwischen Palästinensern und Israeli endeten: Demnach wurden 13 als besonders gefährlich eingestufte Palästinenser nach Zypern gebracht, in vier Gruppen aufgeteilt und nach Spanien, Italien, Griechenland und Portugal ausgeflogen. Das war das letzte zu lösende Problem, um endlich den Belagerungszustand der Basilika aufzuheben.

Während es in Ramallah und Bethlehem zu einer Verhandlungslösung kam – die Scharons fehlende politische Optionen reflektierte, da er in beiden Fällen nachgeben, regierungsintern scharfe Kritik einstecken musste –, zog Israel dafür die ursprüngliche Bewilligung einer UN-Untersuchungskommission für die Vorfälle im Flüchtlingslager von Jenin zurück. Generalstabschef

Schaul Mofas drohte mit seinem Rücktritt, falls ein israelischer Soldat vor einer internationalen Kommission aussagen müsse. Israel brüskierte nicht nur die UNO, sondern auch die USA, zumal die entsprechende Resolution des Sicherheitsrats 1405 von den USA eingebracht worden war.

Die Palästinenser hatten Israel vorgeworfen, bei der Eroberung Jenins Ende März ein Massaker mit Hunderten toten Zivilisten angerichtet zu haben. Die israelischen Streitkräfte sprachen hingegen von regulären Kampfhandlungen mit sieben getöteten Zivilisten, 45 getöteten Bewaffneten und bezifferten eigene Verluste auf 23. Nachdem Israel sich definitiv gegen eine Zusammenarbeit ausgesprochen hatte, gab es laut UNO „keine Grundlage mehr" für eine Untersuchung. Tagelang durften Sanitäter nicht zu Verletzten, Tote konnten nicht geborgen werden. Palästinensische Ambulanzen wurden von den Israeli zurückgehalten. Das israelische Argument für das Verbot des Zutritts von Hilfsorganisationen lautete, dass es zu gefährlich gewesen wäre, wie auch der Verlust von 23 Elitesoldaten, die in eine Straße voll von Sprengminen-Fallen geraten waren, belegte. Es blieben einander diametral entgegengesetzte palästinensische und israelische Versionen zurück.

Einige internationale Beobachter sprachen in ihren Stellungnahmen von „Verletzungen des humanitären Völkerrechts", nicht aber von Massaker. Eine Menschenrechtsgruppe von Ärzten hatte am 30. April 2002 in den USA einen Bericht zu den Ereignissen im palästinensischen Flüchtlingslager Jenin veröffentlicht und darin festgestellt, dass dort wahrscheinlich kein Massaker stattgefunden hat.

UNO-Generalsekretär Kofi Annan teilte in einem Brief an den UNO-Sicherheitsrat am 3. Mai 2002 mit, wegen des Widerstands von Israel sei die Ermittlerkommission aufzulösen. Die UNO-Delegation unter dem Vorsitz des früheren finnischen Präsidenten Ahtisaari und der Teilnahme von Sadako Ogata, frühere Flüchtlingshochkommissarin, und Cornelio Sommaruga, vor-

mals Präsident des Internationalen Komitees vom Roten Kreuz, hatte tagelang vergeblich in Genf auf die Einreisegenehmigung der israelischen Regierung gewartet. Grund war unter anderem, dass Israel weitere Experten in die Kommission hineinreklamierte. Die Verhandlungen zogen sich über Wochen hin. Für Annan machte schließlich die Entsendung der Kommission, die Ursachenforschung betreiben sollte, nach dieser langen Verzögerung keinen Sinn mehr. Aus Annans Sicht war zudem ein glaubwürdiger und ausgewogener Bericht zu den Ereignissen in Jenin ohne die Mitarbeit Israels nicht möglich.

Mit dem Beginn der israelischen Offensive Ende März gingen in Ägypten, Jordanien, Bahrain und Kuwait Tausende Menschen für Solidaritätskundgebungen mit den Palästinensern auf die Straße. Auf dem Campus der Amerikanischen Universitäten von Beirut und Kairo lieferten sich Demonstranten und Sicherheitskräfte teils Gefechte mit Wasserwerfern. Die Außenministerien Jordaniens und Ägyptens formulierten scharfe Appelle an Israel und drohten mit nicht präzisierten Maßnahmen, falls Palästinenser deportiert würden. Die Empörung der arabischen Opposition richtete sich nicht nur gegen Israel und die Untätigkeit der Staatengemeinschaft, sondern vor allem auch gegen die sichtliche Ohnmacht der arabischen Führer.

Die arabische Presse ging – so weit das möglich war – mit der US-Unterstützung für Scharons Offensive heftig ins Gericht, da dies der „rascheste Weg für eine weitere Fanatisierung" sei. Syrien sah sich in seiner Linie der Ablehnung von Konzessionen an Israel bestärkt. Die den USA nahestehenden Golfmonarchien und Ägypten fühlten sich von den USA vor den Kopf gestoßen. Auch die mit Israel verbündete Türkei forderte Israel zum Rückzug auf.

Der Palästinakonflikt kann Menschen in Jakarta ebenso auf die Straßen bringen wie in Niamey, London oder Kairo. In Europa polarisiert er regelmäßig die öffentliche Meinung. Zuletzt war dies im Sommer 2006 während des israelischen Krieges um zwei verschleppte Soldaten im Libanon deutlich spürbar. Ob in Österreich oder Frankreich, die veröffentlichte Meinung spaltet sich rasch in Lager, die sich über Kommentare bekriegen.

Am Anfang stand ein Teilungsplan …

Offizieller Beginn der Feindseligkeiten ist das Frühjahr 1948. Am 14. Mai 1948 erklärte David Ben Gurion, Vorsitzender der Jewish Agency, welche die offizielle Vertretung der Juden in Palästina war, im Stadtmuseum von Tel Aviv um 16 Uhr im Namen des jüdischen Volkes die Unabhängigkeit des Staates Israel. Das Dokument ist als israelische Unabhängigkeitserklärung in die Geschichte eingegangen. Die militärische Konfrontation zwischen den jüdischen Untergrundverbänden – Palmach und Haganah operierten erfolgreich als Guerilla bereits gegen die britische Armee – und den arabischen Armeen der Nachbarstaaten hat zwei Namen. Für die Israeli wurde der Krieg von 1948 zum „Melhama Ha'atzma'ut" (Unabhängigkeitskrieg). In die arabische Geschichtsschreibung ging das militärische Debakel als „nakba", als große Katastrophe, ein. Es sollte 20 Jahre später die nächste Erniedrigung der arabischen Seite eintreten, als Israel im Juni 1967 binnen sechs Tagen die von ihm kontrollierten Gebiete verdreifachte. Die Israeli eroberten den Sinai, den Gazastreifen, das Westjordanland, Ost-Jerusalem und die Golanhöhen.

In der Unabhängigkeitserklärung, welche von der jüdischen Geschichte und der Beziehung des jüdischen Volkes zu Eretz Israel spricht, werden aber nicht die Grenzen dieses neuen Staates genannt. Man möchte meinen, dass die Gründungsväter Israels aufgrund der angespannten Lage und der drohenden arabischen Invasion auf die Nennung des Staatsgebietes vergaßen. Die Protokolle der Nationalversammlung, die ich zur Erstellung meiner Dissertation 1988 in den Archiven des israelischen Premiers studieren konnte, lassen aber auf das Gegenteil schließen. Während der letzten entscheidenden Beratungen konnte Ben Gurion seine Forderung durchsetzen, dass man sich der Frage der Grenzen entziehen solle. Ben Gurions Verlangen nach einem Verschweigen der Grenzen stieß in der Provisorischen Nationalversammlung auf Widerstand. Der spätere israelische Justizminister Felix Rosenblüth (er änderte dann seinen Namen zu Pinhas Rosen) meldete sich zu Wort. Es gehe nicht an, einen Staat auszurufen, ohne sein Gebiet zu nennen, meinte er in der Sitzung vor der Proklamation.

Es heißt in der Gründungserklärung:

„The State of Israel will be open for the Jewish immigration and for the Ingathering of the Exiles; it will foster the development of the country for the benefit of all its inhabitants."[1]

Das Staatsgebiet ist in gewissem Sinne eine Funktion der Einwanderungsquote und demnach unbestimmt. Von israelischer Seite wurde stets darauf verwiesen, dass mangels Anerkennung des Staates durch die arabischen Nachbarn es unmöglich sei, die Grenzen zu definieren. Nunmehr verfügt Israel auf Grundlage der Friedensverträge mit Ägypten (1979) und Jordanien (1995) über zwei internationale Staatsgrenzen. Der Prozess von Oslo (1993) führte theoretisch zu einem Ausgleich mit der palästinensischen Führung. Israels Existenzrecht wird zumindest nach außen und offiziell nicht mehr verneint. Für Itzhak Klinghoffer, den ehemaligen Assistenten des großen Juristen Hans Kelsen, gründet das Fehlen einer Bestimmung über das Staatsgebiet auf dem mangelnden Konsens in der israelischen Bevölkerung, denn was alles Israel umfassen solle, wird sehr unterschiedlich gesehen.[2]

Indes sind die Selbstmordattentate, die an Umfang und Dichte allen israelischen Offensiven und Bestrafungsoperationen zum Trotz konsequent zunehmen, sehr wohl Ausdruck einer Nichtanerkennung Israels. Wäre ihr Ziel der Rückzug Israels aus den 1967 besetzten palästinensischen Gebieten, dann müssten sich derartige Akte im Sinne einer echten Guerilla erstens auf das militärisch besetzte Gebiet und zweitens nicht gegen Zivilisten richten. Dass es für die islamistischen Führer in Hamas, des Palästinensischen Dschihad und der Al-Aksa-Brigaden bereits längst wieder um die Zerstörung Israels geht, ergibt sich aus ihrem Operationsgebiet. Ein gewisser Erfolg – wenn man in diesem Zermürbungskrieg, der offenbar bis zur wechselseitigen völligen Erschöpfung ausgefochten werden soll, von einem solchen sprechen kann – ist die starke Abnahme der jüdischen Einwanderung.

Der Zusammenbruch des Verhandlungsprozesses zwischen Israeli und Palästinensern im Sommer 2000 in Camp David hat vielfältige Ursachen. Eine der schwierigsten Fragen, nämlich jene der zukünftigen Grenzziehung, hoben sich die Unterhändler unter US-Vorsitz bis zur bitteren Neige auf. Dass unter Druck im Juli 2000 in Camp David kein rascher Ausweg gefunden werden konnte, musste von Anbeginn klar sein. Denn ein Konglomerat an umstrittenen Linien und Räumen, inklusive Niemandslandzonen, beherrscht die Region. Hinzu tritt noch eine tiefer liegende historische und psychologische Dimension. Eine Vielfalt an unterschiedlichsten Grenzbegriffen beherrscht die Konfliktparteien. Die Skala reicht von national-religiös motivierten Gebietsansprüchen in Judäa und Samarien über den Wunsch nach „sicheren Grenzen" Israels bis hin zu den diversen historischen Ansprüchen arabischer Nationalideologien, wie jene eines Großsyriens auf dem Gebiet des Fruchtbaren Halbmonds, oder den radikalen muslimischen Vorstellungen eines islamisierten Gebiets, eines „dar al Islam", in dessen Zentrum wiederum die Vernichtung des jüdischen Staates steht.

Die Kontroverse um Grenzen und Souveränitäten schafft anstelle abstrakter Grenzlinien die „frontiers", Grenzräume. Letztere sind dynamisch in ihrer Ausdehnung. Siedlungstätigkeiten verändern sie ebenso rasch wie die Postulate der Sicherheit. Diese Veränderlichkeit der Linien erzeugt stete Unsicherheit. Die Grenze wird als das Ergebnis der Staatsentwicklung betrachtet: Sie bedeutet das Ende der geografischen und politischen Ausdehnung des Staates. Der Grenzraum hingegen ist eine Entwicklungsphase der Staatenbildung.[3]

Dan Diner sieht in Israel einen typischen „frontier-state".[4] Diese Bezeichnung wurde ursprünglich im nordamerikanischen Raum im Zuge des fortschreitenden Siedlervorstoßes von der Ostküste in Richtung Westen – „where the grass is greener" – geprägt. Das Phänomen eines sich ständig ausdehnenden Staatswesens, das mit einer gewaltvollen Landnahme – wie sich gegenwärtig im Siedlungsbau zeigt – verbunden ist, liegt im Falle Israels zweifelsfrei vor. „Frontiers", also Grenzräume, die sich konfliktvoll verschieben, anstelle von „boundaries", sprich abstrakter Grenzlinien, charakterisieren das Territorialverständnis auf israelischer Seite. Kurz gesagt, Grenzräume sind Indiz für ungeklärte Territorialverhältnisse und verweisen meist auf einen anhaltenden bewaffneten Konflikt, da jede Streitpartei versucht, mittels physischer Präsenz ihre Ansprüche geltend zu machen. Anders verhält es sich mit den abstrakten Grenzlinien, sie sind Ausdruck einer wechselseitigen Anerkennung. Keine dauernde Anwesenheit von Truppen, Wehrbauern oder ähnlicher physischer Kontrolle und Absicherung ist erforderlich. Für alle klar erkennbar und respektiert ist, wo die Souveränität des einen Staates beginnt beziehungsweise jene des anderen endet.

Kern des Konflikts zwischen Arabern und Juden ist die Frage der Legitimität. Das heißt: Wie rechtfertigen Juden und palästinensische Araber gegenseitig ihren Anspruch auf das Land? Das Selbstverständnis beider Seiten ist eng mit einer religiösen und kulturellen Deutung der Geschichte verbunden. Dieses jeweils eigene kollektive „Narrativ" versuchen sie sich gegenseitig, nötigenfalls mit Gewalt, aufzuzwingen.

Wo liegt Israel?

Medinat Israel oder Eretz Israel, Staat Israel oder Land Israel – je nachdem unterscheiden sich die Denkschulen in Israel: Erstens darin, wie weit die Souveränität gehen soll, und zweitens, worin die Mission des Gemeinwesens Israel überhaupt besteht. Unter den Anhängern einer Medinat Israel wäre die eher laizistisch orientierte Strömung zu subsumieren. Sie wollen Israel innerhalb der Grenzen von 1967 als sicheres Staatswesen bestehen sehen. Zu Eretz Israel, also dem biblischen Land Israel, gehört jedoch mehr Territorium als das Kerngebiet innerhalb der Demarkationslinien von 1949. Jedenfalls mehr als die 1967 eroberten Gebiete von Judäa und Samarien, zogen sich doch die Siedlungsgebiete der 12 Stämme Israel vor 3000 Jahren bis weit östlich des Jordans.

Die Bibel ist für die national-religiösen Siedler, die die politische Führung Israels vor sich hertreiben können, nicht nur ein Buch der Offenbarung, sondern auch ein Atlas. Die Sakralisierung der zionistischen Ideologie, die von ihrer Entstehungsgeschichte eine Spätgeburt der vorwiegend säkular orientierten Nationalbewegungen des ausgehenden 19. Jahrhunderts war, hat schon längst eingesetzt. Und die Idee vom verheißenen Land auf biblischem Boden schafft zweifellos völkerrechtliche Unsicherheiten.

Für Theodor Herzl, den Begründer der zionistischen Bewegung, war zum Entstehungszeitpunkt seines Buches „Der Judenstaat" 1896 die Geografie des von ihm entworfenen Gemeinwesens eher Nebensache. Im Gegensatz zu den Territorialisten um Herzl forderten jedoch die Hovevei Zion (die Freunde Zions) eine Entscheidung zugunsten Palästinas, denn nur eine Rückkehr ins Gelobte Land könnte die Massen mobilisieren.

Bis zur Balfour-Deklaration beschränkte sich die jüdische Landnahme in der osmanischen Provinz auf Bodenkauf und Errichtung landwirtschaftlicher Genossenschaften, der Kibbuzim, in Galiläa und in der Region um Haifa. Bereits während des Ersten Weltkriegs begann jedoch die Jewish Agency als Generalsekretariat der zionistischen Bewegung mit geschickter Lobby-Tätigkeit insbesondere in London. Resultat dieser diplomatischen Bemühungen war die Balfour-Deklaration vom 2. November

1917. Es handelt sich hierbei um das Schreiben des britischen Außenministers Lord Balfour an den Privatmann Lord Rothschild, der die zionistische Bewegung finanziell und politisch unterstützte. Zwar wird dieser Brief von jüdischer Seite als erste Rechtsgrundlage für das Entstehen Israels gewertet. Einer völkerrechtlichen Prüfung hält diese Behauptung nicht stand.

Dennoch gilt dieses relativ kurze Schreiben als die erste Referenz für eine Absichtserklärung der Briten, *„the establishment in Palestine of a national home for the Jewish people"* freundlich zu begünstigen. Viel wurde und wird der Begriff des „national home", der „Heimstätte", diskutiert. Ebenso heftig wurde damit die Ausdehnung eben jenes Gemeinwesens debattiert. Eine solche Heimstätte konnte ebenso auf 10 oder auf 100 Prozent des als Palästina landläufig bezeichneten Territoriums errichtet werden. Zudem war im Jahr 1917 gleichfalls unklar, bis wohin sich überhaupt Palästina erstreckte. Brisant wurde dies bereits im Jahr 1922, als die Gebiete östlich des Jordans im Britischen Weißbuch als Emirat Transjordanien dem britischen Verbündeten Emir Abdullah übergeben wurden. Verfasst wurde die Eigentumsübertragung von Winston Churchill als verantwortlichem Sekretär im britischen Kolonialministerium. Auf den Protest der zionistischen Bewegung reagierte Churchill:

„(…) the terms of the (Balfour) Declaration referred to do not contemplate that Palestine as a whole should be converted to a Jewish national home, but that such a home should be founded in Palestine".[5]

Das genaue Anwendungsgebiet der Balfour-Deklaration wurde nie geklärt. Auf jüdischer Seite besteht in vielen politischen Kreisen weiterhin die Forderung nach einer Einbeziehung Transjordaniens. Die Schaffung des Mandatsgebiets Palästina und diese Abtrennung der Ostgebiete wurden von den Zionisten mit großem Missfallen aufgenommen.

Die zionistische Delegation legte auf den Pariser Friedenskonferenzen 1919 ihre Grenzpläne vor. Demnach sollte das „Jewish

National Home" in dem von ihnen gewünschten Palästina im Norden bis zum Awali-Fluss im Libanon gehen und auch das Hauran-Gebirge umfassen. Im Bericht des Exekutivkomitees des XII. Zionistenkongresses werden hauptsächlich wirtschaftliche Gründe genannt, da die Wasserquellen in jenen nördlichen Gebieten als unerlässlich erachtet wurden.[6]

Die 1919 vorgelegte Karte wurde nie durch eine andere Karte ersetzt. Die zionistische Bewegung hat sich seither in unterschiedliche Strömungen gespaltet. Die Anhänger des weiten Eretz finden sich im Likud und in anderen national-religiösen Parteien wieder. Die Befürworter eines kleinen Israels sehen sich als die eigentlichen Erben eines sozialdemokratischen Zionismus. Auch wenn die führenden Zionisten in der Gründungsphase stets ihren säkularen Zionismus betonen, so beriefen sie sich zur Untermauerung ihrer Pläne doch gerne auf biblische Quellen.[7] Faktoren des wirtschaftlichen Überlebens und der Sicherheit wurden aber von den Säkularen stärker betont als die göttlichen Verheißungen für ein Königreich Israel.

Das Recht auf Einwanderung

„Aliyah machen" bedeutet Hinaufsteigen und bezeichnet die Einwanderung nach Israel. Die Sammlung der Diaspora in einem jüdischen Staat, im Hebräischen als „qibbuz galuyot" bezeichnet, soll in Masseneinwanderung und Ansiedlung der jüdischen Bevölkerung resultieren. Eine stete Einwanderung ist die demografische Voraussetzung für das jüdische Staatswesen. Wie eingangs schon erwähnt, wird die Immigration in der Unabhängigkeitserklärung vom 14. Mai 1948 als einer der Staatszwecke angeführt.

Das Heimkehrgesetz stipuliert das Recht der Juden auf Einwanderung. „Oleh" ist der hebräische Ausdruck für Einwanderer, wörtlich Aufsteiger:

„Every Jew has the right to come to this country as an oleh".[8]

Es ist mit Israel eigentlich ein Staat der (Noch-)Nichteinwohner entstanden. Dieser Staat kann sich aufgrund der unbekannten Zahl potenzieller Staatsbürger und ihres unbekannten Raumbedürfnisses geografisch noch nicht festlegen. Einer der Gründe für Israels Schweigen zu seinen Grenzen findet sich daher im Recht auf Immigration.

Die Immigration in den 1990er Jahren ließ eine Million Juden aus den Gebieten der ehemaligen Sowjetunion nach Israel kommen. Premier Ariel Scharon hatte bereits bei seiner ersten Wahl im Februar 2001 versprochen, die Einwanderung massiv voranzutreiben. Eng verbunden mit allfälligen einseitigen Rückzugsplänen Israels aus palästinensischen Gebieten ist die Immigrationsproblematik. Auf den Punkt gebracht, warum sollen Gebiete militärisch gehalten werden, die arabisch dominiert sind und wo sich keine jüdische Bevölkerungsmehrheit schaffen lässt? Hauptmotiv für Scharons Rückzugsplan aus dem Gazastreifen war die demografische Frage. Am 17. August 2005 hielt Scharon eine TV-Rede, die einige Kommentatoren zu Vergleichen mit dem französischen General Charles de Gaulle in der Algerienkrise inspirierte.[9] Scharon verlor in seinem Appell an die Bevölkerung, um den Rückzugsplan zu erläutern, kaum Worte über die Siedler, zeigte aber Verständnis für die Wut der Palästinenser. Als Hauptgrund für diese Entscheidung nannte Scharon demografische Gründe, denn „8000 Juden unter 1,3 Millionen Arabern, deren Zahl sich in jeder Generation verdoppelt, seien kein Weg“. Scharon zeigte zudem auf, dass der Abzug Israel neue wirtschaftliche Möglichkeiten öffne, da in der Folge mehr Mittel für Wirtschaftsprogramme zur Verfügung stehen würden. Interessanterweise führte Scharon hierbei einen Diskurs, der mehr der Arbeiterpartei als seinem Likud entsprach. Es darf daran erinnert werden, dass die Arbeiterpartei die Koalition mit Scharon 2003 infolge eines Streits um das Budget verließ. Während die Arbeiterpartei mehr Budget für Sozialprogramme forderte, bestand Scharon auf einer Bevorzugung der Siedleranliegen. Scharon scheint sich aber dem

Druck der USA teilweise gefügt zu haben, wie er auch in Interviews durchblicken ließ. Besser sei es demnach, den historisch und wirtschaftlich weniger wichtigen Gazastreifen aufzugeben, als auf das gesamte Westjordanland zu verzichten.

Die israelischen Behörden verfolgen systematisch die demografische Entwicklung des Landes angesichts sinkender jüdischer Immigration und hoher arabischer Geburtenrate. Juden stellen 76 Prozent der sieben Millionen israelischer Bürger, 20 Prozent sind Araber. Laut dem israelischen Zentralbüro für Statistik sind 21.126 Personen 2005 nach Israel eingewandert, was eine minimale Steigerung zu 2004 bedeutet, jedoch eine gewaltige Verringerung zu den starken Einwanderungsjahren nach dem Zerfall der Sowjetunion ist. Anfang der 1990er Jahre betrug die jährliche Zuwanderung 70.000 bis gar 200.000 Menschen. Eine starke Zäsur bildete der Beginn der Al-Aksa-Intifada im Herbst 2000. Hinzu kam die wirtschaftliche Rezession, die ebenso wenig neue Immigranten anzog. In den letzten fünf Jahren sind 203.000 Menschen nach Israel übersiedelt, fast eine Million Einwanderer kamen in den 1990er Jahren nach Israel, vorzüglich aus den GUS-Staaten. Die zahlenstärkste Gruppe findet sich unter Einwanderern aus Frankreich, gefolgt von den USA.[10]

Die grausame Ermordung des französischen Juden Ilan Halimi, der im Februar 2006 drei Wochen lang von einer Gruppe maghrebinischer und afrikanischer Jugendlicher, die sich „Die Barbaren" nennt, in einem Pariser Vorort festgehalten und gefoltert worden war, sorgte international für Entsetzen. Die Entführer hatten ihr Opfer offenbar gezielt wegen dessen Zugehörigkeit zur jüdischen Glaubensgemeinschaft ausgewählt. Das geforderte Lösegeld sollte die Familie über die jüdische Gemeinde auftreiben. Dieser neue Gewaltausbruch an Antisemitismus, der in Frankreich seit Jahren wächst, sorgt für große Verunsicherung. Beim Studieren der Weblogs israelischer Tageszeitungen, nachdem der Fall von Ilan Halimi bekannt wurde, sind die vielen israelischen Aufrufe an die ca. 400.000 Juden Frankreichs auffällig, nach Israel „aliyah“ zu machen, also nach Israel auszuwandern. Scharon sorgte 2005 für starke diplomatische Verstimmungen, als er öffentlich dazu aufforderte, alle Juden Frankreichs sollten möglichst rasch ihre Koffer packen und nach Israel kommen.

Die Landnahme durch den Siedlungsbau ergänzt das Staatskonzept Israels, das auf dauernder Immigration beruht. Der israelische Politikwissenschaftler Dan Diner macht deutlich, dass infolge der Landnahme durch Besiedlung das physische Element, das heißt der Besitzcharakter, dominiert.[11] Im Einwandererstaat Israel konnte sich kein abstrakter Grenzbegriff im Sinne einer Linie herausbilden. Es kam zu einer Vielzahl von Grenzräumen, den „frontiers“, die vor allem die Peripherien des Landes charakterisieren.

Der Bodenkauf, die Errichtung von Siedlungen vor und während der Mandatszeit unterscheiden sich vom gegenwärtigen Siedlungsbau, da hier Boden im Namen der Sicherheit konfisziert wird beziehungsweise die staatliche Siedlungspolitik, die mit der Likud-Regierung Ende der 1970er Jahre einsetzte, auf neuen Rechtsgrundlagen aufbaut, die hier nicht erörtert werden können.

Ein Konglomerat an Grenzziehungen

Keine israelische Landkarte gibt Aufschluss über das offizielle Staatsgebiet Israels. Vielfach ist die Rede vom sogenannten „Kerngebiet Israel“, worunter jenes Gebiet des jüdischen Staates zu verstehen ist, das innerhalb der Waffenstillstandslinien von 1949 besteht. Die Linien der Feuerpause von 1967 finden sich strichlinienförmig als die „cease-fire lines“, auch als Grüne Linie bekannt, die eben dieses Kerngebiet von den eroberten Territorien trennen. Doch Israel hat mit dem massiven Siedlungsbau seit Mitte der 1970er Jahre weitere Gebiete annektiert. Besonders drastisch zeigt sich die Ausdehnung der territorialen Souveränität anhand des Stadtgebiets von Jerusalem. Das Stadtgebiet wurde in mehreren Schritten vergrößert, arabisches Gebiet wurde derart der Stadtgemeinde einverleibt. Die Karten, die seit dem Teilungsplan 1947 vorgelegt wurden, haben sich drastisch verändert. Das israelische Staatsgebiet ist zwar gewachsen, jedoch bislang trotz der Friedensverträge mit Ägypten und Jordanien weiterhin nicht definiert.

Die UNSCOP, United Nations Special Committee on Palestine, reiht sich in eine Serie von Untersuchungskommissionen, die seit Mitte der 1930er Jahre in das britische Mandatsgebiet Palästina entsandt wurden. Die UNSCOP unter dem Vorsitzenden Graf Bernadotte kam ihrerseits zu dem Schluss, dass die jüdische und arabische Bevölkerungsgruppe nicht zusammen leben konnten. Ein Teilungsplan wurde der UN-Generalversammlung vorgelegt. UNSCOP orientierte sich hierbei an der jeweiligen Siedlungsdichte. Das Ergebnis war ein siebenteiliges Gebilde. Drei jüdische Staatsteile und drei arabische Zonen waren an Schnittpunkten mit dem entsprechenden restlichen Staatsgebiet verbunden. Für Jerusalem war als Corpus Separatum ein eigener internationaler Status vorgesehen. Die Stadt sollte keinem der beiden Staatsgebiete zugehören, die Stadtgrenzen waren genau bestimmt.

Der arabische Staat bestand aus Westgaliläa, dem Gebirgsland von Samarien und Judäa, der judäischen Wüste und einem Gebiet des Negev entlang der ägyptischen Wüste. Zum jüdischen Staat gehörten Ostgaliläa und das Huletal, die Küstengebiete zwischen Akko und Gaza, der restliche Negev. Die Hafenstadt Jaffa südlich von Tel Aviv sollte eine arabische Enklave im jüdischen Staat bilden.

Trotz der Bemühungen von UNSCOP, klare territoriale Verhältnisse zu schaffen, war das Ergebnis sehr komplex. Diese Teilung barg viele Schwächen in sich, deren auffälligste die Inkohärenz der zu schaffenden Staatsgebiete war. Graf Bernadotte nannte kurz vor seiner Ermordung durch jüdische Terroristen/Untergrundkämpfer in seinem letzten Bericht die Errichtung von

„continuous frontiers", womit er wohl durchgehende Grenzlinien, nicht Räume, gemeint haben mag. Als eine der sieben Prämissen für eine Rückkehr zum Frieden forderte Bernadotte:

„Adherence to the principle of geographical homogeneity and integration, which should be the major objective of the boundary arrangements should apply equally to the Arab and Jewish territories, whose frontiers should not, therefore, be rigidly controlled by the territorial arrangements envisaged in the resolution of 29th november."[12]

Die Jewish Agency akzeptierte den Plan, die arabischen Staaten lehnten bekanntlich ab. Als der jüdische Staat Israel am 15. Mai 1948 ausgerufen wurde und unmittelbar darauf der erste israelisch-arabische Krieg ausbrach, wurden jene Linien, die der Teilungsplan der Resolution 181 der UN-Generalversammlung vorgesehen hatte, relativ rasch von den Kriegsereignissen eingeholt. Neue Fronten entstanden. Die jüdische Untergrundarmee Haganah (Die Verteidigung) kämpfte geschickt und erfolgreich vor allem in jenen Gebieten, die theoretisch nur Verbindungsstücke zwischen den von der UN-Untersuchungskommission UNSCOP vorgesehenen beiden Staaten, einem unabhängigen arabischen und einem jüdischen, auf dem britischen Mandatsgebiet Palästina gewesen wären. Dank neuer vollendeter Tatsachen gelang es den jüdischen Kämpfern – von einer israelischen Armee zu sprechen, wäre zu dem Zeitpunkt noch zu früh – der einzelnen Untergrundverbände, ein relativ geschlossenes Staatsgebiet zu schaffen. Das „Patchwork" des Teilungsplans mit den vielen Korridoren wurde dank der Gebietsgewinne zugunsten eines einheitlichen Territoriums für den neu geschaffenen jüdischen Staat namens Israel fallengelassen.

Die von UNSCOP ausgearbeiteten Grenzen erschienen den Zionisten von Anbeginn inakzeptabel. Die Annahme des Teilungsplans war jedoch eine pragmatische Entscheidung. Die Strategen auf politischer und militärischer Ebene arbeiteten bereits im Vorfeld zum Kriegsausbruch an konkreten Plänen, wie das fruchtbare Galiläa und Jerusalem, die gemäß der Res. 181 nicht unter jüdischer Kontrolle waren, einbezogen werden könnten. Ben Gurion bemühte sich vor allem um die Übernahme Jerusalems. Die Stadt und ihre Umgebung sollten zwischen Mai und September 1948 zum entscheidenden Schlachtfeld werden.[13]

Ben Gurion bezweifelte, ob das System der Vereinten Nationen effektiv genug sei, die Resolution 181 durchzuführen. Israel müsse daher, so die Linie Ben Gurions von Anbeginn, die Dinge in die Hand nehmen und die Schwächen der Grenzziehung selbst ändern. Ben Gurion empfand für die Vereinten Nationen, die er scherzhaft als „United Nothing" bezeichnete, wenig Respekt und entschied sich für unilaterale militärische Grenzerweiterungen. Diese Vorgehensweise haben in der Folge auch Ariel Sharon und Ehud Olmert gewählt. Scharon beschloss gleichsam im Alleingang den einseitigen Rückzugsplan aus dem Gazastreifen, den er im Sommer 2005 durchzog. An Verhandlungen mit der neuen PLO-Führung unter Mahmud Abbas zeigte er kein Interesse, was die Übergabe des Gazastreifens grundsätzlich erschwerte. Scharon kündigte in der Folge den internationalen Nahost-Friedensfahrplan (Roadmap) auf.[14] Dieser Wegeplan war vom Nahost-Quartett (USA, UNO, EU, Russland) ausgearbeitet und im Frühjahr 2003 vorgelegt worden. Die Roadmap hat einen unabhängigen und existenzfähigen palästinensischen Staat zum Ziel. Scharon wollte sich stattdessen darum bemühen, die Unterstützung der US-Regierung für die Annexion von Teilen des besetzten Westjordanlandes zu bekommen. Dieses systematisch einseitige Vorgehen begründete der Premier mit dem Versagen der palästinensischen Führung beim Kampf gegen radikale Gruppen. Im Jänner 2006 fiel er infolge eines schweren Schlaganfalls in ein tiefes Koma und wurde durch Vizepremier Olmert ersetzt, der im März 2006 durch Wahlen im Amt bestätigt wurde und Scharons Kurs bislang wenig erfolgreich fortführt. Hauptmotiv für Olmerts Plan bildet die Demografie, die bereits Scharon bewog, den Gazastreifen zu räumen. Israel will sich demnach aus dicht besiedelten arabischen Zonen im Westjordanland zurückziehen, ohne aber sämtliche Siedlungen aufgeben zu wollen. Die Abneigung gegenüber den Vereinten Nationen scheint sämtliche Nachfolger von Ben Gurion zu einen.

„If the United Nationals lacks the desire to carry out its decisions, must we sit by and accept the impotence of the United Nations (...). We must be ready to exploit the military factor whenever and wherever necessary.“[15]

Die Führung der Provisorischen Staatsregierung – Ben Gurion als Premierminister und Verteidigungsminister, Mosche Scharett als sein Außenminister und Chaim Weizmann als der Präsident des jungen Staates – bemühte sich, nach außen hin den Anschein zu erwecken, dass sie gewillt war, die Grenzen des Teilungsplans beizubehalten.

Den israelischen Diplomaten in New York und London war klar, dass Israel sich zur Resolution 181 inhaltlich voll bekennen musste und wiesen ihr Außenministerium in Fernschreiben entsprechend darauf hin:

„Very important to publish soonest official declaration that Israel accepts borders laid down 29th November, claims no part of territory assigned to Arab State.“[16]

Tatsächlich aber hatte die Regierung den Diplomaten Weisung erteilt, das heikle Thema der Grenzen und des israelischen Staatsgebiets jedenfalls zu vermeiden. Die militärischen Operationen des Jahres 1948, die von der Haganah als Territorialgewinn bereits konzipiert waren, wurden von der Regierung als notwendige Abweichung von der Resolution 181 formuliert. Es sollte nicht der Eindruck entstehen, dass Israel die Grenzen des UNSCOP-Teilungsplans nicht ernst nehme. Die Ausdehnung der Fronten auf das für den arabischen Staat vorgesehene Gebiet wurde als Folge der arabischen Aggression erklärt. Die Armeen Jordaniens, Ägyptens, Syriens, des Libanons und auch irakische Truppen kämpften – schlecht koordiniert und ohne große Motivation – auf arabischer Seite.

Infolge der Nichtdurchführung der Resolution 181 durch die arabischen Staaten sah sich Israel nicht an die Grenzen des Teilungsplans gebunden. Israelische Politiker und Völkerrechtler behaupteten, die arabischen Staaten hätten durch die Nichtannahme der Resolution den Anspruch auf die Grenzen dieses Plans zwischen dem arabischen und jüdischen Staat vergeben. Für die Jewish Agency war mit der militärischen Konsolidierung des Staates die Resolution 181 kein politischer oder diplomatischer Faktor mehr. Man entfernte sich von den ursprünglich durch die UNSCOP vorgeschriebenen Grenzen auf dem Schlachtfeld und in der politischen Argumentation. Aufgrund ihrer nie erlangten Effektivität wurden die Grenzen des Teilungsplans immer seltener erwähnt. Bei den syrisch-israelischen Waffenstillstandsverhandlungen wurden sie schließlich für irrelevant erklärt. Die Verhandlungen der Waffenstillstandsabkommen und die anschließende Ziehung der Demarkationslinien waren nach Ansicht Israels das politische Ende der Resolutionsgrenzen. In Israel glaubte niemand mehr ernsthaft an ihre Umsetzung. Niemand war 1949 daran überhaupt noch interessiert.

Von den Demarkationslinien der Waffenstillstandsabkommen von 1949 zur Feuerpause von 1967: das Thema der sicheren Grenze

Der erste israelisch-arabische Krieg wurde durch die Unterzeichnung von vier bilateral ausgehandelten Waffenstillstandsabkommen beendet. Diese „General Armistice Agreements“[17] legten Demarkationslinien fest, die bis zum Ausbruch des Sechstagekriegs am 5. Juni 1967 das israelische Gebiet begrenzten.

Die während des Krieges von den israelischen Truppen erreichten Linien wurden nicht unmittelbar als Demarkationslinien festgelegt, sondern während der Verhandlungen noch abgeändert. So mussten Truppen entflochten, Zonen entmilitarisiert und zahlreiche Bestimmungen bezüglich der Verwaltung der Linien geklärt werden. Eventuelle Streitigkeiten sollten friedlich innerhalb der Mixed Armistice Commission beigelegt werden. Die Demarkationslinien bewährten sich, solange sie respektiert wurden. Es kam jedoch bis zum Ausbruch des Sechstagekriegs regelmäßig zu Verletzungen der Demarkationslinien von allen Seiten. Wenngleich ein Waffenstillstand nicht den Kriegszustand beendet, so handelt es sich für einige Völkerrechtler bei Demarkationslinien um „quasi politische Grenzen“.[18]

Im arabisch-israelischen Kontext wurden die Demarkationslinien jedoch infolge der Kriegsereignisse von 1967 durch „cease-fire lines“ überlagert. Die ursprünglichen Waffenstillstandsabkommen von 1949 waren von Israel einseitig aufgekündigt worden. Die neuen Linien schlossen die eroberten Gebiete des Westjordanlands, des Gazastreifens, der Sinai-Halbinsel und der Golanhöhen ein. Der im Oktober 1973 folgende Krieg bewirkte eine neuerliche Veränderung der „cease-fire lines“ an der ägyptischen und syrischen Front. Die UN-SR-Resolution 338 (1973) führte zur Feuereinstellung. Es folgten zahlreiche Vermittlermissionen, die schließlich an der ägyptischen Front die Bereitschaft zu einem Friedensvertrag mit Israel erreichten.

Die Territorialverschiebungen von 1967 wirken jedoch in die gegenwärtige Kriegssituation hinein. Die „areas“ oder „territories“, auf Hebräisch „schtahim“, wie die palästinensischen Gebiete genannt werden, wurden im Zuge der Abkommen von Oslo 1993 zu palästinensischen Autonomiezonen unterschiedlichen Grades bestimmt. De facto wurde die Autonomieverwaltung seit Frühjahr 2002 infolge der israelischen Einmärsche in die Selbstverwaltungsgebiete als Reaktion auf die Selbstmordanschläge wieder aufgehoben.

Im Namen der Sicherheit argumentierte Israel bereits in der Vergangenheit die zukünftige Bestimmung seines Staatsgebiets. Der Begriff der „sicheren und anerkannten Grenzen“, wie ihn auch die UN-Sicherheitsratsresolution 242 verwendet, lässt jedoch weiten Spielraum für die Interpretation.

Ein Aspekt der Pläne von Jigal Allon und Mosche Dayan Ende der 1960er Jahre und später Ariel Scharons ist die Zweiteilung des Begriffs Grenze in politische und sichere Grenze. Unter politischer Grenze wird die Staatsgrenze im engeren Sinn verstanden, die die Jurisdiktionsbereiche benachbarter Staaten voneinander trennt. Im Sinne der von Israel angestrebten Zweiteilung wird aber der Souveränität Israels nur ein bedingtes territoriales Ende gesetzt. Jenseits davon befindet sich die sichere Grenze, deren Verlauf sich an natürlichen Hindernissen orientiert und mittels erweiterter strategischer Tiefe die Sicherheit erhöhen soll.

Offen bleibt der Status des zwischen politischer und sicherer Grenze liegenden Gebiets, das an sich mehr einer Pufferzone als einem klar bestimmbaren Territorium entspricht. Die von Israel im Südlibanon errichtete Sicherheitszone, aus der sich die israelische Armee am 25. Mai 2000 nach 22 Jahren zurückzog, war ein solches „frontier"-Gebiet im Namen der Sicherheit. Israel versuchte im Fall der israelisch-libanesischen Grenze, die ihre Rechtsgrundlage in der britisch-französischen Mandatsgrenze findet – der auch die Demarkationslinie 1949 folgte –, eine solche Aufspaltung in politische und sichere Grenze.

Durch Attribute wie sicher oder verteidigungsfähig („defensible borders") gelang es Israel, die eigentlich vorhandene abstrakte Grenzlinie zu verändern.

Schlomo Gazit, vormals Leiter des militärischen Nachrichtendienstes, betont, dass auch bei Errichtung einer sicheren Grenze, entlang des Jordans beispielsweise, Israels Hoheitsbefugnisse dennoch nur bis zur anderen, zur „politischen" Grenze reichen würden.[19] Die Souveränität des Staates mit den israelischen Militärbasen wäre durch zahlreiche Auflagen jedenfalls sehr beschränkt. Wenngleich auch die Geschichte Präzedenzfälle derartiger Souveränitätseinschnitte kennt, so wissen auch die arabischen Nachbarn um den hohen Stellenwert, den die jüdische Immigration für den Zionismus und das Fortbestehen des jüdischen Staates einnimmt. Eine Sicherheitsgrenze jenseits einer vertraglich als Staatsgrenze determinierten Grenze zuzulassen, würde die Ausdehnung des jüdischen Staates unter dem Titel der nationalen Sicherheit mit einem „arabischen Segen“ versehen.

Die Skepsis der arabischen Staaten gegenüber dem Konzept der „sicheren“ Grenzen ist ebenso verständlich wie der israelische Wunsch nach strategischer Tiefe im Schutze verteidigungsfähiger Grenzen. Der Begriff „sicherer“ Grenzen ist aber fast grenzenlos dehnbar.

Die Politik der „faits accomplis“

Die israelische Haltung zum Thema Staatsgebiet scheint sich an der Kompetenztheorie des österreichischen Staats- und Völkerrechtlers Hans Kelsen zu orientieren. Diese Theorie gründet das Hoheitsgebiet des Staates auf der effektiven Ausübung der Hoheitsgewalt. Die Effektivität der Jurisdiktion ist der erforderliche Titel der Souveränität.[20] Die effektive Ausübung israelischer Hoheitsgewalt in den eroberten Gebieten bildet die Grundlage für den israelischen Anspruch auf ihren Rückbehalt. Für Israel hat sich trotz Verstöße gegen das Völkerrecht – sowohl 1948 infolge der Ausdehnung des Gebiets als auch nach dem Sechstagekrieg durch die anhaltende Okkupation und vor allem durch die tiefgehenden Veränderungen in Infrastruktur und Ressourcen in Missachtung der IV. Genfer Konvention über die Zivilbevölkerung in besetzten Gebieten – die effektive Beherrschung eroberter Gebiete als zielführend erwiesen.

Hierbei taucht das Vakuumargument in der israelischen Doktrin zwecks Ausdehnung seiner Gebietshoheit immer wieder auf. Gemeint ist damit, eine „terra nullius“, die sich selbst und dem Chaos andernfalls preisgegeben wäre, unter israelische Kontrolle zu bringen. Das israelische Vorgehen im Südlibanon zwischen

1978 und 2000 orientierte sich ebenfalls an diesem Vakuumargument. Das Beispiel der Golanhöhen liefert eine weitere interessante Illustration dieser Doktrin, dass es Israels Recht und Pflicht sei, ein Vakuum zu füllen. Sollte sich das Chaos im Gazastreifen weiter verschärfen, wäre nicht auszuschließen, dass die israelische Armee mit dem Hinweis auf das entstehende Vakuum eventuell wieder völlig diese Gebiete besetzen könnte.

Rechtslage auf dem Golan

Israel eroberte in einem Geniestreich die syrischen Golanhöhen im Zuge des Sechstagekriegs 1967 und kontrolliert seither das Gebiet. Die Rückeroberungsversuche während des Oktoberkriegs von 1973 scheiterten. Es folgte 1974 das unter US-Vermittlung verhandelte Waffenentflechtungsabkommen, zu dessen Überwachung die UNDOF geschaffen wurde. Inwieweit die Legende rund um den Spion Elie Cohen, der Karriere im syrischen Verteidigungsministerium machte, zur raschen Vertreibung der syrischen Armee vom Plateau beigetragen haben mag, sei dahingestellt. Cohen hätte demnach den Syrern geraten, Eukalyptusbäume rund um die Bunker zu pflanzen, was den Israeli offenbar den Angriff erleichterte.

Ob die syrischen Golanhöhen, die nicht nur wegen ihrer strategischen Lage, sondern auch als Quellengebiet eminent wichtig sind, je Teil einer Verhandlungslösung zwischen Israel und Syrien werden können, gibt Rätsel auf. Israelische Militäranalysten bedauern, dass Premier Rabin nicht einer Verhandlungslösung mit Syrien im Sinne von „Syria First" den Vorzug gab.[21] Die letzten Verhandlungen im März 2000 in Genf unter US-Vermittlung scheiterten eindeutig. Das Patt am Golan ist angesichts des israelisch-palästinensischen Kriegs in den Hintergrund getreten. Am 14. Dezember 1981 wurde in der Knesset das Golangesetz beschlossen, das nach verbreiteter Ansicht die Annexion des Golans zum Inhalt hatte und folglich von der Internationalen Gemeinschaft scharf verurteilt wurde. Das Gesetz selbst verwendet jedoch gar nicht den Begriff „sipuach“, das hebräische Wort für Annexion. Es ist äußerst kurz und lautet in der englischen Version wie folgt:

„The law, jurisdiction and administration of the State shall apply to the Golan Heights as delineated in the schedule.“[22]

Dem Gesetz wurde eine Karte beigefügt, die in genau delimitiertem Umfang die Golanhöhen darstellt. Auf Grundlage der geänderten Law and Administration Ordinance hätte die Regierung an sich auf dem Verordnungsweg einen Teil Eretz Israels zum Staatsgebiet erklären können. Es wurde aber eigens ein Gesetz erlassen, das die Ausdehnung der israelischen Jurisdiktion auf den Golanhöhen zum Inhalt hatte. Die rechtspolitische Begründung mag darin liegen, ein Signal der Beruhigung an die Siedler zu geben.

Schon 1969 war mit Erlass des Militärgouverneurs für die Golanhöhen das israelische Recht als subsidiäre Rechtsquelle eingeführt worden. Bei der Rechtsfindung sollte mangels vorhandener Rechtsvorschriften auf die israelische Rechtsordnung und auf Bescheide des Militärgouverneurs zurückgegriffen werden. Da aber syrische Rechtsquellen fast unauffindbar waren, wie der Erlass auch in seiner Präambel festhielt, war das israelische Recht de facto die ausschließlich anzuwendende Rechtsordnung.[23]

Israelische Expansion mündet nicht unbedingt in eine Annexion besetzter Gebiete. Israel legitimiert vor seiner eigenen öffentlichen Meinung und vor der Staatengemeinschaft seine legislativen Maßnahmen mit dem Hinweis, Ruhe und Ordnung aufrecht zu erhalten, da andernfalls ein gefährliches Vakuum entstehen könnte. Israel will damit aufzeigen, bloß seine Pflichten als Besatzungsmacht ordentlich wahrzunehmen. Doch der Golan ist, aller Politik der vollendeten Tatsachen zum Trotz, offenbar weiterhin Verhandlungsgegenstand.

Siedlungspolitik und Schutzwälle

Da der Golan in erster Linie wegen seiner strategischen Lage ein komplexes Verhandlungsthema ist, ließen sich bei einer vertraglichen Lösung Möglichkeiten zum Abbau der Siedlungen finden. Viel schwieriger gestaltet sich die Siedlungspolitik im Westjordanland, die neben den Außenposten religiöser Zeloten inmitten palästinensischen Gebiets, wie zum Beispiel in Hebron, vor allem die im erweiterten Stadtgebiet von Jerusalem errichteten billigeren Wohnbezirke erfasst. Insgesamt befinden sich derzeit 250.000 Siedler im Westjordanland.

Ein Großteil der israelischen Bevölkerung rief 2002 immer lauter nach einem massiven Sicherheitszaun, um das Eindringen von Selbstmordattentätern zu verhindern. Premier Ariel Scharon und die Siedler lehnten einen solchen Zaun ab. Ihr Hauptargument war: Ein solcher Zaun würde Präzedenzen für künftige Grenzziehungen schaffen.

Am 16. Juni 2002 begann dennoch die israelische Armee mit der Errichtung eines Verteidigungswalls um die angrenzenden Autonomiegebiete der Palästinenser. Gegen die „Einschleusung von palästinensischen Terroristen" wird das aus Mauern und Schützengräben bestehende Bauwerk mit elektronischen Überwachungsgeräten ausgerüstet. Anstatt den Zaun entlang der sogenannten „Grünen Linie", also der Linien der Waffenruhe von 1967, zu verlegen, wurden weite Teile palästinensischen Gebiets weiter konfisziert. Es war die Forderung der israelischen Militärführung, die Trasse tiefer ins Westjordanland zu verlegen, um dicht besiedelte palästinensische Gebiete des Westjordanlandes vom Jordantal zu trennen. Dieser Schritt soll die israelischen Siedlungen Kedumim und Ariel und ihre Umgebung einschließen und möglichst viele israelische Siedlungen an Israel anschließen.

Oppositionelle israelische Politiker erklärten damals, dass dieser Schritt jede Möglichkeit, zu einem Abkommen mit den Palästinensern zu gelangen, torpediere. Das Gebiet, das für einen zukünftigen palästinensischen Staat übrig bleibt, hat sich nämlich erheblich reduziert. Weitere palästinensische Dörfer und ca. 100.000 Palästinenser wurden derart Israel unilateral hinzugefügt. Die Kosten wurden mit etwa einer Million US-Dollar pro Kilometer veranschlagt, was angesichts der hohen Staatsverschuldung Israels die Kritik der Weltbank auslöste.

Das israelische Rechtslager des Likud wehrte sich lang gegen die Errichtung des Sicherheitszauns, da die Likudniks für eine Aufrechterhaltung des historischen Israels (Eretz Israel), also inklusive des Westjordanlands – in ihrer Diktion „Judäa und Samarien" –, sind. Dass der Sicherheitswall Infiltrationen von Selbstmörderterroristen zwar erschwert, aber nicht verhindert, ist auch der Grundtenor kritischer Militärs. Sie weisen darauf hin, dass die vor dem Jom-Kippur-Krieg 1973 errichtete israelische Bar-Lew-Befestigungslinie entlang des Suezkanals das Überschreiten des Kanals nicht verhindern konnte und dass der Sicherheitszaun an der libanesischen Grenze im Norden nicht den Katjuscha-Beschuss Israels durch die Hisbollah verhindern konnte.

Scharon gab seine Zustimmung zu der Errichtung unter dem Druck der Arbeiterpartei, der Linksopposition und der Öffentlichkeit, die angesichts des immer größere Ausmaße annehmenden palästinensischen Selbstmörderterrors Scharon und die Regierung beschuldigten, die Verantwortung für die vielen jüdischen Opfer zu tragen. Die palästinensische Autonomiebehörde ist gegen den Sicherheitszaun, da er Teile ihrer Gebiete an Israel anschließt und das Territorium eines zukünftigen Palästinenserstaates präjudiziert, ihre Bewegungsfreiheit einschränkt und auch den Zugang palästinensischer Arbeiter nach Israel stören wird. Auch die israelischen Palästinenser lehnen den Sicherheitszaun ab. Sie erklären, dass dieser zu weiteren Bodenenteignungen führt, ihren Alltag stark behindert und teilweise auch innerhalb ihrer Städte und Dörfer verläuft. Es besteht bereits ein Sicherheitszaun, der den Gazastreifen von den Gebieten der palästinensischen Autonomiebehörde und Israels trennt. Die Befürworter des Sicherheitszauns erklären, dass viele Anschläge vereitelt werden konnten und dass sich damit die Effizienz des Zauns bewiesen habe.

Der Internationale Gerichtshof in Den Haag erklärte jedoch den Zaun für illegal. Das israelische Höchstgericht kam im September 2005 zu dem Schluss, der Bau der Anlage sei aber nur dort rechtens gewesen, wo die Armee Sicherheitsgründe für den Bau nachgewiesen habe. Teilweise verletze der Zaun internationales Recht, teilweise nicht, hieß es in der Entscheidung. Die Richter reagierten damit auf eine Eingabe von Palästinensern. Nach deren Ansicht nimmt ihnen der Zaun wertvolles Land. Israel begründet den Bau der Sperranlage mit notwendigem Schutz vor palästinensischen Selbstmordattentätern. Zuvor hatte das Land angekündigt, sich dem Urteil des Haager Gerichtshofs nicht zu beugen und den Bau der rund 600 Kilometer langen Anlage fortgesetzt.

Der Bau dieses Sicherheitswalls reflektiert in tragischer Weise einen Rückfall des jüdischen Volkes in eine Art Ghettodasein. Anstatt eine Nation unter den Nationen zu werden, wie dies der Wunsch von Ben Gurion war, muss sich Israel hinter einen Wall zurückziehen. Die Sicherheitslage verbessert sich trotz Wiederbesetzung der palästinensischen Autonomiegebiete angesichts des anhaltenden Eindringens von Selbstmordattentätern nicht.

Wie sich über diese Frage einer politischen oder militärischen Neugestaltung der Grenzen die Natur des Staates Israel – nicht zuletzt infolge der demografischen Herausforderung durch die rasch wachsende arabische Bevölkerung innerhalb des israelischen Kerngebiets – verändern wird, bewegte schon die Gründerväter:

„Es war irgendwann in den späteren 1950er Jahren. In der bescheidenen Residenz des israelischen Ministerpräsidenten in Jerusalem führten David Ben Gurion und Nahum Goldmann bis in die frühen Morgenstunden ein Gespräch. Zwei Persönlichkeiten saßen da zusammen, die ungeachtet ihrer gemeinsamen zionistischen Überzeugungen von Grund auf verschieden waren: auf der

einen Seite Goldmann, der große Diplomat und Fürsprecher der Juden in aller Welt, ein ironischer Skeptiker in der Tradition der Diaspora. Auf der anderen der von einer Aura prophetischer Gewissheit umgebene Ben Gurion, ein Mann der Tat, der sich des Instrumentariums der Macht ohne Zaudern zu bedienen wusste – nach innen wie nach außen. In diesem Gespräch äußerte Ben Gurion einen überraschend düsteren Gedanken. Er glaube schon, dass man ihn, den fast 70-Jährigen, noch in israelischer Erde begraben werde, seinen Sohn Amos aber wohl kaum noch. Erschrocken fragte Goldmann nach den Gründen für einen derartig überbordenden Pessimismus. Nach einigem Zögern gab Ben Gurion seine tiefsten Zweifel preis: Die Araber würden Israel niemals akzeptieren. Ja, sicher, Gott habe das Land dem Volke Israel versprochen. Aber, fuhr Ben Gurion fort, dieser Gott ist unser Gott. Für die Araber hat das keine Verbindlichkeit. Die Vernichtung der europäischen Juden, der Holocaust? Da sei es doch eher an den Deutschen, das Rheinland zu räumen, um Platz für die Errichtung eines jüdischen Staates zu machen. Was aber hätten die Araber damit zu tun? Nach längerem nachdenklichen Schweigen gab Goldmann mit der ihm eigenen Ironie zurück: Er hoffe, die Araber dächten nicht wie Ben Gurion".[24]

Rückzug aus Gaza

Israel beendete am 12. September 2005 die 38-jährige Besetzung des Gazastreifens. Die israelische Armee hatte 7000 Siedler, die großen Widerstand übten, teils weggetragen, die Siedlungen geräumt und damit den Rückzugsplan von Scharon erfolgreich umgesetzt. Gegen 7.00 Uhr Ortszeit verschlossen Soldaten das Tor am Grenzübergang Kissufim. Als Letzter der zuletzt noch 5000 im Gazastreifen verbliebenen Soldaten fuhr Brigadegeneral Awiw Kochawi in einem Jeep auf die israelische Seite. „Die Mission ist erfüllt und eine Ära geht zu Ende", so Kochawi. Tags zuvor hatte die israelische Regierung die Militärverwaltung im Gazastreifen offiziell aufgehoben und damit grünes Licht für den endgültigen Rückzug aus dem Palästinensergebiet gegeben. Symbolisch beendet wurde die Besatzung im Gazastreifen mit dem Einholen der Flagge am Hauptquartier der israelischen Armee in der geräumten Siedlung Newe Dekalim. Palästinenserpräsident Mahmud Abbas würdigte den Abzug als historisches Ereignis: „Dies ist ein Tag der Freude, ein Tag, wie ihn die Palästinenser seit einem Jahrhundert nicht gesehen haben.“[25] Scharon hatte seinen einseitigen Rückzug, die sogenannte „Abkopplung“, allen Unkenrufen zum Trotz durchgesetzt.

„Deportation von Juden durch Juden“ lautete der Vorwurf auf Seite der jüdischen Abzugsgegner, die sich, mit gelben Judensternen behaftet, den Panzern entgegengestellt hatten. Analogien zum Nationalsozialismus wurden von den Abzugsgegnern bedient, um die gewählte israelische Regierung mit einer Diktatur gleichzusetzen. Eine ähnliche spannungsgeladene Stimmung herrschte im Land auch kurz vor der Ermordung von Premier Itzhak Rabin im Herbst 1995. Zahlreiche Rabbiner rufen mit Verweis auf das heilige Buch der Tora Soldaten und Polizisten zur Befehlsverweigerung auf. Zwei ehemalige Obberrabbiner, Mordechai Eliyahu und Avraham Shapira, betonten in ihren Aufrufen, dass die Soldaten durch ihren Einsatz die Gesetze des Staates Israel brechen würden. Das Verhältnis von Zionismus, dem Staate Israel und der jüdischen Religion, das von Anbeginn der Staatsgründung nie friktionsfrei war, wird gegenwärtig auf eine schwierige Probe gestellt. Das Oberrabbinat ist eine staatliche Einrichtung, das die Beziehungen zwischen Religion und Politik verwalten soll. Angesichts des massiven Aufstands Tausender fanatischer jüdischer Siedler sehen viele säkular orientierte Israeli bereits die Demokratie des Landes im Zerfall.

Nach den gewalttätigen Auseinandersetzungen bei der Räumung der jüdischen Siedlung Kfar Darom bezeichnete der israelische Ministerpräsident Ariel Scharon die militanten Demonstranten als „Bande von Wilden". Im Zeichen der Protestfarbe Orange hatten sich Zehntausende Demonstranten aus dem Westjordanland in den Siedlungen von Gaza eingefunden. Meist wurden Schüler und schwangere Mütter mit Kleinkindern in die ersten Reihen gestellt. „Ein judenfreier Gazastreifen heißt Al-Qaida willkommen", war auf einem Spruchband zu lesen. „Der Abzug kommt der ethnischen Säuberung von Juden gleich", stand auf einem anderen. Die Wut und der Frust der Evakuierten richteten sich gegen Armee und Polizei. Als „Verräter", „Nazis", als „Schande für unser Land" wurden die Soldaten beschimpft. Gegen Scharon verhängten extreme Rabbiner einen kabbalistischen Fluch im Sinne eines Todesurteils.

Israel versank aber nicht im Bürgerkrieg zwischen Siedlern und Armee. Der israelischen Armee und Polizei gelang es, dank behutsamer, aber konsequenter Räumung der Siedlungen den von Premier Ariel Scharon verordneten einseitigen Rückzug in knapp vier Wochen zwischen Mitte August und Mitte September 2005 ohne größere Zwischenfälle durchzuführen. Tatsächlich hat Israel mit der erfolgreichen Gaza-Operation bewiesen, dass die Aufgabe von Siedlungen ohne Blutvergießen und Bürgerkrieg möglich ist. Für die Siedler dagegen wiegt der Abzug umso schwerer, weil er auch den Abschied von ihrem Sonderstatus bedeutet. Jahrzehntelang lebten sie mit staatlicher Förderung in großzügigen und scharf bewachten Anlagen. Nun müssen sie in die israelische Normalität umziehen.

Als Israel im Mai 2000 seine Truppen aus dem Südlibanon abzog – ein Wahlversprechen des damaligen Premiers Ehud Barak –, waren die Bilder, die anschließend um die Welt gingen, eine PR-Niederlage für Israel. Zeigten sie doch den Triumph der schiitischen Hisbollah über die israelische Armee. Auch für Barak stellte sich die Frage, ob er den Abzug kurz und dadurch mit dem Risiko eines überhasteten Ablaufs oder langsam, gepaart mit dem Risiko von Rückzugsgefechten, durchführen wollte. Für Aktivisten der Hamas und des Islamischen Dschihad geht es wohl auch darum, zu zeigen, dass die „Israeli von ihnen hinausgejagt" wurden. So mögen sich die Beschießungen mit Kassem-Raketen im Juli 2005 erklären. Der israelische Generalstabschef Dan Halutz bekräftigte am 15. Juli, der israelische Abzug aus dem Gaza-Streifen werde nicht unter Feuer erfolgen. „Wenn die Autonomiebehörde keine Kontrolle über die Extremistengruppen gewinnt, wird dies eine israelische Entscheidung zur Folge haben, sich erst mit dem Terror auseinanderzusetzen und dann den Abzug zu vollziehen", sagte der Armeechef in einer Ansprache in Tel Aviv.[26] Im Gazastreifen herrschten bereits vor dem eigentlichen Abzug chaotische Zustände.

Die Bewegungsfreiheit der palästinensischen Bevölkerung sowie die Aus- und Einfuhr von Waren bleiben unter ständiger Kontrolle israelischer Sicherheitskräfte. Die Entscheidung über den Bau eines Seehafens und eines Flughafens sowie die Kontrolle des Betriebs solcher Einrichtungen hat sich Israel vorbehalten, ebenso die Option, das Territorium zum Zweck der Selbstverteidigung jederzeit wieder militärisch zu besetzen, was auch in den folgenden Monaten mehrfach passieren sollte.

Von der säkularen PLO zur islamistischen Hamas

Am 25. Jännner 2006 erlangte die islamistische Hamas bei den palästinensischen Parlamentswahlen 70 Prozent der Stimmen. Dieser Wahltriumph überraschte die Partei ebenso wie den Rest der Welt, obwohl mit einem Sieg der Hamas zu rechnen war. Genau aus diesem Grund hatte Präsident Mahmud Abbas im Juni 2005 kurzfristig die für Mitte Juli 2005 ursprünglich vorgesehenen palästinensischen Parlamentswahlen verschoben. Offenbar hoffte der Fatah-Chef und Nachfolger von Jassir Arafat vom israelischen Rückzug aus dem Gazastreifen innenpolitisch zu profitieren. Doch weder Scharon noch die USA oder die EU machten Abbas das Leben leicht. Marginalisiert, verstrickt im Korruptionssumpf der PLO, ohnmächtig angesichts israelischer Angriffe und ohne wirtschaftliche oder politische Perspektiven für die palästinensische Bevölkerung war Präsident Abbas bereits vor dem Hamas-Sieg ohne Einfluss. De facto ist der Präsident seit der Wahl – trotz des Versuchs des von der Fatah dominierten palästinensischen Parlaments, sein Amt mit mehr Kompetenzen auszustatten – völlig machtlos.

Das arabische Akronym Hamas steht für „Bewegung des islamischen Widerstandes". Die Hamas entstand unter Führung des von Israel im März 2005 „gezielt getöteten" Scheichs Ahmed Jassin kurz nach Beginn der ersten Intifada 1987 als Ableger der ägyptischen Moslembruderschaft. Durch Gründung von Kindergärten, Schulen und Volksküchen gewann die Hamas Rückhalt vor allem bei armen Palästinensern und stieg schnell zur größten islamischen Bewegung auf. Besonders im Gazastreifen hat sie eine große Anhängerschaft. Erstaunlich war die starke Unterstützung für die Hamas in den Städten des Westjordanlands, im Gazastreifen ist die Hamas schon seit Jahren die treibende politische Kraft. Die Hamas ist in sich nicht einheitlich organisiert, sondern verfügt ebenso über moderatere Flügel, die sich Verhandlungen mit Israel vorstellen können, und militante Gruppen, welche die Vernichtung Israels anstreben. Trotz aller Liquidierungsoperationen führender Hamas-Funktionäre durch Israel funktionieren die politischen, sozialen und militärischen Strukturen weiterhin.

Einer der Hauptgründe für den Sieg der Hamas war sicherlich der Denkzettel, den die Wähler den korrupten Politikern der Autonomiebehörden verpassen wollten. Der israelische Plan, den ehemaligen Sicherheitschef der Palestinian Authority (PA), Mohammed Dahlan, zu einem „starken Mann" aufzubauen, war ohnehin zum Scheitern verurteilt. Dahlan zählt zu den vielen unpopulären palästinensischen Politikern. In der palästinensischen Gesellschaft finden zugleich infolge wachsender Frömmigkeit brisante Veränderungen statt. Die Polygamie kehrt vor allem in den ärmeren Haushalten zurück, unverschleierte Frauen sind zu einer

Minderheit geworden. Dass die Einführung der islamischen Rechtsordnung die palästinensische Gesellschaft auf Generationen hinaus verändern wird, fürchten säkulare Politiker wie Frau Hanan Ashrawi. Den gemäßigten Palästinensern war systematisch von israelischer und islamistischer Seite gleichsam der Teppich unter den Füßen weggezogen worden. Als Symbol für diese Entwicklung konnte die Schließung des Orient-House in Ost-Jerusalem im August 2000 gesehen werden. Diese schöne Villa in osmanischem Stil bildete einen wichtigen Treffpunkt für die nicht religiösen politischen Zirkel rund um Feisal al-Husseini und Hanan Ashrawi.

Vorrangig für die Frage des Umgangs Israels, der USA und der EU mit der neuen Lage ist die Linie der Hamas gegenüber Israel. Zwar hält die Hamas weiter an der im Februar 2005 vereinbarten Waffenruhe fest, aber eine Entwaffnung der eigenen Kämpfer lehnt sie entschieden ab. Ihr Motto für die Wahl „Waffen und Parlament" soll weiter gelten.

In ihrer Charta ruft die Gruppe zur Vernichtung Israels und zur Errichtung eines islamischen Staats vom Jordan bis zum Mittelmeer auf. In ihrem neuen Wahlprogramm tauchte diese Forderung zwar nicht mehr auf, ein Sprecher der Organisation bezeichnete das jedoch ausdrücklich als taktischen Schritt. Es darf daran erinnert werden, dass auch die PLO noch die Vernichtung Israels in ihrer Charta vorsah, als es zum direkten Dialog mit der israelischen Regierung kam.

Zumindest nach außen bemühte sich die Hamas, bisher – zusammen mit dem Islamischen Dschihad, der die Wahl boykottierte – Israels unversöhnlichster Feind, zuletzt um ein gemäßigteres Image: Seit fast einem Jahr hat sich die Organisation weitgehend an eine Waffenruhe gehalten und Anschläge unterlassen. Seit 1993 hatte die Hamas mit zahlreichen blutigen Terroranschlägen Hunderte von Israeli getötet. Allein während der zweiten Intifada während der letzten Jahre verübte die Hamas 60 Selbstmordattentate.

Ratloser Westen

Wie bereits nach den algerischen Wahlen 1991, als die islamistische FIS, Front Islamique du Salut, den Wahlsieg erlangte, weiß der Westen neuerlich nicht, wie mit dem (unerwünschten) Ergebnis demokratischer Wahlen, die zudem international überwacht waren, frei und fair verliefen, zu verfahren ist. Die algerischen Wahlergebnisse wurden auf internationalen Druck annulliert. Im Falle der Hamas lässt sich dies wohl kaum durchziehen. Die arabischen Staaten stehen geschlossen hinter dem Wahlsieg der Hamas. Der gesamtpolitische Kontext ist zudem ein völlig anderer als im Fall Algeriens, das nach der Annullierung der Wahlergebnisse in einen jahrelangen Bürgerkrieg mit mehr als 200.000 Toten versank.

Die Hamas wird von der EU und den USA als Terrororganisation eingestuft. Die EU hatte die Hamas – anders als die Hisbollah – im September 2003 auf ihre Liste terroristischer Organisationen gesetzt. Die Hamas hatte zuvor zahlreiche Anschläge auf zivile Ziele unternommen. Die palästinensische und arabische Öffentlichkeit insgesamt reagierte ihrerseits verständnislos auf den Boykott, den der Westen gegen die palästinensischen Gebiete infolge eines demokratischen Wahlergebnisses verhängte.

Irritiert zeigen sich die europäischen Regierungen über die vielen Angriffe auf europäische Einrichtungen, die bereits vor dem Karikaturenstreit im Gazastreifen zu beobachten waren. Diese Wutausbrüche erklären sich aber vor dem Hintergrund des Boykotts durch die Europäer. Im Zuge des Bilderstreits und im Gefolge des israelischen Angriffs auf das Gefängnis von Jericho am 14. März 2006[27] nahm die Gewalt gegen Ausländer neuerlich zu.

Israelische Reaktionen

Nach dem ersten Schock machten sich die Parteien gegenseitig für den Erfolg der Radikalen verantwortlich. So hieß es von Seiten der Arbeiterpartei, die Regierung hätte den palästinensischen Präsidenten Mahmud Abbas und die Fatah mit Zugeständnissen unterstützen können, die ihre Stellung bei den Wählern gestärkt hätten. Während im Likud eine harte Linie gegen die Hamas ausgerufen wird, setzen die Gemäßigten in der israelischen Politik hingegen darauf, dass die Hamas in der Regierungsverantwortung nicht umhinkann, ihre militanten Positionen abzuschwächen – oder wie es der frühere Geheimdienstoffizier Israel Hasson formuliert: „Sobald die Hamas mit uns spricht, ist sie nicht mehr die Hamas."

Israel stoppte die Überweisung von Steuern und Zolleinnahmen – etwa eine halbe Milliarde Euro jährlich – an die palästinensische Autonomiebehörde. Es sollen keine palästinensischen Arbeiter mehr nach Israel eingelassen werden. Zudem schnitten die israelischen Behörden palästinensische Banken in den besetzten Gebieten von internationalen Geldströmen ab. Allerdings sollen weiterhin Geld und Hilfsgüter über internationale Organisationen in die Palästinensergebiete gelangen. Dabei gehören der Gazastreifen und das Westjordanland schon jetzt zu den Armutsregionen der Welt. Ein UN-Bericht listet die palästinensischen Gebiete auf Platz 102 von 177 Ländern. Rund zwei Drittel der Palästinenser leben unter der Armutsgrenze. Der durchschnittliche Tageslohn eines Arbeiters liegt bei 15 US-Dollar (etwa 12 Euro). Die Arbeitslosigkeit hat seit Beginn des Palästinenseraufstandes im Jahr 2000 dramatisch zugenommen. Die Palästinenser hängen am Tropf internationaler Hilfe. Auch in Israel wird davor gewarnt, dass ein Ende der Hilfen nur unerwünschte Geldgeber wie den Iran auf den Plan rufen könnte.

Fast die Hälfte aller Israeli hat sich in einer Umfrage für die Aufnahme von Gesprächen mit der Hamas ausgesprochen. Israels Regierung hatte das hingegen nach dem überraschenden Sieg der israelfeindlichen Organisation ausgeschlossen. 48 Prozent der Befragten seien für Gespräche mit der Hamas, 43 Prozent dagegen, hieß es in einer Umfrage der israelischen Tageszeitung „Yediot

Achronot".[28] Die Zeitung hatte die Israeli vor Bekanntgabe des Wahlergebnisses am 28. Jänner befragt.

Anarchie im Gazastreifen

Seit dem Sommer 2005 werden immer häufiger Ausländer, ob Friedensaktivisten, Parlamentarier, UNO-Mitarbeiter oder Journalisten, Opfer von Entführungen durch radikale Palästinenser. Bisher gelang es entweder durch Einsatz der Sicherheitskräfte oder Verhandlungen, die Geiseln nach wenigen Tagen zu befreien. Es hat sich ein weitverbreitetes Bandenwesen, wobei die Mitglieder oft einem Stamm, also einer Großfamilie, entspringen, entwickelt. Besonders die Europäer, die sie für die Tragödie der Palästinenser historisch verantwortlich machen, und auch die ohnmächtige UNO haben viele der Banden im Visier. Sowohl die UNO als auch viele NGOs ziehen ihre Mitarbeiter ab. Die Autorität von Mahmud Abbas wurde durch die palästinensischen Aktionen nur weiter untergraben. Im Gazastreifen gebe es praktisch keine Ordnungsmacht mehr, sondern nur noch bewaffnete Gruppen, die „das Recht in die Hand genommen" hätten, so der israelische Rundfunk.[29]

Der Hamas wird von Seiten der palästinensischen Bevölkerung immer öfter zugetraut, eher für Recht und Ordnung sorgen zu können als die Fatah. In Umfragen zur Wahl verbucht Hamas stete Zugewinne, wenn auch die Fatah – zumindest noch – auf eine deutliche Mehrheit kommt. Die Fatah selbst wäre beinahe an Flügelkämpfen zwischen junger und alter Garde zerbrochen. Abbas konnte in letzter Minute, nur knapp vor dem Ende der Registrierung für die Wahlen, die Einheit der Bewegung wahren. Dieser Generationenkonflikt innerhalb der Palästinensischen Autonomiebehörde ist nicht zum ersten Mal ausgebrochen. Bereits 1999 wuchsen die Spannungen zwischen der alten Garde, damals noch im Machtzirkel von Jassir Arafat, und den jungen Politikern, beispielsweise Marwan Barghouti. Zu offenen Gefechten kam es nicht. Zudem wurde die Krise vom Ausbruch der Intifada überlagert.

Die Palästinensische Autonomiebehörde steht laut der Einschätzung des Jerusalemer Repräsentanten der Weltbank, Nigel Roberts, kurz vor dem Staatsbankrott. In einem Interview warnt Roberts vor den dramatischen Auswirkungen einer solchen Krise, die das Heer der Arbeitslosen weiter vergrößern würde.[30] Allein unter den 15- bis 25-jährigen Palästinensern im Gazastreifen beträgt die Arbeitslosenquote 70 Prozent. Roberts kritisiert den anhaltenden „Arafatismus“, sprich Korruption und Vetternwirtschaft, in der Verwaltung. Seit dem Tod Arafats habe sich an fehlender Gebarungskontrolle gar nichts geändert. Obwohl die Autonomiebehörden mit der jährlichen Unterstützung von zirka einer Milliarde US-Dollar der weltweit größte Empfänger der Weltbank sind, habe sich die Lage nur verschlechtert.

Die mutigen Stimmen

Ende September 2003 meldete sich eine in Israel stark umstrittene und international viel beachtete Initiative von 27 Kampfpiloten, die mittels Manifest verkündeten, keine Einsätze mehr in den palästinensischen Gebieten fliegen zu wollen. Ihr Argument: Bei den Einsätzen, vor allem den Tötungskommandos gegen Islamistenführer, kommen regelmäßig Zivilisten ums Leben. Die als Elite der israelischen Streitkräfte von der Öffentlichkeit respektierten Piloten lösten mit ihrer Initiative eine heftige Kontroverse aus. Dan Halutz, Kommandant der Luftwaffe, drohte den Unterzeichnern mit schweren rechtlichen Konsequenzen. Hart verurteilt die Regierung das Manifest.

Eine Reihe von Intellektuellen und Schriftstellern unterstützte hingegen den als mutig eingestuften Schritt der Soldaten und erklärte sich mit den 27 Männern solidarisch. In ihrem Appell formulieren sie die Unvereinbarkeit ihrer militärischen und zionistischen Ideale mit Operationen gegen zivile Ziele:

„We, veteran pilots and active pilots alike, who have served and who continue to serve the State of Israel for many weeks every year, are opposed to carrying out illegal and immoral attack orders, of the type carried out by Israel in the territories. (...) We, who have been educated to love the state of Israel and to contribute to the Zionist endeavour, refuse to take part in Air Force attacks in civilian population centers."[31]

Bereits vor sechs Jahren begann sich der Widerstand unter Reservisten zu formieren. Rund 300 oft hochrangige Offiziere lehnten ihren Einsatz in den besetzten Gebieten ab, nahmen eine Haftstrafe an und verloren sämtliche militärischen Auszeichnungen. Der Schritt der 27 Piloten erregte jedoch umso mehr Aufsehen, als diese zu hohen Kosten ausgebildeten Angehörigen der israelischen Streitkräfte als besonders loyal gelten. Diesen Männern und all jenen Menschen, die sich für einen Brückenschlag unter den widrigsten Umständen einsetzen, darunter die „Frauen in Schwarz", die Lehrer von Neve Shalom/Wahat as-Salam, einem israelisch-arabischen Versöhnungsdorf, ist aller Respekt zu zollen. Sie erhalten sich inmitten des Dramas die innere Stimme der Vernunft. Sich selbst und ihre Familien all den Anfeindungen auszusetzen, zeugt von innerer Größe, die alle Wertschätzung verdient.

Menschen, die an ein Ende des Dramas auf dem israelisch-palästinensischen Schlachtfeld glauben, fanden sich auch inmitten der schwierigen Kampfsituationen zusammen, um nach einem rationalen Ausweg zu suchen. Eine Perspektive bildet die Genfer Initiative. Anders als im Verhandlungsprozess von Oslo, der wichtige Knackpunkte bewusst überging, um in guter skandinavischer Tradition von „Konfliktmanagement" auf die persönliche Chemie zwischen den Konfliktparteien und die Annäherung zu setzen, widmete sich die Genfer Initiative wichtigen Details. Denn die großen Fragen, welche die Vermittler von Oslo ausließen, führten in Camp David im Juli 2000 zur großen Konfrontation. Es sind folgende drei wichtige Konstanten: der Status von Jerusalem, die Grenzen und das Rückkehrrecht der palästinensischen Flüchtlinge. Eben diese Punkte behandelt das Genfer Dokument, das zudem einen wichtigen Annex mit genauen Karten über den zukünftigen Grenzverlauf enthält.

Der alternative Friedensplan von Genf

Unter Mithilfe des Schweizerischen Eidgenössischen Departements für auswärtige Angelegenheiten und dem persönlichen Engagement von Ministerin Micheline Calmy-Rey kam es 2003 in Genf zu Gesprächen zwischen Palästinensern und Israeli. Der als „Genfer Pakt“ bezeichnete neue Anlauf für Friedensgespräche wurde am 20. November 2003 feierlich unterzeichnet. Die Delegationen wurden vom ehemaligen israelischen Justizminister Jossi Beilin und dem Ökonomen Jassir Abed Rabbo, seit 1960 enger Mitarbeiter Arafats, geleitet.

Die Kernpunkte der Vereinbarung lauten:

- Israel zieht sich auf die Waffenstillstandslinien von 1967 zurück, mit Ausnahme jener Gebiete, die getauscht werden sollen. Dies betrifft ca. 150 km^2. Internationale Truppen sollen die Grenzübergänge überwachen.
- Jerusalem wird geteilt: Die arabischen Viertel im Osten gehen an die Palästinenser, die jüdischen Viertel im Osten und die Vororte im palästinensischen Westjordanland werden Teil Israels.
- Die Palästinenser erhalten die Souveränität über den Tempelberg, die Klagemauer bleibt israelisch. Internationale Truppen sollen den Zugang für alle auf dem Tempelberg gewährleisten.
- Fast alle jüdischen Siedlungen werden aufgegeben.

- Die Palästinenser verzichten weitgehend auf das Rückkehrrecht der Flüchtlinge. Die Vertriebenen sollen nur in symbolischer Zahl zurückkehren, ansonsten entschädigt, in palästinensischen Gebieten angesiedelt und teils auf andere Staaten verteilt werden.
- Der Palästinenserstaat wird entmilitarisiert.

Der israelische Ministerpräsident Ariel Scharon bezeichnete das Abkommen als die Interessen Israels schädigend und erklärte, die israelischen Teilnehmer, meist Politiker der linken Parteien,[32] hätten kein offizielles Mandat. Zudem gebe es, so Scharon, einen Wegplan und „es sei nicht hilfreich, die Palästinenser denken zu lassen, dass es etwas anderes gebe"; Israel würde durch fremde Mächte unter Druck gesetzt werden. In seiner langen Verurteilung nannte Scharon das Abkommen den größten Fehler seit dem Osloer Abkommen von 1993. US-Präsident George Bush verlautbarte, dass es sich beim Abkommen um eine private Initiative handle und die USA ausschließlich an der Roadmap festhalten würden. Jassir Arafat hingegen erklärte, das Abkommen trage keinen offiziellen Charakter, er unterstütze jedoch jeden Versuch für eine friedliche Lösung. Am 23. Oktober 2003 stellten die israelitischen und palästinensischen Unterhändler ihren Plan im Bruno-Kreisky-Forum in Wien vor. Doch auch diesem kleinen Lichtblick diplomatischer Lösungsversuche folgte die nächste Eskalation.

Die israelische Militäroffensive „Regenbogen" im Gazastreifen, die als Antwort auf die Tötung von elf israelischen Soldaten durch militante Palästinenser am 18. Mai 2004 losging und am 24. Mai nach massiven internationalen Protesten, einschließlich US-Enthaltung im UN-Sicherheitsrat zugunsten einer Verurteilung Israels, in eine „Umgruppierung" der Truppen mündete, bezahlten die Palästinenser mit rund 45 Toten und einigen Tausend Obdachlosen nach massiver Zerstörung ihrer Häuser in Rafah teuer.

Doch für Israel ist auf lange Zeit hinaus der mediale Krieg verloren, das Prestige des Landes schwer angeschlagen.[33] Das Argument der „Selbstverteidigung“ und der „ayn breira“, auf Hebräisch „keine andere Wahl“, zieht nicht mehr. Als gefährliche Brandstifter gelten Bush und Scharon selbst in konservativen Medien.[34] Für kritische Israeli wie Meron Benvenisti, Ex-Vizebürgermeister von Jerusalem, zeigte die israelische Offensive das tiefe Dilemma des zionistischen Staatswesens, das offenbar von Anbeginn auf Unrecht basierte.[35]

Justizminister Lapid, der sich beim Anblick der kollektiv bestraften Palästinenser an seine Familie im Holocaust erinnert fühlte, wurde von Likud-Politikern wegen dieses „unzulässigen Vergleichs“ heftig angegriffen.[36] Der israelische Psychoanalytiker Avi Rybnicki sprach in einem Vortrag in der Sigmund-Freud-Gesellschaft im November 2002 in Wien über das Verdrängen in der israelischen Gesellschaft. Solange in Israel die Auffassung dominiere, das Böse sei das Monopol der Nationalsozialisten, solange würden Israeli Gefahr laufen, zu verdrängen und selbst zu Wiederholungstätern zu werden.

---

1 Declaration of the State of Israel, veröffentlicht in der Official Gazette, No. 1, of the 5th Iyar, 5708 (14.5.1948).

2 Interviews mit Klinghoffer im Frühjahr 1988 in Jerusalem.

3 Paul de la Pradelle: La Frontière. Paris 1928, S. 28. La Pradelle schreibt in seinem Klassiker über die Grenze zum Prozess der Vereinheitlichung im Staatswesen:

„Comme telle la frontière exprime l’unité de l’Etat, l’universitas. Elle est un procedé d’unification. Le territoire est défini par la formule ‚finis esse‘.“

4 Dan Diner: Israel in Palästina. Königstein 1980, S. 93.

5 Churchill: White Paper. June 1922, Cmd. 1700.

6 Bericht des Exekutivkomitees des XII. Zionistenkongresses 1921, S. 36.

7 David Ben Gurion: My talks with Arab leaders. Jerusalem 1972, S. 50–53.

8 Law of Return 5710–1950, in: Laws of the State of Israel. Vol. 3, S. 48.

9 www.haaretzdaily.com vom 18.8.2005.

10 Haaretz vom 23.8.2006.

11 Diner: Israel in Palästina, S. 87 ff.

12 Progress report form the United Nations mediator (Bernadotte) on Palestine, A/648, September 16th, 1948 in the Yearbook of the United Nations 1948–49, S. 166 ff.

13 Michael Brecher: Decisions on Israel's Foreign Policy. London 1974, S. 16 ff.

14 Maariv vom 2.1.2005.

15 Yehuda Freundlich: Documents on Israel's Foreign Policy. Vol. I. Jerusalem 1984. Doc. 17: Reports by Prime Minister and Foreign Minister, 27.9.1948.

16 Ebd., Doc. 55: Locker to Sharett, 25.5.1948.

17 U.N.T.S., No. 654–657.

18 Yoram Dinstein: War, Aggression and Self-Defense. Cambridge 1988, S. 45.

19 Gespräch mit Schlomo Gazit am 6.11.1989.

20 Hans Kelsen: Principles of International Law. London 1950, S. 221 ff.

21 www.haaretzdaily.com; Zeev Shiff: The Syrian Mistake vom 21.6.2002.

22 Golan Heights Law, 5742–1981, in: Laws of the State of Israel. Vol. 36, S. 7.

23 Erlass Nr. 185 vom 12.6.1969; Gespräch mit Professor Hans Klinghoffer am 8.5.1988.

24 Dan Diner: Sprachlos am Zaun, in: Die Zeit, Nr. 28/2001.

25 www.haaretz.daily.com vom 13.9.2005.

26 www.haaretzdaily.com am 15.7.2005.

27 Hierbei drang die israelische Armee in das palästinensische Gefängnis ein, um Häftlinge nach Israel zu verbringen, da man ihre Freilassung befürchtete. Der Armee-Einsatz in Jericho sei „unnütz und illegal“ gewesen, sagte Parlamentspräsident Josep Borrell in Straßburg am 15.3.2006. Eine Aktion wie diejenige in Jericho und die „demütigenden Bilder“ der Häftlinge seien nicht geeignet, die Sicherheit Israels zu verbessern.

28 Ausgabe vom 27.1.2006.

29 Israelischer Rundfunk am 13.7.2005.

30 Haaretz vom 10.1.2006.

31 Haaretz vom 25.9.2003.

32 Etwa der ehemalige Labour-Parteichef Amram Mitzna, der frühere Parlamentsvorsitzende Abraham Burg, die Ex-Arbeitsministerin Juli Tamir sowie Ex-Landwirtschaftsminister Chaim Doron.

33 Haaretz vom 24.5.2004.

34 Le Nouvel Observateur vom 22.4.2004.

35 Haaretz vom 20.5.2004.

36 Vgl. etwa International Herald Tribune vom 24.5.2004.

Die islamische Welt ist keine Einheit: der Konflikt zwischen Schiiten und Sunniten

„Der Islam wird das sein, was die Muslime daraus machen."
Fuad Zakariya, ägyptischer Geisteswissenschaftler

Der chinesische Politiker Zhou Enlai soll auf die Frage eines Journalisten, wie er die Auswirkungen der Französischen Revolution einschätze, einst geantwortet haben: „Es sei noch viel zu früh, hierüber definitive Aussagen zu treffen." „Se non é vero, é ben trovato" („Falls es nicht wahr ist, so ist es doch gut erfunden") – diese erklärende Beifügung zu legendären Anekdoten möge auch hier gelten. Aus chinesischer Sicht bildet eine Ära von rund 200 Jahren jedenfalls historisch betrachtet eine eher kurze Phase. Erst recht gilt dies für eine politische Wende, die knapp eine Generation zurückliegt: jene Revolution, die im Februar 1979 den Iran erschütterte. Das politische Beben, welches der aus dem Pariser Exil heimgekehrte Ayatollah Khomeini in der gesamten islamischen und arabischen Welt auslöste, dauert in seinen umwälzenden Auswirkungen über den Tod des Religionsführers im Juni 1989 an. Allein an den politischen und gesellschaftlichen Entwicklungen im Libanon und im Irak, wo jeweils die Schiiten die Bevölkerungsmehrheit bilden, lässt sich diese Einschätzung in all ihrer Brisanz nachprüfen.

Die Iranische Revolution begann als nationale und säkular ausgerichtete Revolte des iranischen Mittelstands gegen das autokratische Schah-Regime. Binnen Wochen verwandelte sie sich in eine Islamische Revolution der Massen. Die islamische Glaubensrichtung der Schia wurde zum Inbegriff eines neuen und mächtigen politischen Islam. Die Berichterstattung über die permanente Krisenzone Nahost hat die Inhalte und Bedeutung der islamischen Glaubenslehre der Schia einem breiteren Publikum nähergebracht. Die Schia wurde, als wesentlicher Motor des Islamismus, zum Feindbild, das in den 1980er Jahren mit dem Erstarken der schiitischen Hisbollah im Libanon das Bedrohungsbild des sowjetischen Einflusses in der Region ablöste. Anstatt den „langen Arm Moskaus" als Drahtzieher zu vermuten, wie dies noch für die ersten schweren Selbstmordanschläge im Libanon 1983 aus US-Sicht zutraf,[1] wurde spätestens mit dem offiziellen Auseinanderbrechen der Sowjetunion 1991 klar: Der politische Islam in schiitischer Version ist nicht zu unterschätzen.

Den „Export der Islamischen Revolution" aus dem Iran einzudämmen, wurde von nun an zum Hauptziel der USA im Persischen Golf, nachdem es in den Anfangsmonaten der Revolution für kurze Zeit danach aussah, dass sich Washington mit den neuen Machthabern arrangieren könnte. Diese Option verschwand aber mit der Besetzung der US-Botschaft im November 1979 durch radikale iranische Studenten, die 444 Tage dauern sollte. Seither sind die diplomatischen Beziehungen zwischen den beiden Staaten unterbrochen. Kurioserweise soll noch kurz vor dem Sturm auf das US-Gebäude Uneinigkeit unter den Drahtziehern geherrscht haben, stattdessen die sowjetische Botschaft zu belagern.[2] Sowohl Moskau als auch Washington waren in den Schriften von Khomeini bereits in den 1960er Jahren als Gegner des islamischen Weges beschrieben worden. Wäre es tatsächlich zu einem Angriff auf die sowjetische Botschaft anstatt der US-Botschaft gekommen, hätte die Geschichte zweifellos einen anderen Verlauf genommen.

Da aber das fundamentalistische Regime von nun an zum Feind des Westens erklärt wurde, machten sich die USA und die meisten westeuropäischen Staaten an die Arbeit, den Irak als Verbündeten zum verlustig gegangenen Iran aufzubauen. Es ist scheinbar ein altes zynisches Gesetz der Geopolitik im Persischen Golf, jeweils den Irak oder den Iran zwecks Balance zu unterstützen. Es wurde der säkulare Irak unter Saddam Hussein entsprechend aufgerüstet, so auch mit chemischen Waffen, die Bagdad im Krieg gegen den Iran (1980–88) mehrfach gegen iranische Soldaten einsetzte. Das neutrale Österreich lieferte indes im Rahmen der Noricum-Affäre Waffen an beide Kriegsparteien. Die Wiener sozialdemokratische Regierung war tief in diese schweren Rechtsbrüche verwickelt. Besonderes Interesse an der Unterstützung des Iraks hatten aber die Golfstaaten, allen voran Saudi-Arabien, das den irakischen Aggressionskrieg gegen den Iran logistisch und finanziell großzügig unterstützte und sich angesichts eines ab 1982 dramatisch fallenden Erdölpreises mit dieser Außenpolitik schwer verschuldete. Doch die Angst der wahabitischen Saudis als Hüter der heiligen Stätten von Mekka und Medina vor dem revolutionären Bazillus aus dem Iran war größer als vor dem drohenden Staatsdefizit.

Zwischen Saudi-Arabien und dem Iran herrschte bis in die späten 1990er Jahre diplomatische Eiszeit. Unter dem iranischen Präsidenten Khatami, der als Vertreter der Reformkräfte galt, begann sich die Lage zwischen Riad und Teheran allmählich zu entspannen. Reisebeschränkungen wurden aufgehoben. Die Lage der schiitischen Minderheit, die im Nordosten von Saudi-Arabien ansässig ist, also im Grenzgebiet zu Kuwait und dem Irak, wo sich auch die wesentlichen Erdölreserven des Landes befinden, begann sich ein wenig zu verbessern. Der Hintergrund waren kleine Reformen Mitte der 1990er Jahre, die der damalige Kronprinz Abdullah schrittweise durchzusetzen versuchte. In Saudi-Arabien herrscht die bizarre Situation, dass die Führungsschicht im Königshaus um vieles fortschrittlicher ist als die breite Masse einer eher konservativ eingestellten Bevölkerung. Die eigentliche Opposition im Land bildet mangels Parlament und freier Presse der wahabitische Klerus, der seinen Unmut über saudische Außen- oder Innenpolitik in den Freitagspredigten kundtut.

Dass Anhänger der Schia und nicht der orthodoxen Sunna den Islam als politische Kraft 1979 neu positionierten, mag auf der messianischen Erwartungshaltung der Schiiten, ihrem grundsätzlich opferbereiten Geist, dem Märtyrertum und den iranischen Partikularitäten sowie dem misslungenen Modernisierungsprojekt und der Repression des Schah-Regimes gründen. Tatsache ist, dass die Revolution als islamische, nicht als schiitische, in die Geschichte einging. Ayatollah Khomeini nahm von Anbeginn das Thema Jerusalem in sein Programm auf. Die Al-Aksa-Moschee von Jerusalem zierte die iranischen Wandteppiche ebenso, wie ihr Bild im Emblem der Hisbollah aufscheint. Dieser Bezug zu Jerusalem erst verschaffte der Islamischen Revolution ihre Legitimität in der muslimischen Welt.[3] Analog scheint dies auch für die Hisbollah im Libanon zu gelten. Unter der Regierung von Mahmud Ahmadinedschad, der den Revolutionsgarden der Pasdaran entstammt, hat diese außenpolitische Komponente, vor allem der Palästinabezug, wieder stark an Bedeutung gewonnen. Unter der Präsidentschaft von Khatami (1997–2005) schien es, dass die revolutionäre Ideologie im Sinne einer „Befreiung aller Unterdrückten dieser Welt" in den Hintergrund getreten war.

Mit der Invasion der USA und ihrer Verbündeten in den Irak am 17. März 2003 rückte die schiitische Bevölkerungsmehrheit des Landes ins Zentrum der Aufmerksamkeit. Bildet sie doch das Zünglein an der Waage im politischen Ränkespiel des in Auflösung befindlichen Iraks. Erst die Beendigung der Rivalitäten unter den schiitischen Fraktionen wird einen Teil des Chaos im Irak eventuell lösen.

In diesem Kapitel soll zum einen die historische Entwicklung der Schiiten als politische Kraft und Gegengewicht zu den Sunniten dargestellt werden. Zum anderen geht es um die Fragmentierung der „Umma Islamiya", der islamischen Gemeinschaft. Angesichts der sich täglich ändernden Kriegslage im Irak, der grundsätzlichen politischen Unwägbarkeiten in der Region sowie der unklaren Zielsetzungen der USA und ihrer Verbündeten ist eine aktuelle Darstellung nur begrenzt möglich. Anspruch auf Vollständigkeit kann keineswegs erhoben werden, ist es doch noch viel zu früh – wie in der eingangs unternommenen Analogie –, um die Auswirkungen der schiitischen Mobilisierungen zu bewerten. Auf die bevölkerungsreichsten muslimischen Staaten wie Indonesien und China sowie die komplexe Situation in Pakistan werde ich nicht eingehen, da mir der persönliche Einblick fehlt.

Der schiitische Islam

Der Islam kennt zwei wesentliche Strömungen: die Sunna, was wörtlich „Gewohnheit" heißt und der rund 90 Prozent der Muslime angehören, und die Schia (Ali), übersetzt die „Fraktion von Ali". Entstanden ist diese erste Spaltung in der islamischen Glaubenslehre in Sunna und Schia unmittelbar nach dem Tode des Propheten im Jahr 632. Es kam zum heftigen Streit um die Nachfolge. Offenbar beginnen viele große Konflikte innerhalb der Familie. Gemäß schiitischer Interpretation sollte Ali, Mohammeds Schwiegersohn, das Kalifat übernehmen. Als Sieger gingen jedoch die Anhänger rund um Abu Bakr, den Schwiegervater des Propheten, hervor. Auf ihn folgten Omar und Osman, der das Omajaden-Kalifat in Damaskus begründete.

Ali musste Nachsicht üben. Und dies 25 Jahre lang, bis er zum Nachfolger des Propheten gewählt wurde. Unter seiner kurzen Regierungszeit verfestigte sich die Kluft zwischen den beiden Glaubensschulen. Dissens herrschte in der theologischen Interpretation des Erbes des Propheten ebenso wie in weltlichen Angelegenheiten des rasch expandierenden Reiches. Denn der Islam war von Anbeginn nicht nur eine religiöse Offenbarung, sondern zugleich auch ein politisches und militärisches Unternehmen, das sich erfolgreich von der Arabischen Halbinsel in den Nahen Osten und Richtung Nordafrika ausbreitete. Ali fiel 661 dem Anschlag eines Dissidenten, der Gruppe der Kharidschiten zugehörig, zum Opfer. Der als Märtyrer gestorbene Ali stieg für seine Anhänger rasch zum Heiligen auf. Sein Kalifat wurde in ihren Augen zum Ideal einer islamischen Regierung. Alis Grab im irakischen Nadschaf zählt zu den wichtigsten schiitischen Pilgerstätten. Der südliche Teil des Iraks ist für die Schiiten religiöses Zentrum, da sich in dieser Region die wesentlichen Heiligtümer ihres Glaubens befinden. Die Schiiten haben ihr Verbreitungsgebiet im Iran, dem Irak, Aserbaidschan (bis 1875 unter iranischer Herrschaft), dem Libanon und Bahrein. Der Anschlag auf die Moschee von Samarra am 22. Februar 2006 ist nur einer unter vielen Zerstörungen schiitischer Heiligtümer durch vermutlich sunnitische Terroristen im Irak. Die Moschee von Samarra beherbergt den Askari-Schrein.[4]

Die Sunniten, insbesondere die puristische Gruppe der Wahabiten, die mit dem Haus Saud die saudische Theokratie begründen, lehnen die schiitische Tradition der Pilgerreise zu den Gräbern schiitischer Religionsführer und die Verehrung Alis vehement ab. Ebenso wurde seine Frau Fatima, die Tochter des Propheten, zur schiitischen Kultfigur. Die Riten zur Erinnerung an Fatima erinnern in vielerlei Hinsicht an die christliche Marienverehrung. Ein Grund mehr für die Sunna, die Schia als häretischen Polytheismus abzulehnen. Fatima hatte Ali zwei Söhne, Hassan und Hussein, geboren. Es folgten weitere Wirren um die legitime Nachfolge, die zahlreiche militärische Konfrontationen mit dem Heer der Omajaden provozierten. Hussein, nach schiitischer Zählweise der dritte legitime Imam, fiel schließlich in der Schlacht von Kerbala 680, einem blutigen Kampf zwischen rivalisierenden Clans. Auch die weiteren Imame, Nachfolger von Hussein, sollten eines gewaltvollen Todes sterben. Von all diesen Märtyrern entkam nur der Letzte auf wunderbare Weise seinen Gegnern. Über die Biografie dieses zwölften entrückten Imam ist nur wenig bekannt. Der schiitischen Tradition zufolge soll Prophet Mohammed die Ankunft dieser Imame und auch des wunderbaren Letzten, des Entrückten, beziehungsweise des „Mahdi“ (was übersetzt so viel wie „jener, der geleitet wird“ bedeutet) verkündet haben. Wer immer der neue Mahdi sein mag, ob ein Ayatollah Khomeini im Iran oder ein Imam Musa Sadr im Libanon, eine messianische Heilserwartung kennzeichnet seither die schiitischen Gläubigen weltweit. Während aus sunnitischer Sicht die Offenbarung des Islam mit der Verkündigung des Korans durch den Propheten abgeschlossen ist, hat die Schia der Heilslehre eine starke Dynamik gegeben.

Die Bedeutung des Imam in der Schia unterscheidet sich entscheidend von jener in der Sunna, wo der Imam nur ein einfacher Gemeindevorsteher ist. In der Zwölfer-Schia hingegen erfüllen die Imame die göttliche Justiz. Die Propheten, die Imame und vor allem der entrückte Imam, dessen Wiederkehr für die Gläubigen die wesentliche Heilserwartung in theologischer und politischer Hinsicht bildet, sind Garanten für die göttliche Ordnung, in welche sich der Mensch einfügen möge.

Aus der Schia gingen in der Folge weitere Strömungen, „Tawa'if“, hervor, die mit den christlichen Kirchenspaltungen vergleichbar sind. Zu ihnen gehören unter vielen anderen die Ismaeliten ebenso wie die Alawiten. All jene, welche die „perfekte“ Offenbarung des Islam durch den Propheten in Frage stellen, wurden von ihren muslimischen Glaubensbrüdern rasch als Abtrünnige vom wahren Glauben verfolgt. Laut dem heiligen Buch des Korans sind die Völker des Buches, „ahl al-kitab“, als anerkannte Vorläufer des Islam zu respektieren. Gemeint sind damit die Juden und Christen, deren Propheten von Abraham bis Jesus, Ibrahim und Issa in arabischer Sprache, als Vorgänger von Mohammed wahrgenommen werden. Probleme haben aber die Sunniten mit jenen Strömungen, welche die letzte Offenbarung in Frage stellen, indem sie ihr noch weitere folgen ließen. Dies gilt insbesondere für die Schiiten, welche die Überlieferungen von Ali und Hussein jenen von Mohammed hinzufügten. Die Schiiten ließen zahlreiche weitere Sekten entstehen, von denen sich einige – wie die Alawiten – von den ursprünglichen Vorgaben des Propheten sehr weit entfernten.

Der Vorwurf des Glaubensabfalls wurde von sunnitischer Seite immer wieder gegen die Schiiten erhoben. Von Anbeginn mussten sie Verfolgung und Vernichtung durch ihre muslimischen Brüder erleiden. Den altchristlichen Kirchen ging es anfänglich übrigens nicht sehr viel anders, denn auch hier spalteten Zwiste über die Offenbarung oder die Dreifaltigkeit von Anbeginn die angestrebte Einheit der Kirche. Die Schiiten flohen vor ihren sunnitischen Verfolgern in die Gebirgsregionen des Kaukasus und des Libanons. Die Schia jedenfalls befindet sich in der Situation der religiösen Minderheit, mit der Ausnahme des Irans, wo sie seit dem 16. Jahrhundert die dominierende Religion ist.

Wenn es auch im Koran heißt: „Es sei kein Zwang in der Religion. Klar ist nunmehr unterschieden das Rechte vom Irrtum" (Sure 2, Vers 256), so werden doch Andersgläubige schon dann verfolgt, wenn sie die letzte Offenbarung in ihrer Perfektion anzweifeln, wie dies für die Schiiten und alle von ihnen weiterentwickelten religiösen Strömungen gilt. Die Verfolgung von Christen hat im Irak mit dem Fall der säkular ausgerichteten Diktatur von Saddam Hussein dramatisch zugenommen, ebenso sind die ägyptischen Urchristen, die Kopten, seit Jahrzehnten wachsenden Schikanen durch radikale Muslime ausgesetzt. Die Behörden und die Regierung sprechen zwar stets von isolierten Einzelaktionen, doch wird viel zu wenig unternommen, um christliche Einrichtungen zu schützen.

Glaubenslehre und Märtyrerideologie

Prägend für die Schia waren von Anbeginn Außenseitertum, Verfolgung und Leid. Sowohl in den Riten als auch in der gesellschaftlichen Entwicklung fanden sich die Schiiten in der Rolle der Widerständler. So gedenken Schiiten weltweit des Leidens Husseins, dessen Handlungsweise als Aufforderung zur Rebellion verstanden wird, im Trauermonat Muharram. Der Verlauf der

Schlacht und sein tragischer Tod werden detailliert nachgespielt. Die schiitische Solidarität verstärkt sich mit diesen Ritualen auf spiritueller und politischer Ebene über Landesgrenzen hinweg.

Viele Legenden ranken sich um den Hergang der Schlacht von Kerbala, die zum Gründungsmythos der Schia werden sollte. Denn der Enkel des Propheten Mohammed, Hussein, ist der Prototyp des tragischen Kampfes um Gerechtigkeit.[5]

Kerbala, ebenfalls auf dem irakischen Staatsgebiet gelegen, bildet seither das zweite wesentliche Zentrum der Schia, wo sich Revolte und Hoffnung auf erfolgreichen Widerstand konzentrieren. Die Kraft dieser Orte für die aktuelle politische Mobilisierung der Schia, ob im Widerstand gegen die USA und ihre Verbündeten, ob in den Jahrzehnten zuvor gegen die britische Mandatsherrschaft oder gegen die säkulare Baath-Diktatur unter Saddam Hussein.

Klagelieder charakterisieren die Märtyrertode von Ali und seines Sohnes Hussein. Die TV-Bilder der blutigen Selbstgeißelungen bei schiitischen Prozessionen im Andenken an die Schlacht von Kerbala haben sich weltweit verbreitet. Die westliche mediale Wahrnehmung der Schia vermittelt Botschaften des Fanatismus und der Gefahr. Doch sind gerade diese Bilder vergleichbar mit Karfreitagsprozessionen auf den Philippinen und ihrem naturalistischen Nachspielen des Todes von Jesus, so wie sich überhaupt viele Parallelen zwischen katholischen und schiitischen Traditionen aufzeigen lassen. Verfügen doch beide neben der zentralen Bedeutung des Leidens, der Heiligenverehrung und Wallfahrten auch über einen hierarchisch strukturierten Klerus, der jeweils über die Interpretation der Heilsbotschaft hinausgehend eine wichtige Rolle im öffentlichen Leben einnimmt.

Nur aus dieser besonderen schiitischen Liturgie und der historischen Entwicklung der stets als Häretiker verfolgten Gläubigen lässt sich die Schia in all ihrer politischen Brisanz für den politischen Islam des 20. und 21. Jahrhunderts verstehen. Die Opferbereitschaft, die bis zum freiwilligen Märtyrertod gehen kann, wie Hussein in seinen sagenhaften Aktionen während der Schlacht von

Kerbala unter Beweis gestellt haben soll, setzt sich politisch bedeutsam bis in unserer Zeit fort. Ob es sich um die Selbstmordanschläge der schiitischen Libanesen gegen die israelischen Truppen während der Besatzung von 1982 bis 2000 handelt oder um die schiitischen Aktionen gegen die US-Armee im Irak, die Märtyrerideologie lebt fort. Indes haben sich auch schon längst viele Nachahmungsformen gefunden, wie die Terrorakte vom 11. September 2001 oder jene der palästinensischen (sunnitischen!) Islamisten. Interessant erscheint, dass sich spezifische schiitische Handlungsmuster, basierend auf einer besonderen theologischen Tradition und historischen Erfahrung, indes längst auf die gesamte islamische Welt ausgedehnt haben. Zwar verbietet der Islam den Selbstmord, doch der Märtyrertod bildet eine eigene Kategorie, die sich von der Schia ausgehend auf die sunnitischen Kämpfer von Grosny bis Casablanca ausgebreitet hat. Die Rolle der Schia als treibender Motor im politischen Islam kann somit keineswegs in Zweifel gezogen werden. Es stellt sich aber zugleich die Frage, ob wir von einer echten ideologischen schiitischen Kraft sprechen können – oder handelt es sich doch nur um Aktivismus?[6]

Historisch betrachtet lässt sich festhalten: Das Paradoxe und Mystische der Schia besteht wohl darin, dass sie aus einem Erbfolgestreit und einer politischen Konfrontation hervorgegangen ist, doch ihren eigenen Weg bis in die Gegenwart gefunden hat. Nach all den Rückschlägen ihrer Imame, die bis auf den letzten Entrückten umkamen, begann sich aus Einsicht der Unmöglichkeit, die spirituelle und politische Entwicklung des Islam noch entscheidend beeinflussen zu können, alle Hoffnung auf den Imam im Verborgenen zu konzentrieren. Doch zugleich gab die Schia nie die Perspektive auf, eines Tages doch noch die Rückschläge der ersten Zeit des Islam überwinden zu können.[7] Als Zeitenwende für den politischen Islam insgesamt und den Status der Schia innerhalb der „Umma Islamiya“, der weltweiten islamischen Gemeinschaft, ist das Jahr 1979 zu sehen, als die Islamische Revolution vom Iran ausging.

Die Rolle der Iranischen Revolution

Die Schia ist seit 1501, dem Beginn der safavidischen Dynastie, die offizielle Religion im Iran und dominiert zu fast 90 Prozent dieses große nicht arabische Land, das seit über 2500 Jahren als Staat existiert und sich bis in die Mitte des 19. Jahrhunderts noch weit in den Kaukasus hinein erstreckte. Will man jedoch die Rolle der Religion im Iran verstehen, insbesondere das Verhältnis von weltlicher und geistlicher Macht, so ist ein Verständnis für den vorislamischen Iran unerlässlich. War es doch der Zarathustra-Kult, der die persische Kultur seit der Antike tiefgehend prägte und ebenso auf andere monotheistische Religionen ausstrahlte.[8] Die jüdischen Stämme kamen während der Babylonischen Gefangenschaft mit dem Gedankengut Zarathustras, dem Bestehen der Mächte des Bösen und des Guten, in Kontakt. Dies wiederum sollte einen weitreichenden Einfluss auf die europäische Geisteswelt haben. Um mit Kardinal Franz König zu sprechen: „Damit wird nur bestätigt, dass religiöse Menschen, religiöse Kräfte und Ideen es sind, die im tiefsten in die Weltgeschichte hineinwirken.“[9]

Der Iran mit seinem starken vorislamischen Erbe, der Dominanz der von den sunnitischen – und meist arabischen – Nachbarn stark rekriminierten schiitischen Glaubenslehre, der indoeuropäischen Sprache des Farsi und all seinen weiteren Partikularitäten ist zweifellos ein Fall für sich. Dass ausgerechnet im nicht arabischen Iran eine Islamische Revolution von globaler Bedeutung ausbrechen sollte, überraschte und verwirrte die Staatengemeinschaft ebenso wie die islamische Welt insgesamt. Die Krise braute sich seit Mitte der 1970er Jahre mit dem plötzlichen Anstieg der Einnahmen aus dem Ölgeschäft infolge der Krise von 1973 zusammen. Korruption, massive Repression durch den iranischen Geheimdienst SAVAK und Streiks beherrschten die Jahre vor dem Ausbruch der offenen Revolte. Der Schah musste im Februar 1979 abdanken, Ayatollah Khomeini hatte den Kurs der

Revolution, die als nationale Erhebung einer breiten Opposition vom Mittelstand der Basarhändler bis zu den Studenten und Militärs sowie dem Klerus reichte, zugunsten einer islamischen Gesellschaftsordnung entschieden. Khomeini war rund 78 Jahre alt, als er aus dem Pariser Exil in seine Heimat zurückkam und den Lauf der Weltgeschichte derart veränderte.

Die USA traf der Sturz des Schahs, ihres loyalen Gendarmen im Persischen Golf, schwer. Hatten doch sämtliche Geheimdienstberichte noch kurz vor Ausbruch der absehbaren Revolte im Land zuversichtlich auf die „gemäßigte und prowestliche“ Regierung gesetzt. US-Präsident Jimmy Carter feierte das Neujahr 1979 in Teheran und sprach „von einer Insel der Stabilität in einem Meer des Chaos“. Für die arabische und islamische Welt kam die Nachricht von der plötzlichen Machtübernahme durch den schiitischen Klerus ebenso überraschend. Hatten doch bislang die muslimischen Bruderschaften in Ägypten oder auf der Arabischen Halbinsel die Funktion eines ideologischen Motors innegehabt. Nun traten plötzlich die Schiiten auf den Plan. Als Häretiker waren sie von ihren sunnitischen Glaubensbrüdern im Islam entweder verfolgt oder zumindest marginalisiert worden, als Faktor jedenfalls zählten sie für die theologischen Zentren des Islam nicht.

Als islamisches Kernland gilt vielmehr die Arabische Halbinsel, also das Gebiet des heutigen Saudi-Arabiens. Das wahabitische Haus Saud, das 1932 seinen theokratischen Staat namens Saudi-Arabien dank britischer und später amerikanischer Allianz im Hedschas etablierte und die Kontrolle der heiligsten muslimischen Stätten, jener von Mekka und Medina, übernahm, und das ebenso konservative Golf-Emirat Bahrain, wo jeweils schiitische Bevölkerungsgruppen von demografischer Bedeutung leben, fühlten sich vor einem Überschwappen der Revolution bedroht. Die Angst vor einer schiitischen Expansion, insbesondere mit Blick auf die schiitischen Gebiete im Irak sowie in Richtung Saudi-Arabien, dominierte die Nahostpolitik der westlichen Staatskanzleien. Ihren Höhepunkt erreichte die allgemeine Phobie vor der neuen schiitischen Kraft im November 1987, als schiitische Pilger während der islamischen Wallfahrt der Hadsch in Mekka sich mit den saudischen Sicherheitskräften tagelange Gefechte lieferten. Militärische Spezialeinheiten mit ausländischer Unterstützung beendeten das Blutbad, dem mehr als 400 Menschen zum Opfer fielen. Eine allmähliche Aussöhnung zwischen der Islamischen Republik Iran und der saudischen Theokratie bahnte sich erst unter dem iranischen Präsidenten Khatami an. Die Furcht der Saudis und anderer sunnitischer Staaten vor dem Führungsanspruch des Irans in der islamischen Welt ist seit der Revolution von 1979 ungebrochen.

Der Westen, insbesondere die USA, verfolgte seit den frühen 1980er Jahren eine konsequente Allianz mit den repressiven und relativ säkular ausgerichteten Staaten, wie dem Irak unter Saddam Hussein, oder den sunnitischen Monarchien, wie den Haschemiten und dem Haus Saud, deren politische Legitimität auf geistlicher und weltlicher Macht in der Nachfolge des Propheten fußt. Sayyid Ali Khamenei, derzeit spiritueller Führer der Revolution und an der Spitze der klerikalen und politischen Hierarchie, bekräftigte seinerseits 1985, die größte Herausforderung für die Supermächte sei, wie sie mit dem Islam umgehen werden.[10] Die bekannten Entwicklungen in Afghanistan, in Tschetschenien und schließlich im Gefolge des 11. September bestätigen diese Diagnose von Khamenei.

Indes vollzieht sich im Iran – fast unbemerkt von der westlichen Öffentlichkeit – ein gewisser Modernisierungsprozess demografischer Natur, der von den Frauen ausgeht. Die Soziologin Marie Ladier-Fouladi weist in ihrer Studie nach, dass der fundamentalistisch regierte Iran im Zuge einer Generation Änderungen in der Bevölkerungspolitik durchläuft, für welche Europa zwei Jahrhunderte benötigte.[11] Die iranische Gesellschaft ist zweifellos säkularer als jene in Ägypten oder Jordanien, wo das Experiment einer islamischen Gesellschaft noch nicht getestet wurde. Nach 27 Jahren Sittenpolizei und Übermacht des Klerus in Justiz und Bildungswesen haben viele Bevölkerungsteile den Wunsch nach klarer Trennung von Politik und Religion. Der Grundtenor aller Oppositionellen lautet: Lasst uns das Land allein verändern, jede Einmischung von außen würde nur wieder die radikalen Kräfte stützen. Wie säkular die Islamische Republik geworden ist, lässt sich allein daran ermessen, dass man in Teheran den Gebetsruf des Muezzins weniger oft hört als in Amman, Kairo oder bestimmten Vierteln von Marseille.

Die Gesellschaft ist dynamisch und lässt den Frauen eine relativ wichtige Rolle in der Öffentlichkeit zukommen. Mit der politischen Mobilisierung der Schia, der Beteiligung der Frauen an der Revolution und dem Golfkrieg und vor allem der raschen Verbreitung hoher Allgemeinbildung für Frauen hat ein radikaler Wandel in der Bevölkerungspyramide eingesetzt. Das Alter der Eheschließung steigt, die Zahl der Kinder verringert sich. Die Konsequenzen der Veränderungen in der äußerst jungen Gesellschaft der Islamischen Republik sind noch unabsehbar. Jedenfalls haben die Iraner ihre Lektionen aus der Islamischen Revolution gelernt. Ihre Identität finden die Iraner heute nicht mehr in der islamischen Gemeinschaft, der „Umma Islamiya", sondern viel mehr in der vorislamischen Geschichte Persiens. Das lässt sich auch am kleinen Beispiel der Namensgebung ablesen. Die Generation von Ali, Hussein und Fatima wird abgelöst von den Grundschülern namens Reza, Kyros und Anahita, die für die altpersischen Kulturen stehen.

Ganz anders stellt sich die Situation für bestimmte Teile der islamischen Gemeinschaften in Europa dar. Gerade die jüngere Generation sucht ihr Heil in der religiösen Gemeinschaft und stellt diese teils über die kulturelle oder staatsbürgerliche Identität. Die Suche nach dem Sinn des Lebens führt oftmals in die religiöse Gemeinschaft und ist sicher nicht eine Besonderheit des Islam als Religion. Eine brisante Dimension hat diese Rückkehr des Religiösen aber mit dem Erstarken der politischen Bewegungen, die sich auf den Islam beziehen, gewonnen.

Wie kam es zum Anwachsen des politischen Islam?

Je nach Land unterschiedlich gelagert sind die Ursachen für das Erstarken des politischen Islam. War die Islamische Revolution im Iran 1979 eine Allianz von radikalen Nationalisten und schiitischem Klerus, der letztlich das Kommando übernahm, so verlief der teils zeitlich beschränkte Aufstieg sunnitischer Muslimbruderschaften in Ägypten oder in der von Kemalismus geprägten säkularen Türkei unter völlig anderen Bedingungen. Einfache Thesen zum Islamismus lassen sich nicht pauschal über die islamische Welt von Indonesien bis Nigeria verkünden. Mit Blick auf Identitätsfindung sei so viel angemerkt: Gegenüber einem wirtschaftlich und militärisch dominanten Westen und seinen Vertretern im muslimischen Raum sind zahlreiche fundamentalistische Bewegungen unter Berufung auf die moralische Überlegenheit des Islam groß geworden. Der aus ihrer Wahrnehmung „materialistische und dekadente Westen" ließ sich durch einen Wechsel in das religiöse Vokabular leichter verurteilen, als dies zuvor unter Zuhilfenahme der ebenfalls aus dem Westen importierten nationalistischen oder später marxistischen Ideologien möglich war. Verwurzelt in einer langen Geschichte glorreicher Epochen und vor allem von Mythen, erleichtert der Rückgriff auf die Religion die Suche nach einer Identität, und dies in einer von Globalisierung fast uniform beherrschten Zeit.

Zahlreiche Erklärungsmuster für Aufstieg und Niedergang des Islamismus konkurrieren miteinander auf dem Büchermarkt. Für die Islamwissenschaftler Gilles Kepel und Oivier Roy ist bereits eine Epoche des Niedergangs des Islamismus beziehungsweise jene des Postislamismus angebrochen.[12] Ob eine solche Zäsur tatsächlich zutrifft, ist fraglich. Gibt es doch auch im Islamismus Zyklen, die rückblickend betrachtet Phasen des Erstarkens und dann wieder der Schwächung zeigen. Zudem dürfen wir nicht außer Acht lassen, dass zwar die iranische und algerische Gesellschaft jeweils das gescheiterte Experiment des politischen

Islam teils durchgemacht hat und heute viel säkularer ausgerichtet ist als etwa die jordanische oder ägyptische Wählerschaft. Aber in diesen beiden Staaten finden die Muslimbrüder weiterhin regen Zulauf wie in vielen anderen nahöstlichen Staaten.

Die Muslimbrüder stammen aus Ägypten

Das Jahr 1928 gilt als die Geburtsstunde des politischen Islam, der die Menschen umfassend mobilisieren kann. In jenem Jahr gründete der ägyptische Volksschullehrer Hassan al-Banna in Ismailiyya die Muslimbrüderschaft. Ismailiyya war Sitz der britisch dominierten Suezkanal-Gesellschaft. Die Stadt war mit ihrer starken Präsenz ausländischer Geschäftsleute das Symbol für die westliche Beherrschung Ägyptens schlechthin. In den folgenden 20 Jahren sollten sich die Muslimbrüder zur größten islamischen Vereinigung entwickeln. Die sozial- und bildungspolitische Arbeit stand ebenso wie dann in den 1980er Jahren bei der Hisbollah im Libanon und der palästinensischen Hamas neben dem politischen Kampf im Mittelpunkt.

Der deutsche Islamwissenschaftler Reinhard Schulze bringt die Biografie des unzufriedenen Volksschullehrers in Ismailiyya und den damaligen Zeitgeist in einem völlig deislamisierten Ägypten in klare Verbindung: „Al-Banna, der Sohn eines Uhrmachers, dem die Integration nicht gelingen sollte, blieb dem islamischen Diskurs verhaftet und politisierte seine eigene Misere, als er im März 1928 die Muslimbruderschaft (al-Ihwan al Muslimun) mitbegründete.“[13] Seine Zeitgenossen hingegen wollten mittels „pharaonistischer“ Mode ihr Ägyptertum von allem arabischen und islamischen „Makel“ befreien. Die Muslimbruderschaft setzte sich zum Ziel, den Rückzug aus der kolonialen Gesellschaft islamisch zu deuten. Es ging ihr erst recht nicht mehr um Integration, sondern um ihr bewusstes Ausgeschlossensein im Namen des Islam. Ein Phänomen, das in Gestalt der Parallelgesellschaften muslimischer Bürger in Europa nur allzu bekannt ist und auf einer sehr ähnlichen Logik aufbaut.

Die islamische Welt steckte zur Zeit der Gründung der Bruderschaft, Ende der 1920er Jahre, in einer tiefen Sinnkrise. Die europäische Kolonialisierung erreichte mit der Schaffung der Mandatsgebiete auf dem Gebiet des ehemaligen Osmanischen Reiches ihren Höhepunkt. Das osmanische Kalifat von Istanbul war 1924 von Kemal Atatürk abgeschafft worden. An seine Stelle trat eine laizistische und nationalistische Republik. Die Welt des Islam erschien in ihren Grundfesten erschüttert. Die Gründung der Muslimbruderschaft war ein Versuch, diese allgemeine Sinnkrise zu bewältigen. Die Bruderschaft übernahm gewissermaßen wieder die Verantwortung für die politische Dimension des Islam, indem sie sich an die Stelle eines Kalifen setzte, der bis dahin als die politische Symbolfigur des Islam galt. Sie wurde binnen weniger Jahre zu einer Massenbewegung.

Zum Ziel hatten sie sich gesetzt, den nationalistischen Säkularismus zu verdrängen und eine islamische Rechts- und Gesellschaftsordnung zu etablieren. Unter Anerkennung des Nationalstaats sollten die Institutionen islamisiert werden, ebenso das Finanzwesen. Ab Mitte der 1930er Jahre vermehrten sich auch die Außenkontakte der Muslimbruderschaft, die vor allem in das britische Mandatsgebiet Palästina hineinzuwirken begann. Al-Banna definierte den Islam als „Kult und politische Führung, Religion und Staat, Spiritualität und Praxis, Gebet und Kampf, Gehorsam und Herrschaft, Koran(exemplar) und Schwert; keines dieser jeweils zwei (Elemente) kann sich von dem anderen trennen.“[14] Dieses Konzept liegt auch der palästinensischen Hamas zugrunde, deren Entstehung als Muslimbruderschaft und aktuelle politische Rolle bereits im Kapitel zuvor beschrieben wurden.

Applaudierten die ägyptischen Muslimbrüder noch anfänglich der Offiziersrevolte vom 23. Juli 1952, so änderte die Repression unter Nasser die Lage grundlegend. Die islamistische Bewegung, die aus der aufgelösten Bruderschaft hervorgegangen ist, wird von einem Staat verfolgt, den sie radikal ablehnt und hat ihren Rückhalt in der Bevölkerung verloren. Denn die Massen, vor allem die verarmte Landbevölkerung und das Kleinbürgertum, jubelten Nasser zu. Erst Anwar As-Sadat, der sich als gläubiger Muslim öffentlich präsentierte, holte die von Nasser verbannten Muslimbrüder, die in Saudi-Arabien reich geworden waren, wieder ins Land zurück. Sie hatten einen wesentlichen Anteil an der Öffnung, die 1975 mit einer Stärkung des Privatsektors in der nach sowjetischem Vorbild verstaatlichten Wirtschaft begann. Kontakte und Mittel der frommen Rückwanderer wollte die Sadat-Regierung für ihre Zwecke nützen.

Ein weiterer Grund für diese Vorreiterrolle Ägyptens im internationalen politischen Islam findet sich in der bedeutenden Rolle der ägyptischen Medien. Bereits 1985 waren im staatlichen Fernsehen viele Tausend Stunden religiösen Sendungen vorbehalten. Der maßgebliche Einfluss der sogenannten „Telekoran-Prediger" war damit sichergestellt. Indes haben die vielen Satellitensender der islamischen Welt dieses ägyptische Medienmonopol gebrochen.

Dass sich die ägyptischen Muslimbrüder wieder auf dem Rückzug befänden, wie unter anderem der französische Soziologe Gilles Kepel feststellte, kann aber nicht allgemeingültig für alle Staaten, in denen eine islamische Erneuerung stattgefunden hat oder gerade im Gange ist, behauptet werden. Kepel und einige andere Islamexperten, die nach den Anschlägen vom 11. September 2001 bereits den Untergang des Islamismus verkündeten, irrten kräftig. Anlässlich der Parlamentswahlen im Herbst 2005 durften die verbotenen Muslimbrüder zwar nicht antreten, doch sämtliche „unabhängige Kandidaten", die Mandate gewannen, sind den Muslimbrüdern zuzuordnen.

Ägypten ist jedenfalls nicht immun gegen eine Neuauflage von Umsturzversuchen, wie sie im Zuge der Ermordung von Präsident Anwar As-Sadat 1981 seitens islamistischer Gruppen erfolgten. Das Attentat auf Sadat ging auf das Konto des ägyptischen Dschihad. Sadat selbst war der Verbindungsmann Nassers zu den Muslimbruderschaften gewesen. Es ist schwierig, klar einzuschätzen, wie gefährdet Ägypten von einem Flächenbrand in der Region ist, der infolge des Krieges im Irak vor sich hinschwelt. Das Land konnte sich gegen viele Unkenrufe der letzten 20 Jahre behaupten und wirtschaftlich wie politisch überleben. Verfestigt hat sich dennoch eine Tendenz: Die Eliten und die verarmten Massen klaffen immer deutlicher auseinander. Die im System fest verankerte Korruption tut noch das Ihre, um die soziale Ungerechtigkeit zu verstärken. Journalisten, die es wagen, das tabuisierte „K-Wort", sprich die Korruption und Vetternwirtschaft, zu thematisieren, müssen mit drakonischen Strafen rechnen. Ägypten verfügte einst über das führende Verlagswesen in der arabischen Welt. Doch selbst anerkannten Journalisten führender Tageszeitungen wie „Al-Ahram" hat das Regime von Langzeitpräsident Hosni Mubarak einen Maulkorb umgehängt. Wehe dem, der sich an brenzlige Themen wagt. Die Novellen zum ägyptischen Pressegesetz im Juni 2006, die harte Strafen vorsehen, wer sich kritisch in das politische Minenfeld zu weit vorwagt, führten zu scharfen Protesten der gesamten journalistischen Zunft. Doch der Apparat aus Geheimdiensten, das übermächtige Innenministerium und der wirtschaftliche Druck auf die Journalisten scheinen stärker.

Es geht zudem ein mentaler Riss durch Ägypten, geradewegs durch die Familien zwischen einer überwiegend säkularen Elite und einer wachsenden jungen, meist gläubigen Bevölkerung. Die heute 20- bis 30-Jährigen haben sich von den Werten ihrer säkular denkenden Eltern stark abgesetzt. Übrigens eine Entwicklung, die sich in vielen arabischen und islamischen Gesellschaften beobachten lässt. Die Enkel sind frommer als die Großeltern. Die Kinder halten den Ramadan ein, die Töchter verschleiern sich, während die Mütter noch vor Kurzem den Minirock trugen. Wäre die ägyptische Mentalität hitziger, wäre der soziale und politische Aufstand vielleicht schon erfolgt. So suchen gewaltbereite Muslimbrüder ihren Weg im Ausland. Und der ägyptische Durchschnittsbürger ist weiterhin mehr mit der Korruption und dem täglichen Existenzkampf im eigenen Land befasst als mit dem Schicksal der palästinensischen oder irakischen Brüder. Andererseits darf nicht übersehen werden, dass Solidaritätskundgebungen für die Palästinenser verstärkt seit dem Ausbruch der Intifada im Herbst 2000 sowie Demonstrationen gegen den Irakkrieg im Frühjahr 2003 in erster Linie an die Adresse der eigenen Regierung gerichtet sind. Ein Barometer der politischen Stimmung ist auch der Campus der Amerikanischen Universität von Kairo, wo einst eine säkulare und pro-westlich orientierte Elite studierte. Indes sind die Manifestationen gegen die USA hier ebenso virulent wie an der einflussreichen Al-Azhar-Universität, die als eine der Autoritäten in der islamischen Theologie und Rechtswissenschaft gilt.

Die Popularität sämtlicher islamistischer Parteien gründet auf ihren vielfältigen sozialen Aufgaben, besonders in Gesellschaften, wo staatliche Institutionen kaum präsent beziehungsweise sehr korrumpiert sind. Dass es den Islamisten, allen voran der Gama'a Islamiya, in Ägypten bislang nicht gelungen ist, die von ihnen angepeilte „Herrschaft des Guten" gegen den „gottlosen Staat" zu errichten, wie sie es mehrfach in Stadtvierteln von Kairo zwischen 1988 und 1997 versucht hatten, liegt neben den scharfen Aktionen der Sicherheitskräfte vor allem an der internen Zersplitterung der islamistischen Gruppierungen. Zudem verloren sie mit dem „Krieg gegen den Tourismus" an Rückhalt in der Bevölkerung, deren Einnahmen wiederum zu wichtigen Teilen aus dem Tourismus stammen. Doch definitiv geklärt ist das Kräfteverhältnis zwischen Islamisten und dem Sicherheitsapparat, der vor einer Unterwanderung durch Aktivisten nicht gefeit ist, jedenfalls noch nicht. Zur fragilen Situation trägt zweifellos die anhaltende soziale Not der Bevölkerungsmehrheit bei. Während der Regierung Mubarak wurden zuletzt verstärkt Homosexuelle verfolgt, um eine Forderung der Muslimbrüder aufzunehmen. Durch öffentliche Prozesse sollte dem Volk demonstriert werden, dass

Mubarak weiterhin für Tugend und Moral stehe und die Kritik der Muslimbrüder unbegründet sei.

Dass das Festhalten an der Religion immer die letzte Verteidigungslinie gegen fremde, scheinbar unverständliche Kultureinflüsse, gegen soziale Auflösungserscheinungen, gegen das Gefühl von Minderwertigkeit und Machtlosigkeit bildet, erläutert Ivesa Lübben am Beispiel der ägyptischen Muslimbrüder.[15] Ob es sich daher um den ägyptischen Widerstand gegen den britischen Kolonialismus der 1930er Jahre oder um die Schwächung der mit den USA und Israel befreundeten Administrationen seit 1978 in Kairo handelt, offenbar muss jede politische Elite irgendwann auf den islamischen Diskurs zurückgreifen, will sie sich einer Massenbasis öffnen. Es kann daher kaum ein definitives Ende für einen politischen Islam geben, denn die islamischen Regionen werden aufgrund ihrer natürlichen Ressourcen stets im Blickpunkt fremder Interessen stehen, wie später noch näher erläutert wird.

Die Schia außerhalb des Irans

Die Schiiten, die nur rund zehn Prozent der Muslime weltweit stellen, bilden mit 90 Prozent die Bevölkerungsmehrheit im nicht arabischen Iran. Sie siedeln im Irak, wo auch ihre heiligen Stätten von Kerbala und Nadschaf liegen, haben dort die Sunniten zahlenmäßig schon als Bevölkerungsgruppe überholt und sind im Libanon ebenso zu Hause.[16] Schiitische Siedlungen im Libanon waren vor Ausbruch des Bürgerkriegs in allen Regionen anzutreffen, konzentrierten sich aber auf den Süden des Landes, die Region um Jabal 'Amil. Dies erklärt sich unter anderem auch daraus, dass der Libanon infolge seiner Geografie der schroffen Schluchten, der weitreichenden Autonomie während des Osmanischen Reiches und der pluralistischen Koexistenz unterschiedlichster Konfessionen stets ein ideales Zufluchtsgebiet für verfolgte Minderheiten bot.

Ein wichtiges, weil sehr finanzkräftiges Segment der libanesischen Schia lebt heute in Schwarzafrika. Die Rücküberweisungen, sei es über familiäre Kanäle oder durch Spenden an die Sozialeinrichtungen der Schia, sind vital, wie dies auch für die restliche libanesische Diaspora gilt. Bei den Schiiten handelt es sich jedoch zusätzlich um Finanzmittel, die den traditionell benachteiligten Bevölkerungsteilen Zugang zu Infrastruktur ermöglichen. Der libanesische Iranexperte Victor al-Kik geht gar so weit, dass er die schiitischen Partei- und Wohlfahrtsstrukturen der Hisbollah mittlerweile als finanziell autonom ansieht, eine Abhängigkeit vom Iran demnach gar nicht mehr in dem Umfang gegeben sei. Für al-Kik könne die Hisbollah jedenfalls auf Basis der Überweisungen der schiitischen Diaspora weiter bestehen.[17] All jene Stimmen, die eine direkte Verbindung zwischen dem hohen Erdölpreis und der iranischen Außenpolitik insbesondere über den langen Arm der Hisbollah im Libanon herstellen wollen, darf entgegengehalten werden, dass die Hisbollah vor allem zwischen 1985 und 1999 zum entscheidenden politischen Akteur im Libanon und überregional geworden ist. Während dieses Zeitraums befand sich der Erdölpreis fast durchwegs auf sehr niedrigem Niveau, der Anfang 1999 gar bei nur zehn US-Dollar pro Fass lag. Eigenständige finanzielle Quellen hatte sich demnach die Hisbollah bereits über die finanzkräftige libanesische Diaspora geschaffen.

Auf der Arabischen Halbinsel ist die Schia insofern populär, als möglichst viele Gläubige derart auch versuchen, der orthodoxen Strömung des Wahabismus mit ihrem Zentrum in Saudi-Arabien zu entgehen. Bahrain, eine persische Gründung und vom Iran bis 1971 immer wieder beansprucht, verfügt über eine starke schiitische Bevölkerung, die Schätzungen zufolge rund 70 Prozent der Einwohner des Landes umfasst. Die Regierungsgewalt ist sunnitisch. Ähnlich verhält es sich mit Katar und Kuwait, wo die schiitischen Quoten jedoch viel geringer sind. In Saudi-Arabien haben 450 Angehörige der Schia jüngst ihre Rechte in einer

Charta festgeschrieben.[18] Angesichts der saudischen Theokratie ist diese Petition zweifellos ein Beweis für ein auch hier sich verfestigendes Selbstbewusstsein der Schia, nicht zuletzt auch angesichts der US-Linie, nunmehr im Irak auf die schiitischen Kräfte stark zu setzen.

Weitere wichtige schiitische Siedlungsgebiete finden sich in Aserbaidschan, Indien, Pakistan und Afghanistan. Rechnet man die Alawiten unter die Imamiten, so ergeben sich auch für die Türkei und Syrien wichtige schiitische Bevölkerungsanteile. Die Verbindung mit dem Iran ist für die Schia infolge der wichtigen theologischen Schulen stets fest verankert. Die syrisch-iranische Allianz seit der Machtübernahme von Hafez al-Assad 1970 illustriert auf regional-politisch brisante Weise, wie extensiv die schiitische Solidarität sich interpretieren lässt. Denn ohne die Fatwa, das Rechtsgutachten des Höheren Schiitischen Rates im Libanon, dass es sich bei den Alawiten um eine schiitische Interpretation des Islam handle, hätte Assad die verfassungsrechtliche Legitimation für das Amt des Staatsoberhaupts gefehlt.

Der Aufstieg der Hisbollah: vom Kidnapping zum parlamentarischen Wettbewerb

Die Schiiten, traditionell auch „mutawali“ genannt, bildeten die klassischen Außenseiter in der libanesischen Gesellschaftspyramide. Mit dem Begriff der Schiiten verbindet man im Libanon immer noch Vorurteile wie Ignoranz und Armut. Die erfolgreiche Islamische Revolution im Februar 1979 gab den bis dato in der islamischen Welt marginalisierten Schiiten neues Selbstbewusstsein. Dies traf umso mehr auf die libanesischen Schiiten zu, die meist in ländlicher Abgeschiedenheit lebten und vom politischen und gesellschaftlichen Leben der Hauptstadt ausgeschlossen waren. Jene, die in der Beiruter Gesellschaft etabliert waren und gegen die feudalen Strukturen ankämpften, hatten sich bis zu dem Zeitpunkt vorwiegend in der Kommunistischen Partei des Libanons engagiert.

Entscheidend für die Mobilisierung der libanesischen Schiiten waren die israelische Invasion von 1982 und der daraus entstandene „nationale Widerstand", „muqawama wataniya". Die ersten Selbstmordanschläge, die eine neue Dynamik der Auseinandersetzung bewirkten, nahmen ihren Ausgang im Herbst 1983 im Libanon. Die israelische Sicherheitszone, die sich bis Mai 2000 in den Südlibanon hineinzog, wurde zum „israelischen Vietnam".

Dass die Hisbollah ein Gegner ist, mit dem nicht kurzer Prozess gemacht werden kann, lässt sich aus der israelischen Einschätzung des Gegners ablesen. Bezeichnend hierfür ist jener Waffenstillstand, den Israel und die Hisbollah über Vermittlung einer Schlichtungskommission, bestehend aus den Vereinten Nationen, den USA und Frankreich, im April 1996 vereinbarten. Vorangegangen war ein schwerer Luftangriff Israels auf ein UNO-Flüchtlingslager in Qana, bei welchem rund 100 libanesische Zivilisten getötet wurden.[19] Kern der Vereinbarung war, dass die beiden Kontrahenten, sprich die israelische Armee und die Hisbollah, künftig nur mehr militärische Ziele angreifen würden.[20] An diese Bedingungen haben sich die beiden Gegner grundsätzlich auch gehalten, wie die Berichte der UNIFIL, der United Nations Interim Force in Lebanon, bestätigen.

Beide Seiten entschuldigten sich über die Schlichtungskommission, wenn es zu Operationen kam, die außerhalb der vereinbarten Regeln standen. Ähnlich verhält es sich auch mit den laufenden Geheimverhandlungen zwischen israelischen und libanesischen Unterhändlern unter deutscher Vermittlung zwecks Austauschs von Gefangenen. Inwieweit die beiden Kontrahenten immer wieder aufeinander zugehen, ist aus den zahlreichen Botschaften an die jeweilige Öffentlichkeit in Israel oder im Libanon ablesbar. Interessant ist an diesem Waffenstillstand sui generis, dessen Details diplomatisch durch die internationale Schlichtungskommission zu interpretieren sind, die wechselseitige Anerkennung. War Israel für die Hisbollah grundsätzlich ein Anathema, bildete die Hisbollah wiederum für Israel eine von Teheran gesteuerte Extremistengruppe, so wurde spätestens mit diesem Abkommen klar, dass man sich als militärischer Gegner indirekt respektiere.

Unterbrochen wurde dieses Gleichgewicht des Schreckens, das die Hisbollah aufgrund ihres Guerillakampfes gegen die israelische Armee seit Mai 2000 erreicht hatte, vom Krieg des Sommers 2006. Die Hisbollah hat an Einfluss und Zuspruch in der Bevölkerung und der arabischen Welt gewonnen. Auch maronitische Christen, die stets skeptisch der islamistischen Ideologie von Parteichef Hassan Nasrallah gegenübergestanden waren, sind am Höhepunkt des Krieges, so nach dem israelischen Angriff auf einen Flüchtlingsbunker in Qana am 30. Juli 2006, mit Hisbollah-Flaggen auf die Straßen von Beirut gegangen, um gegen die israelische Aggression und das Schweigen der Staatengemeinschaft zu demonstrieren.[21] Der Iran ist infolge des israelischen Patts im Libanon weiterhin erstarkt und kann nun auch aus einer Position der Stärke die Verhandlungsvorgaben im Nukleardossier stellen. Die USA haben infolge der einseitigen Unterstützung Israels, nicht zuletzt auch der Lieferung von Streumunition, die für den Libanon nun ein zusätzliches großes Problem im Wiederaufbau bildet, weiter an Glaubwürdigkeit in der öffentlichen Meinung verloren. Der Erzbischof von Canterbury mahnte in einer Rede am 15. Juli 2006 die Politiker, gemeint waren vor allem Blair und Bush, „nicht den Anschluss an das Gewissen der Völker zu verlieren“.

Der zweite Libanonkrieg

Mit der Operation „Angemessener Preis“ begann Israel am 12. Juli 2006 seine Operation gegen den Libanon als Antwort auf die Entführung zweier israelischer Soldaten durch die libanesische Hisbollah. Israel interpretierte seine Militäraktion als die legitime

Ausübung seines Rechts auf Selbstverteidigung. Die Unverhältnismäßigkeit der israelischen Reaktion wurde zwar vereinzelt von europäischen und anderen Regierungen sowie besonders von UNO-Generalsekretär Kofi Annan und seinen Mitarbeitern kritisiert, doch erhielt Israel von den USA Unterstützung in der Ausdehnung der Kriegshandlungen, um möglichst viele vollendete Tatsachen zu schaffen.

Die Kriegshandlungen der israelischen Armee und des militärischen Arms der libanesischen Partei Hisbollah dauerten 33 Tage. Die Bilanz lautet: rund 1080 Tote auf libanesischer Seite, zu 90 Prozent Zivilisten, darunter mehr als ein Drittel Kinder, eine Million Menschen befand sich auf der Flucht innerhalb des Landes. In den ersten Kriegstagen mussten rund 100.000 ausländische Staatsbürger evakuiert werden. Der materielle Schaden wird mit rund acht Milliarden US-Dollar beziffert. Hinzu kommt die größte ökologische Katastrophe im östlichen Mittelmeer infolge israelischer Angriffe auf ein libanesisches Kraftwerk. Tonnen von Diesel traten wochenlang aus, der Ölteppich konnte infolge der israelischen Seeblockade nicht isoliert werden. Die Meeresverschmutzung entzieht den Fischern die Existenzgrundlage und hat laut Umweltschutzorganisationen schwere Folgen für die Tier- und Pflanzenwelt im Mittelmeer. Fast 2,35 Milliarden Euro sind direkte Verluste durch die israelische Offensive. Ein Drittel davon betreffen Schäden an der Infrastruktur, fast der gesamte Rest sei auf die Zerstörung von Wohn- und Geschäftshäusern zurückzuführen. Israels Krieg gegen die Hisbollah legte auch die Industrie des Libanons weitgehend lahm.

Zudem liegt die aufstrebende Tourismusbranche, die sich noch vor Kurzem auf ein Rekordjahr einstellte, in Trümmern. Verluste in Höhe von mehr als 1,5 Milliarden Euro sind den Schätzungen der Weltbank zufolge durch Gewinnausfälle im Tourismus sowie in der industriellen Produktion verursacht worden. Um finanzielle und menschliche Ressourcen zu finden und zu binden, brauche es zunächst aber ein klares Signal, dass dieser Krieg nicht wieder aufflammen werde. Danach sieht es aber zu Beginn des Jahres 2007 nicht aus. Die innenpolitischen Spannungen, vor allem zwischen den pro-syrischen Kräften unter Führung der Hisbollah und den anti-syrischen Parteien, welche die Regierung unterstützen, wachsen. Das Land hatte in den letzten 16 Jahren hart an einer Normalisierung gearbeitet, doch keiner der politischen Führer hatte die Lektionen jenes Krieges gelernt, der das Land von 1975 bis 1990 ins Chaos gestürzt hatte.

Israels Bevölkerung im Norden und bis nach Haifa war ab dem 15. Juli regelmäßigem Artilleriebeschuss seitens der Hisbollah ausgesetzt. Der stärkste Beschuss erfolgte in den letzten Stunden vor Eintritt der Waffenruhe, wodurch die Hisbollah durchblicken ließ, dass entgegen israelischen Meldungen sämtliche ihrer Kommandostellen und Abschussbasen völlig intakt waren. Erstmals seit der Staatsgründung Israels 1948 war die Bevölkerung derart lang anhaltender militärischer Bedrohung ausgesetzt, was den Zorn der Bewohner und der öffentlichen Meinung auf die Regierung nach einem ersten nationalen Konsens aufheizte. Auf israelischer Seite sind 144 Tote zu klagen, mehrheitlich Soldaten. Letztere fielen vor allem in den letzten Tagen einer überraschend angeordneten und dann wieder verschobenen Bodenoffensive, die schließlich völlig fehlschlug. Der Hintergrund waren die von Anbeginn latenten Kommunikationsprobleme zwischen militärischer und politischer Führung. Generalstabschef Premier Ehud Olmert und sein Labour-Verteidigungsminister Amir Peretz zeichneten sich durch verwirrende Siegesmeldungen und anschließende Dementis aus. Reservisten und hochrangige Militärs haben ihrerseits seit Ende der Kriegshandlungen sowohl mit Demonstrationen als auch Interviews ihre Kritik an der politischen Führung zum Ausdruck gebracht.

Die hohe Zahl libanesischer ziviler Opfer ergibt sich aus der Tatsache, dass die israelische Armee bewusst zivile Ziele angegriffen hatte. Das dahinter stehende Kalkül dürfte gewesen sein, einen Aufstand der Libanesen, die mit ihren 18 Konfessionen weiterhin tief gespalten sind, oftmals auch innerhalb einer Glaubensgruppe, gegen die Hisbollah zu provozieren. So wurden bereits in den ersten Kriegstagen durch die israelische Luftwaffe die wesentlichen Brücken und Verbindungsstraßen im Land, auch fernab aller von der Hisbollah dominierten Regionen im Nord- und Zentrallibanon zerstört. Zivilbevölkerung, die Verletzten zu Hilfe kam, wurde ebenso angegriffen wie Flüchtlingskonvois, die nicht über Fahrgenehmigungen verfügten. Die israelische Führung hingegen argumentierte, dass die Guerillakämpfer der Hisbollah aus zivilem Gebiet heraus operierten. Immer wieder warfen israelische Kampfflugzeuge Flugblätter ab, in denen vor weiteren Angriffen gegen Israel gewarnt wurde. Die Streitkräfte würden „mit der notwendigen Gewalt gegen jeden terroristischen Akt" vorgehen, hieß es. Die Hisbollah habe der Bevölkerung Zerstörung, Vertreibung und Tod gebracht. „Werdet Ihr diesen Preis noch einmal zahlen können?", war auf einem Flugblatt zu lesen. Keine militärische Notwendigkeit hatten jedenfalls aus Sicht internationaler UNO-Beobachter der israelische Einsatz von Streubomben in den letzten Kriegstagen und die Vernichtung wichtiger Infrastruktur.

Tatsache ist, dass die Hisbollah an Popularität sowohl im Libanon als auch in der gesamten arabischen Welt gewonnen hat. Immerhin war es einer Guerillatruppe von einigen Tausend Kämpfern gelungen, die stärkste Armee der Region, die über eine mächtige Luftwaffe verfügt, Phosphorbomben etc. einsetzte, in Schach zu halten. Es gelang der israelischen Armee nicht einmal annähernd, über die in den letzten Kriegstagen gestartete Bodenoffensive ihr militärisches Ziel zu erreichen, nämlich die Hisbollah und ihre meist mobilen Basen auszuschalten. Widersprüchliche Meldungen über die Einnahme von Hisbollah-Hochburgen wie der Stadt Bint Jbeil und der Wechsel wichtiger Kommandanten inmitten der militärischen Operation „Angemessener Preis" reflektierten die innerisraelischen Kommunikations- und Strategieprobleme.

Der Krieg endete vorerst am 14. August 2006 mit einer Feuerpause auf Basis der UNO-Sicherheitsratsresolution 1702. Die Hisbollah wurde darin aufgefordert, den Beschuss israelischen Gebiets einzustellen. Israel soll seine „offensiven Militäroperationen" beenden und sich aus dem Südlibanon zurückziehen. Zu einem Bruch der Feuerpause kam es bereits wenige Tage später infolge einer israelischen Kommandoaktion in Baalbek, welche Annan scharf verurteilte. Israelische Versuche, Hisbollah-Chef Nasrallah zu entführen, waren misslungen. In einem Fall, beim Eindringen in ein Krankenhaus, wurde eine namensgleiche Person versehentlich verhaftet.

Hisbollah-Chef Hassan Nasrallah bedauerte am 3. September 2006 im libanesischen Fernsehsender NTV die Entführung der israelischen Soldaten am 11. Juli, auf die Israel mit einem einmonatigen Krieg gegen Ziele im Libanon reagiert hatte. „Hätten wir gewusst, dass die Gefangennahme der Soldaten all das nach sich ziehen würde, hätten wir es nicht getan", sagte Nasrallah. Er gestand damit indirekt einen Strategiefehler ein. Seit 1992 hat sich die übermächtige Partei, die sich weder von der Regierung noch von der Armee des Libanons Vorschriften machen lässt, als parlamentarische Partei etabliert. Als einzige Gruppierung unter den libanesischen Milizen musste die Hisbollah im Herbst 1990, als der Bürgerkrieg mit dem Einmarsch syrischer Truppen offiziell endete, die Waffen nicht ablegen. Der militärische Flügel der Hisbollah kontrolliert den „nationalen Widerstand" und ist an der südlichen Staatsgrenze zu Israel stationiert. Die libanesische Armee konnte bislang nicht den Grenzschutz übernehmen. Ihre logistische Unterstützung in Form von Geld und Waffen erhält die Hisbollah aus dem Iran, wobei Syrien als Drehscheibe in vielerlei Hinsicht funktioniert. Für die schiitische Bevölkerungsmehrheit des Libanons ist die Hisbollah zum ideologischen Sammelbecken geworden. Zudem hat sie einer verarmten Masse, die traditionell das Lumpenproletariat der libanesischen Gesellschaft stellte, Struktur und Selbstbewusstsein gegeben.

Die Rolle von Musa Sadr für die politische Mobilisierung der Schiiten

Die intellektuelle Öffnung der libanesischen Schiiten organisierte der im Libanon geborene und im iranischen Isphahan ausgebildete schiitische Kleriker Imam Musa Sadr, der von 1959 bis 1978 im Libanon als Mufti, religiöser Richter, wirkte. Sein Ziel war es, den libanesischen Schiiten eine neue „psychologische Ausrichtung" zu geben, wie er seine breit angelegte Initiative aus Bildung, Sozialhilfe und politischer Basisarbeit selbst nannte.[22]

Seine wesentliche institutionelle Neugründung war der Höhere Schiitische Rat, um auf diese Weise die schiitischen Anliegen besser gegenüber dem Staat repräsentieren zu können. Fehlten doch den Schiiten die traditionellen Strukturen des konfessionellen Verwaltungs- und Bildungswesens, wie sie aus der osmanischen Verwaltung herrührten. Dieser Schritt bedeutete einen Bruch mit dem sunnitischen Establishment. Musa Sadr, den Schah Reza Pahlewi in Tradition der alten theologischen Verbindungen zwischen dem Iran und Libanon entsendet hatte, stieg zum Imam auf, ein Titel, der in der schiitischen Tradition messianische Hoffnungen weckt. Musa Sadr war von äußerst einnehmendem Charisma und sammelte oftmals die libanesische Intelligenz aller Konfessionen um sich.[23] Das mysteriöse Verschwinden von Musa Sadr 1978 in Libyen, wo sich seine Spuren buchstäblich im Sand verlieren, trug zum Mythos des „Entrückten" bei. Seine Poster finden sich bis heute in den schiitischen Vierteln von Beirut, zahlreiche Sozialeinrichtungen tragen seinen Namen, hat er doch der schiitischen Unterschicht ein völlig neues Selbstwertgefühl vermittelt. Die religiös inspirierte Ideologie des Schiiten Musa Sadr war eine Alternative zu den schon etablierten Linksparteien und den Feudalfamilien. Die Überlieferungen vom Leiden der Schiiten, wie die dramatischen Berichte von Märtyrertum und Verfolgung, sollten zu den politischen Waffen der Schiiten werden. Aus den Klageliedern der unterprivilegierten Schiiten des Libanons wurde eine neue Botschaft gebastelt: jene der politischen Eigeninitiative und des Muts.

Musa Sadr hatte die bis dahin in passiver Apathie verharrenden Schiiten mittels seiner Mischung aus spirituellem und revolutionärem Gedankengut zu Aktivisten umgeformt. Zu diesem Zweck schuf er auch die Miliz der Amal. Bald jedoch sollten Amal, die seit den 1980er Jahren unter der Führung des säkular orientierten Parlamentspräsidenten Nabih Berri steht, und Hisbollah, die sich am iranischen Modell einer islamischen Republik orientiert, in heftigen Rivalitäten einander bekämpfen. 2005 fanden sich die sehr unterschiedlichen Parteiführer Berri und Nasrallah in einem schiitischen Wahlbündnis wieder.

Der charismatische schiitische Führer Musa Sadr war ein erbitterter Kritiker der PLO, ihrer Ideologie und Methoden. Das „nationale Anliegen der Palästinenser" unterstützte er zwar anfänglich, doch beklagte er angesichts der gewaltvollen Machtübernahme der PLO im Libanon das Chaos im Lande. Wie schon zuvor ausgeführt, befanden sich Schiiten und Palästinenser seit den späten 1960er Jahren in offener Konfrontation.

In welchem Umfang die Erinnerung an Musa Sadr wachgehalten wird, zeigen die zahlreichen Aktivitäten der Imam-Musa-Sadr-Stiftung, die Libanesen unterschiedlichster konfessioneller und politischer Herkunft vereinigt. Der Beginn einer libanesischen Zivilgesellschaft erfolgte auf Initiative des schiitischen Klerikers, der im Libanon weiterhin hohes Ansehen genießt.[24] Denn während die libanesische Politik seit Ende der 1950er Jahre im Stillstand verharrte, bildete Musa Sadr ein neues Phänomen und veränderte nachhaltig die schiitische Gesellschaft.[25]

Die Libanisierung der Hisbollah nach 1989

Für den vormaligen spirituellen Führer der Hisbollah, Ayatollah Sayyed Mohammed Hussein Fadlallah, steht fest: „Die Hisbollah ist eine national orientierte Partei, jenseits der Staatsgrenzen des Libanons verfolgt sie keine Interessen."[26] Fadlallah gehörte zu jenen Stimmen, die sich nach dem Tod von Ayatollah Khomeini im Juni 1989 für eine allmähliche Libanisierung der aus Teheran ferngesteuerten Partei und ihrer teils eigenständig operierenden bewaffneten Gruppen einsetzte.

Der Schritt der Hisbollah, 1992 an den ersten Parlamentswahlen seit den 1970er Jahren teilzunehmen, ist in vielfacher Hinsicht bemerkenswert. Die Hisbollah löste sich hiermit von der rein islamischen Doktrin, eine „Umma Islamiya", eine Gemeinschaft der Gläubigen, zu errichten. Sie wurde als Partei, auf deren Liste auch nicht schiitische Politiker kandidieren, zu einer besonderen Kraft im Libanon, die teils aufrichtig bewundert und respektiert, teils als mächtiger Handlanger anderer Mächte gefürchtet wird. Das innenpolitische Patt, in welchem sich das Land befindet, könnte zum weiteren Aufstieg der Hisbollah führen. Gestärkt wurde die Partei als Staat im Staate jedenfalls durch den Krieg mit Israel im Sommer 2006.

Die Partei verfügt über Kader, genaue Arbeitsteilung und sehr hohen Bildungsgrad ihrer führenden Funktionäre. Die Hisbollah rekrutiert die besten Informatiker und Ingenieure für ihren breit formulierten „Dschihad", die „Anstrengung zum Wiederaufbau". Nicht alle Anhänger teilen die Fortsetzung eines bewaffneten Kampfes gegen westliche Kulturen und Werte.[27] Zweifellos herrscht ein interner Richtungsstreit. Zugleich versteht es die Hisbollah, nach außen hin Einigkeit und Stärke zu demonstrieren. Doch besteht hinter den Kulissen ein Konsens in dieser Linie der Konfrontation bis zum Ende? Für Farid el Khazen, Professor für internationale Beziehungen an der Amerikanischen Universität von Beirut, gilt es, stets das Doppelgesicht der Hisbollah mitzukalkulieren: „Angesichts des übermächtigen militärischen Flügels handelt es sich weniger um eine Partei als vielmehr um eine Art Holding, die mehrere Agenden verfolgt."

Parteischef Nasrallah seinerseits formuliert gerne politische Botschaften, die eine kalkulierte Ambivalenz beinhalten. Den Gegner, seine öffentliche Meinung zu verwirren, ist eines der Motive. Zugleich beherrscht die schiitische Führung das byzantinische Machtspiel nahöstlicher Politik perfekt. Nach außen hin wird anderes verkündet, als nach innen hin praktiziert wird. Diese Doppelgesichtigkeit haben die Schiiten in Form der „Taqquiah“, eine Art Simulation, als stets verfolgte Minderheit zur Überlebensstrategie entwickelt. Zugleich ist diese „Taqquiah“ nicht nur als schiitische Partikularität zu überschätzen, vielmehr handelt es sich schon um einen regionalen Modus Vivendi.

Wie soll es nun mit der Hisbollah sieben Jahre nach dem Abzug und ein halbes Jahr nach dem Krieg der 33 Tage vom Sommer 2006, den die Hisbollah gewann, weil sie ihn nicht verlor, weitergehen? Die libanesische Flagge mit dem Zedern-Emblem weht stets neben den islamisch inspirierten grünen Flaggen. Der Diskurs über die Gemeinschaft aller Muslime, die „Umma Islamiya“, weicht immer stärker dem nationalen libanesischen. Und das Bekenntnis zum Nationalstaat Libanon ist bei aller Skepsis der kriegserfahrenen Libanesen unter allen Bevölkerungsgruppen vorhanden. Dies hat der deutsche Soziologe Theodor Hanf anhand langjähriger empirischer Untersuchungen klar aufzeigt: Der Staat existiert weiter. Die oft prophezeite Fragmentierung und Auflösung des Libanons hat nicht stattgefunden.[28]

National oder doch panislamisch?

Das dunkle Kapitel der Entführungen hängt der Hisbollah bis heute nach. Eines der entscheidenden Motive für die US-Administration, die Hisbollah auf die dritte adaptierte Liste von „Terrororganisationen“ Anfang November 2001 zu setzen, war die Verwicklung der Organisation in die Entführung von US-Bürgern im Libanon und der TWA-Maschine. Es sei angemerkt: Das Kidnapping war während des libanesischen Bürgerkriegs zu einer Form der Kriegsführung und der wirtschaftlichen Einnahmequelle geworden, alle Milizen beteiligten sich daran. Ebenso entführen bis heute israelische und syrische Geheimdienste ihnen verdächtige Personen auf libanesischem Staatsgebiet. So setzt die Hisbollah unter anderem ihren Kampf gegen Israel mit dem Argument fort, alle in Israel gefangen gehaltenen Libanesen müssen freigelassen werden. Ohne die Entführungen durch die Hisbollah verharmlosen zu wollen, das grausame Instrument der Entführung muss im zeitlichen Zusammenhang mit den Kriegsereignissen im Libanon gesehen werden. Keine der Konfliktparteien verzichtete neben dem Drogen- und Waffenhandel auf diese Einnahmequelle. Dies gilt analog für die chaotische Lage im Irak, wo jedoch die Entführungen meist viel grausamer enden als im Libanon, wo noch so manches ungeschriebene Gesetz in der Kriegsführung besteht.

Mit dem Einmarsch der syrischen Armee am 13. Oktober 1990 fanden Autobomben und Entführungen schlagartig ein Ende. Mit dem Abzug der syrischen Armee im April 2005 infolge starken internationalen Drucks nach der Ermordung von Ex-Premier Rafik Hariri begannen jedoch auch wieder die politischen Attentate. Der libanesische Journalist und Universitätslehrer Samir Kassir war eines der ersten Opfer. Eine Autobombe tötete ihn am 2. Juni 2005. Kassir hatte sich stets mutig und eloquent gegen politische Repression, ob in Syrien oder in anderen arabischen Staaten, zu Wort gemeldet. Ob sein Tod auf das Konto syrischer Geheimdienste geht, wie manche vermuten, oder von libanesischen Gegnern verursacht wurde, harrt der Aufklärung. Hat Damaskus einen solchen Einfluss? Und wenn ja, warum nützte es nicht zuvor einen mäßigenden Einfluss auf die Konfliktparteien? Viele Fragen zur syrischen Mitverantwortung bestimmter Unruhe stiftender Akte sind offen.

In der gemeinsamen Förderung der Hisbollah im Libanon finden sich Syrien und der Iran seit bald 25 Jahren in enger Kooperation. Teheran liefert die logistische Unterstützung für die Hisbollah, ob in Form von Waffenmaterial, Experten in der Ausbildung oder Geld. Damaskus ist die Drehscheibe für den Transport in Richtung Beirut. Es sei daran erinnert, dass es nie zu einem Botschafteraustausch zwischen Syrien und dem Libanon gekommen ist. Die Gründe aus Damaszener Sicht sind unter anderem ideologisch, wird doch der Libanon als integraler Bestandteil des historischen Syrien erachtet. Doch für den im Sommer 2000 verstorbenen syrischen Präsidenten Assad ging es nie um eine Annexion des Libanons, vielmehr strebte er eine Kontrolle der libanesischen Institutionen auf subtile und effiziente Weise an.[29] Er bediente sich einer äußerst geschickten „divide-et-impera"-Politik, um keine der Konfliktparteien im Libanon zu stark werden zu lassen.

Was mag Präsident Hafez al-Assad bewogen haben, Anfang der 1980er Jahre den Libanon zum iranischen Operationsgebiet aufzubauen? Für den äußerst laizistisch eingestellten Kommandanten der Luftwaffe Assad konnte das muslimische Momentum in der alawitisch-schiitischen Achse nicht das entscheidende Motiv sein. Assads Kalkül war vielmehr in einer Neuordnung der Kräfte im arabisch-israelischen Konflikt verankert. Indem Damaskus nämlich Teheran den geografischen Zutritt zur israelischen Front über den Libanon ermöglichte, wurde der Kampf gegen Israel mit neuer Verstärkung und neuem Engagement, nämlich dem der zu allem bereiten Selbstmordattentäter, geführt. Assad wusste, dass er sein politisches Ziel, die Positionierung Syriens als regionalen Akteur, im Bündnis mit dem Iran effizienter verfolgen könnte, als er dies bislang über die radikalen marxistischen Splittergruppen der PLO zwecks Schwächung Arafats getan hatte. Seine Rechnung ist zweifellos aufgegangen. Syrien ist vom Objekt zum Subjekt der Nahostpolitik geworden. Der Aufstieg der Hisbollah hat auch Syrien in der Region gestärkt.

Der ursprüngliche amerikanisch-israelische Plan zur Gestaltung des Libanons von 1982/83 musste angesichts des politischen und militärischen Schiffbruchs, den die USA und Israel im Libanon erlitten, aufgegeben werden. Diese Entwicklung hat sich mit dem Debakel der USA im Irak nun neuerlich verstärkt. Die Forderung vieler militärischer und politischer Berater in Washington und in London, in den Dialog mit Syrien und dem Iran zu treten, könnte in der Folge die Hegemonie Syriens im Libanon neuerlich besiegeln. Sah es im Frühjahr 2005 noch sehr schlecht für Syrien aus, von den USA boykottiert, von der UNO wegen seiner kriminellen Verwicklungen in politische Morde im Libanon an den Pranger gestellt, hat sich indes das Blatt nun offenbar wieder gewendet. Syrien könnte erneut zum Partner der USA werden, wie dies vom ehemaligen US-Außenminister Henry Kissinger im Sinne der Realpolitik auch jahrzehntelang befürwortet worden war.

Für den Iran wiederum ist die Hisbollah in vielerlei Hinsicht Teherans verlängerter Arm im Nahostkonflikt. Weder historisch noch geografisch hat der Iran, traditionell die Regionalmacht im Persischen Golf, eine enge Beziehung zum Nahen Osten. Mittels der Hisbollah-Karte mischt jedoch der Iran im Poker rund um die Befriedung oder Eskalation des arabisch-israelischen Konflikts heftig mit. Der Iran setzt damit konsequent seine imperiale Machtpolitik fort. Diese Tradition hat sich gehalten, ob nun mit einem Schah oder einem Ayatollah an der Spitze.[30] Die Teheraner Führung ist angesichts der gescheiterten Nahostpolitik des Westens in der komfortablen Position, über die Palästinakarte sehr zum Missfallen Ägyptens oder Saudi-Arabiens den Führungsanspruch in der islamischen Welt zu behaupten.

Der Libanon könnte gegenwärtig neuerlich zum Schlachtfeld eines Stellvertreterkrieges werden, wie dies schon in den 1970er und 1980er Jahren der Fall war. Fast surreal scheint sich zu Beginn des Jahres 2007 neuerlich die Geschichte in der kleinen Zedernrepublik zu wiederholen. Seit Herbst 2006 ist hier in Form der UNO-Truppe UNIFIL II ein Kontingent von rund 12.000 Truppen stationiert, um die israelische Armee von der Hisbollah zu trennen. Einen ähnlichen Befriedungsplan verfolgte die Staatengemeinschaft 1982, um Israel von der PLO zu trennen. Der ursprüngliche US-Plan zum Wiederaufbau des Libanons unter Einsatz einer multinationalen 5700 Mann starken Truppe, an der sich neben US-Marines britische, französische und italienische Kontingente beteiligten, scheiterte aber bereits 1983. Mit den Angriffen auf die Basen der Franzosen und der USA begann die allmähliche „Vertreibung der Ausländer", wie die Bekennerschreiben lauteten. Schwere Verluste erlitten die Amerikaner, Briten und Franzosen. Keine Anschläge wurden jedoch auf das 2000 Mann starke italienische Kontingent verübt. Das Risiko ist groß, dass die gegenwärtig im Libanon stationierten internationalen Truppen in die Konfrontation zwischen der israelischen Armee und den Hisbollah-Kämpfern hineingezogen werden beziehungsweise selbst zur Zielscheibe innerlibanesischer Kämpfe werden. Ein rascher Abzug der ausländischen Truppen, wie er bereits 1983 erfolgte und damit zur Stärkung der Radikalen führte, kann sich sowohl im Libanon wiederholen als im Irak demnächst stattfinden.

Die schiitischen Kräfte im Irak

Die Schiiten sind in Mesopotamien zu Hause, befinden sich doch die wichtigsten heiligen Stätten zwischen Kerbala und Nadschaf im heutigen Südirak, dem historischen Land zwischen den zwei Flüssen Euphrat und Tigris. Die Staatsgründung des Iraks, basierend auf den Erdölabkommen von San Remo 1920, kritisierten die Schiiten am heftigsten. Aus den Überresten des Osmanischen Reichs wurde ein Nationalstaat unter britischem Mandat und sunnitischer Minderheitsregierung geschaffen. Für den schiitischen Klerus war dies ein Affront gegen ihre Vormachtstellung. Bei dem von den „Ulema", den Geistlichen, von Basra initiierten Aufstand Ende 1920 kamen Tausende schiitische Gläubige und auch Soldaten der britischen Truppen um.

Doch wäre es verfehlt, die politische Mobilisierung der Schiiten im Irak auf die klerikale Führung zu reduzieren. Was im Sinne der neuen Proporzformel entlang religiöser und ethnischer Kriterien, der sogenannten „Libanonformel für den Irak", erfolgt, bricht mit den alten säkularen Verwaltungsprinzipien des Iraks. Für den libanesischen Politologen George Corm, scharfer Kritiker dieser Libanisierung des Iraks, sind die schiitischen Gruppen derzeit im Visier der USA zwecks Instrumentalisierung. Corm erklärt sich diese – seiner Ansicht nach fatale Politik – aus der Tatsache, dass eben die USA nicht säkular genug seien, um die noch verbliebenen weltlichen Gruppen im Irak, eben jene „ohne Bart und Turban", einzubinden.[31]

Die Schia wird gerne verkürzt als die von Saddam Hussein, der 1979 die absolute Macht im Irak übernahm, unterdrückte Religionsgruppe dargestellt. Denn die Baath-Partei verstaatlichte zu Beginn der 1970er Jahre rund 60 Prozent des privaten Kapitals, mehrheitlich schiitisches. Was als Angriff einer sunnitisch dominierten Bürokratie auf die Schia wahrgenommen wurde, war vielleicht mehr als extremer Sozialismus in der nationalistisch-arabischen Baath-Version zu verstehen.[32] Dass die Schiiten mehr im Handel und weniger in der Armee und in den Beamtenapparaten vertreten waren und sind, rührt noch aus der osmanischen Zeit her. Die sunnitischen Osmanen verließen sich eher auf ihre sunnitischen Glaubensbrüder als auf jene als häretisch angesehenen Anhänger von Ali.

Der Vorwurf, eine Fünfte Kolonne des Irans zu sein, wurde und wird gegen die Schiiten durch die Geschichte hindurch erhoben. Die seit 1966 an der Macht befindliche Baath-Partei verfolgte konsequent eine Politik der Marginalisierung der schiitischen Eliten. Waren die Schiiten noch in den 1940er und 1950er Jahren in sämtlichen politischen Parteien vertreten, so verringerte sich ihre Teilnahme in der Baath, zu deren wesentlichem Programm die Umsetzung der arabischen Einheit gehörte. Es kam in der Folge auch zur Vertreibung schiitischer Iraker, die teils die iranische Staatsbürgerschaft hatten. Trotz aller systematischen Diskriminierung durch die Baath-Führung und vor allem die prekäre Situation dieser Bevölkerung während des Iran-Irak-Krieges von

1980 bis 1988 fand nicht jene panschiitische Revolte statt, vor der Saddam zu Kriegsbeginn demagogisch gewarnt hatte. Erst nach dem Golfkrieg „Desert Storm“, den die USA auf Basis eines Mandats des UN-Sicherheitsrats zu Jahresbeginn 1991 führten, kam es – nicht zuletzt auf Appell des US-Präsidenten George H. Bush – zum schiitischen Aufstand, den aber die irakische Armee umfassend niederschlug. Kollektive Strafmaßnahmen, die den Menschen unter anderem die Lebensgrundlage entzogen – wie die Trockenlegung der Sümpfe –, folgten.

Doch Tatsache ist, dass die gesamte irakische Bevölkerung unter dem Diktator gelitten hat. Sayyid Hani Fahs von der schiitischen Sistani-Stiftung resümiert es so: „Die Geschichte des Iraks ist die des Gefangenen eines Regimes, das Gefangener eines Stammes war, der von einer Familie gefangen war, die Gefangene eines Diktators war.“[33] Auch wusste der Diktator den demografisch und wirtschaftlich stets bedeutsamen schiitischen Faktor für seine Zwecke zu instrumentalisieren. Hochrangige schiitische Funktionäre waren auch in der Baath-Partei aktiv. Gerne präsentierte sich Saddam, der in unterschiedlichsten Kostümen – je nach Publikum und Anlass – auftrat, auch verkleidet als Imam Ali. Als er schließlich noch in den 1980er Jahren seinen Stammbaum auf besagten Ali zurückführte, regte dies schon gar niemanden mehr auf.[34]

Indem Saddam auf die Furcht des Westens und der Golfstaaten vor dem Export der islamischen (schiitischen) Revolution setzte, kalkulierte er für seine Zwecke den Angriffskrieg auf den revolutionären Iran richtig. Ohne nun auf die einzelnen Kriegswendungen eingehen zu wollen, zeigte es sich, dass weder der Iran auseinanderbrach, die arabischen Minderheiten im Iran überliefen, noch wurden die irakischen Schiiten, als sich das Kriegsblatt zugunsten des Irans zu wenden schien, zur Fünften Kolonne. Sie kämpften sehr wohl als Iraker und Araber.

Säkulare Strömungen bestanden stets in der irakischen Schia. Doch parallel dazu entwickelten sich natürlich auch religiöse Ideologien wie in der gesamten islamischen Welt. So trat erstmals

1957 in Nadschaf eine Gruppe namens „Gemeinschaft der Religionsgelehrten“ auf. Muhammed Bakir as-Sadr machte sie 1960 zur islamistisch-schiitischen Partei Dawa, was „Aufruf zum Islam“ bedeutet. Der Kleriker stand an der Spitze des Kampfes gegen die marxistische und baathistische Linke in der Bagdader Regierung. Er spielte auch eine wichtige Rolle in der politischen Mobilisierung der theologischen Kreise von Nadschaf, wo Khomeini von 1964 bis 1978 lebte. Sadr opponierte immer heftiger gegen das Saddam-Regime und wurde 1979 gemeinsam mit seiner Schwester Amina hingerichtet. 1982 verlegte die Dawa-Partei ihre Büros in den Iran. In der Folge entstand im iranischen Exil eine weitere politische Bewegung, der Hohe Rat der Islamischen Revolution, im Akronym „Sciri“, das seit April 2003 auch in den westlichen Medien fast schon notorisch bekannt wurde. Geleitet wurde dieser Rat bis zum 29. August 2003 von Ayatollah Mohammed Bakir al-Hakim. Gemeinsam mit über 100 weiteren Menschen fiel er einem Anschlag in Nadschaf zum Opfer.

Der Sciri wurde trotz seines Hauptquartiers im Iran noch vor dem Irakkrieg von den USA als unterstützungswürdig qualifiziert. Wenngleich sich Bakir al-Hakim auch gegen die US-Invasion stets ausgesprochen haben mag, wie dies sein Cousin Ayatollah Fadlallah im Interview betont,[35] so entschloss sich die Sciri-Führung nach anfänglichem Widerstand dann doch zur Mitarbeit im von den USA eingesetzten provisorischen nationalen Regierungsrat. Über eine indirekte Verständigung des Sciri mit den kurdischen Vertretern, betreffend eine allfällige Aufteilung des Iraks, wollen die Gerüchte in der Region nicht abreißen.[36]

Politischer Pragmatismus oder unterwegs ins Chaos?

Ist eine irakische Selbstbestimmung unter Okkupation überhaupt möglich? Über den arabischen Charakter dieses Staatsgebildes zerbrechen sich manche irakische Exilpolitiker schon den Kopf, wie bei den zahlreichen Konferenzen rund um die Zukunft des Landes immer wieder zu beobachten ist. Doch der Diskurs zum arabischen Charakter des „watan“, Ideals der arabischen Nation, scheint an den Realitäten vorbei zu gehen. Brisant bleiben die Fragen der Sicherheit und Versorgung der Bevölkerung. Die Machtaufteilung erfolgt chaotisch. Anarchie und tägliche Anschläge gegen all jene Personen, die mit den USA gemeinsame Sache machen, bestimmen vorerst die Lage. Das vielfach angekündigte Chaos im Irak, das bis hin zur Implosion des Landes führen kann – ein abrupter Abzug der 147.000 Truppen ist aus Sicht der Autorin im Rahmen des Möglichen –, findet täglich statt.

Der Irakbericht des ehemaligen US-Außenministers James A. Baker und des demokratischen Senators Lee Hamilton, der von der „Iraq Study Group“ am 6. Dezember 2006 der US-Regierung vorgelegt wurde, ist in vielfacher Hinsicht bedeutsam. Es geht in erster Linie darum, Strategien aufzuzeigen, um aus dem Chaos herauszukommen. Der Bericht zeigt schonungslos das Scheitern der bisherigen US-Politik im Irak auf. Baker, der 1991 die Allianz der USA für die Befreiung Kuwaits schmiedete, hatte damals klar gegen einen Einmarsch im Irak plädiert. Baker und seine Experten befürchteten einen Bürgerkrieg. Die Einsichten von 1991 galten leider 2003 in Washington nicht mehr. Der Bericht soll als Paket von Empfehlungen, die in ihrer Gesamtheit umzusetzen sind, auch einen Neustart im Nahen Osten insgesamt ermöglichen. Sollte dies tatsächlich der Fall sein, so würde ein neues Kapitel von Realpolitik beginnen, an dessen Ende eventuell eine Stabilisierung der wesentlichen Konfliktzonen stehen könnte.

Strömungen, die zudem erst noch ihre internen Rivalitäten ausfechten müssen, sind gerade unter den stark mobilisierten irakischen Schiiten vielfältig. Noch ist völlig unabsehbar, welche neue politische Führungspersönlichkeit auf den Plan treten wird. Das politische Testament des Sciri-Politikers Bakir al-Hakim geht wohl dahin, aus den Fehlern der Islamischen Revolution im Iran zu lernen, den allmählichen Abgang der rechtlichen und politischen Fundamente der Islamischen Republik zur Kenntnis zu nehmen. Für den irakischen Soziologen Faleh Abd el Jabar sollten die Schiiten des Iraks aus der sunnitischen Politik des 20. Jahrhunderts in der Folge ihre Lektion ziehen: „Die Sunniten setzten sich trotz ihrer demografischen Schwäche gegenüber den Schiiten während der Mandatszeit nach dem Ersten Weltkrieg durch, weil sie mit den Briten kooperierten. Warum also nicht Zweckbündnisse mit den USA eingehen, müssen sich die Schiiten, ob säkular oder islamistisch orientiert, gesagt haben."[37]

Die arabischen Staaten Irak und Libanon bewegen sich wie fast alle 21 Mitglieder der Arabischen Liga zwischen Theokratie und diffusen Formen eines meist repressiv auferlegten säkularen politischen Systems. In beiden Staaten hat sich die Schia dank religiös inspirierter Ideologien und militärischer Okkupation – im Fall des Libanons war es Israel, im irakischen Kontext sind es bekanntlich die USA und ihre Verbündeten – als die politische Kraft des Landes erwiesen.

Es lässt sich keine klare endgültige Beurteilung des Mobilisierungsgrads islamistischer Bewegungen treffen. Die Bedingungen zwischen dem Kaukasus heute und Ägypten Anfang der 1980er Jahre sind zu unterschiedlich gelagert, als dass man im Sinne von Gilles Kepel den Niedergang des Islamismus bereits verkünden könnte. Demnach ist es auch viel zu früh, um von einem Ende des Dschihad und folglich von einer raschen Umwandlung fundamentalistischer Kräfte in ganz normale politische Akteure zu sprechen. Hinzu tritt die fatale Entwicklung, dass die libanesische Hisbollah, trotz ihrer allmählichen Integration in einen demokratischen Wettbewerb, weiterhin – vor allem auf Betreiben der USA und Israels – als terroristische Organisation stigmatisiert wird.

Im Irak lässt sich die Tendenz beobachten, bewusst die säkularen politischen Gruppierungen, ob schiitisch oder schlicht irakisch, zugunsten der klerikalen Kräfte zu marginalisieren. Sollte sich die von den USA in der im Oktober 2005 neu erlassenen Verfassung eingeführte Proporzformel entlang religiöser und ethnischer Kriterien konsolidieren, kann der Irak weiter zerfallen. Welche der schiitischen Gruppierungen sich langfristig durchsetzen wird, ist eine Frage politischer und innerschiitischer Rivalitäten. Mit der Schia, sowohl im Libanon als auch im Irak, wird man sich jedenfalls noch geraume Zeit beschäftigen. Die Rolle der Schia auch in ihrer politischen und gesellschaftlichen Bedeutung jenseits aller fundamentalistischen Ziele zu erkennen, darin besteht die Kunst der Diplomatie für den Westen ebenso wie für die Betroffenen in der Region.

Israel glaubte Mitte der 1970er Jahre durch den Bau von Moscheen in den besetzten Gebieten, junge Palästinenser davon abzuhalten, der „radikalen Terrorgruppe" PLO zuzulaufen. Diese Rechnung ging ebenfalls nicht auf. Islamistische Selbstmordattentäter erschüttern Tel Aviv. Was bringt es daher, von „Radikalen" und „Gemäßigten" zu sprechen? Sollte man als zweifellos überbeschäftigter Regierungschef nicht eher zugeben, dass die Dinge komplizierter sind, um nicht blindlings die nächste Revolte mitzufinanzieren? Ebenso großzügig blickt der Westen über die Säuberungswellen unliebsamer politischer Gegner der Langzeitherrscher in den Urlaubsländern Ägypten und Tunesien hinweg. Und die Liste ließe sich von Saudi-Arabien, dessen großzügige Missionierung auch die Basen für radikale Islamisten legt, bis nach Pakistan fortsetzen. Parallel zeigt sich in allen Fällen, dass sich der Westen durch seine scheinheilige Solidarität mit repressiven Regierungen ins eigene Knie schießt. Iran 1979, Irak 1990, 11. September 2001, die Invasionen in Afghanistan und im Irak sind nur die wesentlichen Daten der Gewaltspirale.

Der Ruf nach Demokratisierung des Nahen Ostens

Einer der vielen Gründe für die Invasion der USA und ihrer Verbündeten im Irak im Frühjahr 2003 war unter anderem der Wunsch, die Region zu demokratisieren. Dieses Motiv wurde nachgereicht, nachdem abwechselnd andere Kriegsziele – so die Beseitigung von Massenvernichtungswaffen und das Kappen der Al-Qaida-Verbindungen in den Irak, die beide nicht existierten – herhalten mussten. Abgesehen von den wechselnden Prioritäten in der Kriegsführung der Alliierten handelte es sich bei jener Demokratisierung um ein bizarres Unterfangen, da man eine Gesellschaft nicht in die Demokratie bombardieren kann. Das Spektrum demokratischer Systeme ist weit. Das angelsächsische Mehrheitswahlrecht würde kaum mitteleuropäische Traditionen würdigen, noch weniger erweist es sich als gangbarer Weg in einer religiös sehr gemischten Gesellschaft, die auf Stammes- und Familiengemeinschaften aufbaut, ob im Irak oder im Libanon. Das Kalkül einer militärischen Befreiung und von oben aufgesetzten Demokratisierung ging nicht auf, vielmehr ist Anarchie in das Machtvakuum im Irak und auch in Afghanistan an die Stelle der früheren Gewaltherrschaft getreten.

In seinem Abschlussbericht, der im Juli 2006 in die Öffentlichkeit gelangte, schreibt der britische Botschafter in Bagdad, William Patey: „Wir haben dem Irak keine Demokratie gebracht, vielmehr gleitet das Land zusehends in den Bürgerkrieg ab." Diese nüchterne Bilanz nach drei Jahren Okkupation ist tragisch. Sie sollte gerade den Briten, die im Irak bereits in den 1920er Jahren einen hohen Blutzoll in Basra nach einem schiitischen Aufstand bezahlen mussten, von Vornherein klar gewesen sein. Zwar gab es von Anbeginn der britischen Allianz mit den USA in den Kriegsvorbereitungen viele kritische Gegenstimmen, sie wurden aber überhört oder gar unterdrückt.

Will der Westen, der sich bislang immer rechtzeitig einmischte und Regimes seiner Wahl einsetzte, tatsächlich die neue Dynamik? Demokratie ist ihrer Natur nach unvorhersehbar und kann zu „bösen Überraschungen" führen. Verlässlicher sind hingegen Diktaturen, die, entsprechend geschmiert, ihren Verbündeten Rohstoffe und Militärbasen zur Verfügung stellen. Immerhin liegen zwei Drittel der wesentlichen Energiereserven im Nahen

Osten. Mit Diktaturen ist man schneller handelseins als mit einer parlamentarischen Demokratie. Es soll nicht vergessen werden, dass in der Vergangenheit noch jegliche Opposition, ob aus dem Irak, Iran oder Ägypten, in den westlichen Hauptstädten auf verschlossene Türen traf. Der Westen hat zur Erhaltung und Festigung all dieser Diktaturen politisch und militärisch seinen Beitrag geleistet.

Eine leise Kehrtwendung in Washington zeichnet sich nun dahingehend ab, dass an die Stelle der Demokratisierung nun viel mehr die Förderung der sogenannten „gemäßigten Kräfte" treten solle. Offenbar hat sich nach vielen Opfern die Einsicht durchgesetzt, dass sich mit militärischer Gewalt nicht ein System verändern lässt. Nun sollen also wiederum jene Regierungen gefördert werden, die gerne unter der Definition „moderat pro-westlich" zusammengefasst werden. Bei den Wahlen gewinnen aber immer mehr jene Gruppen, die den politischen Islam in ihren Programmen haben, egal ob es sich nun um die ägyptischen Muslimbrüder, die palästinensische Hamas oder die Hisbollah handelt. Jahrzehntelang wurde den Menschen vorgegaukelt, der Panarabismus, also die ideologische Vereinigung aller arabischen Gesellschaften, wäre die Lösung aller Probleme. Die Parole „Wir sind Brüder vom Atlantik bis zum Golf" zerbröselte aber infolge der vielen innerarabischen Konflikte. Spätestens mit der „naksa", also der fatalen Niederlage im Sechstagekrieg 1967, wurde der Panarabismus zu Grabe getragen, sein Mentor Gamal Abdel Nasser starb kurz darauf. Seither schreitet die Aufweichung der arabischen Diktaturen nur voran, sie haben allesamt an Glaubwürdigkeit eingebüßt. Die Menschen wurden frommer, wandten sich den islamistischen Bewegungen zu. Letztere bildeten ein politisches Kontrastprogramm und erwiesen sich in vielen Staaten als weniger korrupt.

Die Malaise in der muslimischen und insbesondere in der arabischen Welt liegt aber viel tiefer. Im Jahre 2002 präsentierte das UNDP (United Nations Development Programme) neben seinem Jahresbericht zur menschlichen Entwicklung auch einen speziellen Regionalbericht über die arabische Welt. Die von unabhängigen arabischen Intellektuellen erstellte Untersuchung kam zum verheerenden Schluss: In den arabischen Staaten liegt, politisch wie wirtschaftlich und sozial, vieles im Argen. Schuld daran seien vor allem fehlende politische Freiheit und die schlechte Stellung der Frau. Im Jahr 2005 erschien der dritte Bericht, dessen Veröffentlichung lange verzögert wurde, nennt doch dieser Text weitere wesentliche Probleme für eine politische Erneuerung: die Okkupationen, ob jene der USA im Irak oder jene Israels in den palästinensischen Gebieten. Die Gefahr weiterer Kriege in der islamischen Welt ist aber nicht nur mit Blick auf den oftmals angekündigten Flächenbrand zu verstehen, der teils schon stattfindet, wie die Ausstrahlung des irakischen Chaos auf den Libanon zeigt. Die Konfrontation zwischen Schiiten und Sunniten könnte in beiden Staaten zur großen Belastungsprobe für den Fortbestand gemischter Gesellschaften werden.

Droht der innermuslimische Bürgerkrieg?

Mit „fitna" bezeichnet die arabische Sprache die innermuslimische Spaltung im Sinne eines Bürgerkrieges. Historisch gesehen gab es mehrere solcher Epochen von Glaubenskriegen. Bereits im 7. Jahrhundert rivalisierten auch die Omajaden um die Macht, mit der Sezession des Kalifats von Córdoba entstanden weitere eigenständige muslimische Strömungen, die dem Ideal der Einheit widersprachen. Die Gefahr einer größeren Spaltung der Muslime sehen einige Islamkenner nicht nur angesichts der täglichen Attentate von Sunniten auf schiitische Ziele oder umgekehrt. Der Aufstieg der extremen Randgruppen, wie der Dschihadisten innerhalb der sunnitischen Strömungen, führt ebenso zu innermuslimischen Konfrontationen, denn die meisten Opfer extremer

Islamisten sind unter den Muslimen selbst zu finden. Dies gilt für den Irak ebenso wie für Afghanistan oder die Terroranschläge in Ägypten. Der Zulauf, den diese Gruppen unter jungen Menschen in vielen islamischen Staaten und auch innerhalb der europäischen muslimischen Gemeinden genießen, beunruhigt die Regierungen. Doch wie damit umgehen?

Beim Erstellen der Täterprofile überführter oder mutmaßlicher Extremisten zeigt sich immer wieder, dass die Täter zum überwiegenden Teil dem gut etablierten Mittelstand in Kairo oder Algier entstammen, dem offensichtlich integrierten britischen oder französischen Mittelstand pakistanischer oder marokkanischer Herkunft. Es wird zweifellos immer schwieriger, solche Profile und Motivationen zu skizzieren. Die Gruppe potenzieller Terroristen reduziert sich schon lange nicht mehr auf die „zornigen jungen Männer" zwischen 18 und 25, die ohne Perspektive in den Vororten der Großstädte aufwachsen. Deutsche Frauen um die vierzig, die zum Islam konvertiert sind, verheiratete Lehrer, die in ihrer Freizeit Kricket spielen, oder palästinensische und tschetschenische Großmütter – sie alle haben in Chatrooms im Internet oder auf Video ihre Abschiedsbotschaften formuliert. Manche wurden von den Behörden gefasst, andere führten ihre Operationen durch, wie jene belgische Konvertitin, die sich im Frühsommer 2006 in Bagdad in die Luft sprengte. Sie alle mit ihren Motiven oder Auftraggebern in einen Topf namens „Al-Qaida" zu werfen, führt in die Irre. Jeder Fall ist für sich zu beurteilen, ob im politischen Kontext einer Okkupation, wie im Falle der Tschetschenen oder Palästinenser, oder mit Blick auf die jeweilige Psyche des Täters, der vom normalen Bürger zum religiösen Zeloten plötzlich kippen kann. Was macht den netten Jungen von nebenan zum Massenmörder? Die Rolle des Internets, der Kommunikation via SMS, der Videos aus dem Irak und Afghanistan, die nicht nur in der radikalen islamischen Szene kursieren, das alles führt vor dem Hintergrund der Gewalt in diesen Gebieten zu einer Spirale aus Terror und Gegengewalt.

Die innermuslimische „fitna“ könnte daher aus Sicht einiger Islamexperten eher zu einer Aufreibung der Kräfte innerhalb der islamischen Welt als zu einer Konfrontation zwischen Orient und Okzident führen. Der Irak ist vorerst Schlachtfeld dieses täglichen innerislamischen Konflikts. Das Überschwappen auf Europa ist im Zeitalter der neuen Söldner nur eine Frage der Zeit. Die Veteranen des Irakkrieges werden zweifellos eine neue Dimension der Gewalt für ihre jeweilige Gesellschaft, zurück in Jordanien oder in Marokko, verursachen, wie sie auch andernorts auftreten könnten. Manche Regierungen haben bereits auf das Phänomen der Afghanistan- und Bosnienveteranen reagiert, indem sie versuchen, pervertierte Interpretationen des Glaubens durch ausgebildete Theologen zu ersetzen. Der Jemen hat mit einem solchen Programm bereits vor fünf Jahren großes internationales Interesse ausgelöst.

Die meisten Dschihadisten verfügen nicht über fundierte religiöse Ausbildung. Ein Osama bin Laden oder ein Abu Musab al-Zarkawi und andere Spitzen der Al-Qaida haben keine „Madrasa“, Koranschule, besucht. Sie haben sich ihren Islam selbst zusammengebastelt, wie dies im Zeitalter der „Patchwork-Religionen“ in vielen Glaubensrichtungen zu beobachten ist. Der Ruf nach einer zeitgemäßen und besser ausgebildeten theologischen Führung wird vor allem unter den Sunniten immer lauter. Die Schiiten verfügen über einen Klerus, der gewisse Standards für eine theologische Laufbahn vorgibt. Diese fehlen in der sunnitischen Welt, wo nur mehr einzelne Universitäten wie die Al-Azhar in Kairo über entsprechende spirituelle und moralische Autorität verfügen. Als in Frankreich im Herbst 2002 der Rat muslimischer Angelegenheiten als Partner der französischen Regierung auf dem Weg von Wahlen innerhalb der muslimischen Glaubensgemeinschaft geschaffen wurde, lautete eines der ersten Projekte die Entsendung umfassend ausgebildeter algerischer Imame nach Frankreich, um die vielen selbst ernannten Prediger in den maghrebinischen Gemeinden zu ersetzen.[38]

Wie wenig Einigkeit unter den Muslimen in den nunmehr oft institutionalisierten islamischen Gemeinden, ob in Frankreich, Deutschland oder auch Österreich, herrscht, ist nicht nur ein innerislamisches Problem. Auch das Spektrum der christlichen oder jüdischen Gemeinden ist bekanntlich sehr breit. Selbst ernannte Hassprediger stattdessen: Hassprediger, die über keine theologische Autorität verfügen, machen aber vor allem den muslimischen Gläubigen zu schaffen. Hinzu kommt die Zerrissenheit der muslimischen Gemeinden in nicht muslimischen Staaten zwischen der Wertegemeinschaft jenes Staates, dessen Staatsbürger sie sind, und den Traditionen und Werten, denen sie sich als gläubige Muslime zugehörig fühlen. Unzufrieden mit den neu geschaffenen muslimischen Verbänden in Frankreich zeigen sich all jene Franzosen muslimischen Glaubens, die sich selbst nicht als „französische Muslime", sondern als Bürger, als Citoyens, der Republik sehen. Für sie scheint in einer Gesellschaft, die sich immer stärker an konfessionellen Kriterien orientiert, wenig Platz. Das Ideal des Westens im Sinne aufgeklärter Bürgergesellschaften, die eine klare Trennung von Politik und Religion praktizieren, wird immer lauter in Frage gestellt. Hier einen Ausgleich zu finden, bedarf starker Institutionen und des politischen Willens, Grenzen auf Basis des Rechtsstaates zu setzen.

---

1 Neue Zürcher Zeitung, 13./14.11.1983. Nahöstliches Vexierbild der USA ist die Sowjetunion.

2 Interview mit einem iranischen Ex-Diplomaten in Teheran am 30.10.2006.

3 Interview mit Safwan Ghanem, vormals Leiter der syrischen Nachrichtenagentur sana im Iran, nun Botschafter der Arabischen Republik Syrien in Österreich.

4 Ali al-Hadi ist für die meisten Schiiten einer der zwölf „rechtmäßigen Imame" oder Nachfolger des Propheten Mohammed. Zusammen mit seinem Sohn Hassan al-Askari, dem elften Imam, verbrachte er fast sein ganzes Leben unter Hausarrest in Samarra. Im Jahr 868 wurde er angeblich auf Befehl des Kalifen Dschafar al-Mutawakkil vergiftet. Sechs Jahre später wurde auch sein Sohn getötet. Der zwölfte Imam ist nach dem Glauben nur entrückt und wird am Ende

der Tage zur Errichtung eines islamischen Reiches wiederkommen. Die Moschee war für ihre goldene Kuppel berühmt, die erst 1905 fertiggestellt worden war. Die Bombe vom 22. Februar 2006 riss ein tiefes Loch in den Prachtbau.

5 Yann Richard: L'Islam chi'ite. Paris 1991, S. 47.

6 Letzteres vermutet der irakischstämmige Londoner Soziologe Faleh Abd el Jabar. Interview am 7.9.2003 in Byblos/Libanon.

7 Yann Richard: L'Islam chi'ite, S. 78.

8 Kardinal DDr. Franz König verfasste seine Habilitationsschrift über das Gottesbild Zarathustras in anderen monotheistischen Weltreligionen. Gespräche mit Kardinal König im März 1993 anlässlich des ersten Christlich-Islamischen Dialogs in Wien.

9 Rede von Kardinal König an der Universität von Teheran 1968; Gespräch mit Kardinal König im März 1993.

10 Radio Teheran, 17.11.1985.

11 Marie Ladier-Fouladi: Population et Politique en Iran. De la monarchie à la République islamique. Paris 2003 (Les Cahiers de l'Institut National d'Études Démographiques Cahier 150), Vorwort: „Comment le fondamentalisme a-t-il donc accouché de la modernité? En Iran, c'est peut-être sous le tchador que l'éducation des jeunes filles est devenue un phénomène de masse, que la participation des femmes à la vie publique s'est développée."

12 Gilles Kepel: Jihad. Expansion et déclin de l'islamisme. Paris 2000.

13 Reinhard Schulze: Geschichte der Islamischen Welt im 20. Jahrhundert. München 2002, S. 125.

14 Ebd., S. 135.

15 Inamo (Informationsprojekt Naher und Mittlerer Osten). Heft 31. Herbst 2002, S. 9–13.

16 Es handelt sich hierbei jeweils um Schätzungen. So wurde die letzte Volkszählung im Libanon unter französischem Mandat 1932 durchgeführt.

17 Interview am 13.9.2003 in Beirut.

18 Das Memorandum, das an Kronprinz Abdullah adressiert ist, wurde am 22.5.2003 in der libanesischen Tageszeitung As-Safir veröffentlicht.

19 Qana wurde zum neuen Symbol „zionistischer Aggression" und dynamisierte gleichermaßen die Aktionen des Widerstands. Ein Schild der Qana-Gedenkstätte im Südlibanon besagt: „Qana is the Karbala of 20th Century. It is a land made holy by the Lord Jesus and contaminated by the Zionist Satan". Anmerkung: Karbala (= Kerbala) steht für jene historische Schlacht im Irak von 680, die für das schiitische Selbstverständnis von Leid und Verfolgung zentral werden sollte. Der 12. Imam wurde während der Schlacht entrückt, in seine Rückkehr werden messianische Hoffnungen gesetzt.

20 August Richard Norton: Hizbollah of Lebanon. Extremist Ideals vs. Mundane Politics. Council of Foreign Relations. New York 1999, S. 66.
21 www.spiegelonline.com vom 31.7.2006; siehe auch Neue Zürcher Zeitung und International Herald Tribune vom 1.8.2006.
22 Fouad Ajami: Lebanon and its Inheritors, in: Foreign Affairs. Vol. 63. No. 4. Spring 1985, S. 778–799.
23 Interview mit Dr. Yussuf Simon Assaf, Dichter und Germanist; Jounieh, am 17.11.2001.
24 Vortrag der Autorin vor der Stiftung Musa Sadr am 14.9.2003 in Nabi Shiit in der Bekaa-Ebene.
25 Interview mit Theodor Hanf am 10.7.2001 in Beirut.
26 Interview am 10.9.2003 in Beirut.
27 Interview mit einem Hisbollah-Mitglied in Beirut am 14.11.2001.
28 Theodor Hanf: Co-existence in War Time Lebanon. Decline of a State and Rise of a Nation. London 1993; Theodor Hanf/Nawaf Salam (Hrsg.): Lebanon in Limbo. Baden-Baden 2003; siehe vor allem die Ergebnisse der Meinungsumfragen, S. 197 ff.
29 Joseph Maila: „Les Interviews d'Assad", in: Les Cahiers de l'Orient. Nr. 7. 1987, S. 67–119.
Siehe S. 118: „Assad ne reprend pas, telle quelle, l'idéologie de la ‚Grande Syrie'. Son discours s'inscrit dans le cadre dessiné par les Etats qui se sont érigés au Proche Orient."
30 Interview mit Professor Victor al-Kik, Chefredakteur des Journal of Iranian-Arab Studies, in Beirut am 16.11.2001.
31 Interview in Beirut am 10.9.2003.
32 Interview in Beirut am 9.9.2003.
33 Interview in Beirut am 8.7.2003.
34 Samir al-Khalil: Republic of Fear. The Politics of Modern Iraq. Berkeley 1987, S. 110.
35 Interview in Beirut am 10.9.2003.
36 Interview mit syrischen und libanesischen Diplomaten am 22.9.2003 in Wien.
37 Interview in Beirut am 8.9.2003.
38 Gespräch mit dem Mufti von Marseille, Soheib Bensheikh, in Wien am 28.3.2004.

Das Konstrukt des Westens: vom bewunderten Okzident zum dekadenten Reich des Bösen

„Die Franken sprechen 25 Sprachen, und kein Volk versteht die Sprache des Anderen. Alles, was sie gemeinsam haben, sind ihr Kalender, ihre Schrift und die Zahlen."

Raschid al-Din, persischer Staatsmann (1247–1318)

Der Westen als eine homogene Werte- und Kulturgemeinschaft existiert ebenso wenig wie eine einheitliche islamische Welt. Weder gibt es die Araber beziehungsweise die Juden noch die Europäer oder die Amerikaner. Es handelt sich um Konstrukte, wobei wie so oft die Wahrnehmung mehr zählt als die Wirklichkeit. Mit dem „christlichen Abendland" verbinden die Einen Kreuzzüge und Kolonialismus, die Anderen bürgerliche Revolutionen und Universalismus. Europa ist aber nicht nur der Kontinent, wo Goethe, Voltaire und Mozart wirkten. Es ist auch jener Erdteil, der sich während des 20. Jahrhunderts in zwei Weltkriege und zahlreiche Bürgerkriege verstrickte, wo Völkermorde vom Holocaust bis zum stalinistischen Terror möglich waren. Sich einer überlegenen Zivilisation dank Aufklärung und gewisser künstlerischer Errungenschaften zu rühmen, kann im Lichte der Millionen Toten nicht jeden überzeugen.

Der Westen – was ist das? Ist es das christliche Erbe in Verbindung mit den bürgerlichen Revolutionen, welche den Westen ausmachen? Wie der Islam hat auch das Christentum von Anbeginn immer wieder Glaubensspaltungen durchlaufen, die zu innerchristlichen Verfolgungen und Massakern führten. Die Geschichte der orthodoxen und altorientalischen Kirchen im Nahen Osten kennt viele solcher Kriege im Namen Christi. Im Zuge von Reformation und Gegenreformation verwüstete der Dreißigjährige Krieg als letzter großer Glaubenskrieg im 17. Jahrhundert Mitteleuropa, wo in der Folge die Entstehung von Territorialstaaten begünstigt wurde. Die bei den Friedensverhandlungen in Münster und Osnabrück 1648 neu entstandene Westfälische Ordnung, wonach der jeweilige Souverän gemäß dem Prinzip „Cuius regio, eius religio“ die Religion seiner Untertanen bestimmen sollte, hatte die eine christliche Gemeinschaft, wie sie noch aus dem Mittelalter herrührte, endgültig abgelöst. Es folgten dann im Laufe des 19. Jahrhunderts die Nationalstaaten, deren Ideologien die Probleme der Menschheit auch nicht lösten, sondern weiter verschärften und das Modell des Nationalstaats in den Rest der Welt exportierten. Letzteres verlief nicht immer erfolgreich, wie uns die Kriege vom Nahen Osten bis zum Balkan zeigen. Europa war und ist mit dem bis heute ungelösten Konflikt in Nordirland zwischen Katholiken und Protestanten oder dem „frozen conflict“ zwischen katholischen Kroaten und orthodoxen Serben ebenso Schauplatz von Kriegen, in denen Extremisten die Religion für ihre Machtzwecke missbrauchen, wie dies freilich auch für andere Weltregionen der Fall ist.

Umfasst der Begriff Westen neben Europa, den USA, Kanada und vielen anderen Industriestaaten auch Russland und Japan? Ist zwischen Europa und den USA politisch und kulturell zu trennen? Die Antwort liegt im Auge des Betrachters, bei demjenigen, der die Autorität der Interpretation hat. Unterscheiden iranische oder ägyptische Diplomaten, um nur zwei Beispiele zu nennen, in ihrer außenpolitischen Analyse sehr wohl zwischen Washington und den einzelnen europäischen Akteuren, so definieren Vertreter des politischen Islam den „Westen“ vor allem von einem religiösen Standpunkt aus. Auch hier gibt es zahlreiche Strömungen und Nuancen. Die Hamas ist nicht die Al-Qaida und die vielen Dschihadisten, welche das irakische Chaos hervorgebracht hat, werden von überhaupt keiner politischen oder theologischen Autorität mehr gelenkt.

Der vorherrschende Grundtenor unter den Radikalen ist, zwischen Muslimen und Nichtmuslimen, also allen Ungläubigen schlechthin, zu unterscheiden. Letztere gehören zum „dar al-harb", zum Hause des Krieges, während die islamisierten Gebiete das „dar al-islam" oder „dar as-salam", also das Haus des Islam als Haus des Friedens, bilden. Dieser Sprachgebrauch findet sich in den Manifesten diverser Terrorgruppen, wonach „Kreuzritter, Juden und andere Ungläubige" eben diesen verhassten Westen bilden, den es in ihren Augen zu bekämpfen gilt. Dabei geht es den Fanatikern um die Auslöschung aller westlichen Lebensart, gleichgültig ob es sich um ein Hotel in Amman oder eine unabhängige Zeitungsredaktion in Algier oder Beirut handelt, wie die vielen Terroranschläge im Namen einer extremen religiösen Ideologie seit den 1980er Jahren zeigen.

Der Verlust der Glaubwürdigkeit

Doch auch jenseits aller extremistischen Stimmen hat sich das Bild des Westens, von einer nahöstlichen Warte aus betrachtet, in den letzten fünf Jahren dramatisch verschlechtert. Den Hintergrund bilden neben anderen Faktoren all jene Bilder und Nachrichten, die mit dem „Westen" und Gewalt, wie Folter und Krieg, in Verbindung gebracht werden. Es sind dies die Videos von schweren Misshandlungen durch US-Wachpersonal aus dem Bagdader Gefängnis Abu Ghraib, welche auch nur dank der Zivilcourage eines US-Soldaten im April 2004 an die Öffentlichkeit gelangt waren. Es handelte sich nicht um isolierte Exzesse einzelner „schwarzer Schafe", sondern die Weisungen für die erniedrigende Behandlung irakischer Gefangener kamen von höherer Stelle, wie sich im Zuge der Untersuchungen und Prozesse herausstellte. Wenn führende Politiker ihr Desinteresse an den Genfer

Konventionen von 1949 kundtun, die unter anderem die Behandlung von Kriegsgefangenen und einen Verhaltenskodex für die Dauer einer Okkupation regeln, so ist die Vorbildwirkung westlicher Demokratien zweifellos rasch dahin. Einen Ansatz zur Reparatur des Bildes der USA in den Augen der Muslime konnte der Bericht der „Iraq Study Group“ unter dem Vorsitz der Politiker James A. Baker und Lee Hamilton unternehmen. Eine solche schonungslose Analyse gescheiterter Regierungspolitik ist aber nur dann möglich, wenn Pluralismus und Gewaltentrennung existieren. Hier konnte zumindest ein Teil der politischen Klasse der USA seine kritische Stimme erheben.

Die Glaubwürdigkeit des Westens und seiner Konzepte von Rechtsstaatlichkeit, Respekt gegenüber den Menschenrechten und der Demokratie hat nicht zuletzt am Skandal der Folterungen stark gelitten. Die Berichte über die Verwicklung zahlreicher europäischer Regierungen in die sogenannten „Folterflüge“ der US-Geheimdienste wurden dank der beharrlichen Nachforschungen einer Gruppe europäischer Parlamentarier und des Europarates publik und bestätigt. Auch US-Außenministerin Condoleezza Rice musste nach anfänglich starken US-Dementis im September 2006 die Praxis dieser „forced renditions“, der gewaltvollen Auslieferung, zugeben. Einer der ersten mutigen Zeugen, der es wagte, diese Methoden öffentlich zu denunzieren, war der ehemalige britische Botschafter in Usbekistan. Der Ex-Diplomat Craig Murray sprach bereits 2003, als Usbekistan noch ein enger Verbündeter der USA im „Krieg gegen den Terror“ war, von solchen völkerrechtswidrigen Auslieferungen verdächtiger Menschen in usbekische Folterkeller.

Der Sachverhalt ist insofern besonders makaber, als deutsche oder italienische Behörden auf Weisung der US-Nachrichtendienste verdächtige Personen entführen ließen, um in Staaten, wo Foltererfahrung besteht (Ägypten, Pakistan, Usbekistan), beziehungsweise in rechtsfreien Räumen wie US-Militärbasen, wahrscheinlich auch im Kosovo und in Polen, besonderen Verhörmethoden, die den internationalen Konventionen zufolge jedenfalls als Folter zu qualifizieren sind, zu unterziehen. Dass es hierbei zu tragischen Namensverwechslungen und damit zur Entführung und Folterung Unschuldiger kam, wie im Falle des Deutsch-Libanesen Khaled al-Masri, ist nur ein zusätzlicher Makel. Die laufenden Rechtsverfahren und die parlamentarische Untersuchung in Deutschland werden eventuell zu Ergebnissen gelangen, welche die Rolle der deutschen Bundesregierung unter Bundeskanzler Gerhard Schröder im sogenannten „Krieg gegen den Terror" rückblickend betrachtet in ein sehr schiefes Licht bringen. Zudem wurden mit der Debatte über die Aufweichung des Folterverbots, das zwingendes Völkerrecht ist, in vielen europäischen Staaten die Errungenschaften des Rechtsstaates in Frage gestellt.

Europa stand in den Augen einer nahöstlichen Öffentlichkeit bis vor Kurzem als Wiege der Aufklärung für die universellen Ideale der Humanität. Europa konnte nie mit den USA oder Russland als wirtschaftlicher und militärischer Akteur mithalten, doch suchten viele Intellektuelle und Oppositionelle von Algier bis Teheran über ihre europäischen Kontakte eine moralische Unterstützung und Inspiration für ihre Arbeit. Die Kulturinstitute der europäischen Botschaften spielen oft die Rolle einer geistigen Sauerstoffblase, um in repressiv gelenkten Staaten einen freien Gedankenaustausch pflegen zu können. Mit Europa wurde eben Säkularismus anstelle von religiösem Missionseifer und soziale Gerechtigkeit anstelle einer Vorherrschaft der Neureichen verbunden. Nach Europa zwecks Studiums oder Wirtschaftskontakte auszuweichen, reizte in den letzten 20 Jahren immer mehr Studenten und Geschäftsleute des Nahen Ostens, die Europa als attraktive Alternative zu den USA schätzen lernten. Die Einführung des Euro 2002 erwies sich für Investoren als interessante Reservewährung, ob auf volkswirtschaftlicher oder individueller Ebene.

Zwischen Europa und den USA wurde auch politisch klar unterschieden. Der Dialog seitens der Europäer, in der Europäischen Kommission und seitens der Nationalregierungen fand statt mit Teheran, mit der PLO und auch mit der Hamas. Die Haltung vieler europäischer Regierungen im Irakkrieg, die Verwicklung in Folterungen und die Linie der EU gegenüber der Hamas, der Boykott der Palästinenser aufgrund eines demokratischen Wahlergebnisses lassen Europa nun in einem völlig neuen Licht erscheinen. Das einst so positiv besetzte Bild Europas hat sich drastisch verschlechtert. Mit Schaudern verfolgten europäische Politiker und TV-Seher dann im Frühjahr 2006 die Ausschreitungen rund um die Mohammed-Karikaturen von Indonesien bis Niger. Nicht die üblichen Bilder von zerrissenen und brennenden Flaggen der USA und Israels flimmerten über die Bildschirme. Es wurden diesmal dänische, norwegische, deutsche Flaggen angezündet und zertrampelt. Nicht eine US-Botschaft war Ziel von Angriffen, sondern die österreichische Botschaft in Beirut. Die Demonstranten plünderten die dänischen und norwegischen Konsulate und Botschaften in Damaskus, die syrische Polizei ließ den Mob gewähren. Im Gazastreifen wurden europäische Einrichtungen ebenso heftig angegriffen. Was war nur passiert, fragte man sich überrascht und verstört in Europa.

Der Karikaturenstreit der Erben von Mohammed und Voltaire

Im Februar 2006 kam es infolge des Abdrucks von 12 Karikaturen, welche den Propheten Mohammed als Terroristen darstellen, fast zeitgleich zu schweren Ausschreitungen in vielen islamischen Staaten, so insbesondere im größten muslimischen Land, in Indonesien, aber auch in Ägypten oder Nigeria. Besonders umstritten war eine Karikatur Mohammeds mit einem Turban in Form einer Bombe mit brennender Zündschnur. In den Augen vieler Muslime verstärkte diese Zeichnung den Eindruck, dass der Westen den Islam pauschal für den Terrorismus verantwortlich macht. Eine norwegische Zeitung hatte kurz zuvor einen Nachdruck jener Karikaturen vorgenommen, die am 30. September 2005 in der dänischen Zeitung „Jyllands-Posten" erstmals erschienen waren. Vier Monate später brach nun dieser Sturm der Entrüstung zunächst gegen dänische Einrichtungen und Milchprodukte in den Supermärkten los. Als die französische Zeitung „France Soir" in Solidarität mit den dänischen Kollegen am 1. Februar 2006 einen weiteren Nachdruck veröffentlichte, wurde der Chefredakteur am Tag darauf gefeuert. Drei Tage danach griffen aufgehetzte Demonstranten die diplomatischen Vertretungen von Dänemark und Norwegen in Damaskus an, wenige Stunden später herrschte ein ähnlicher Aufruhr in Beirut. Dort wurde die österreichische Botschaft zur Zielscheibe, da sie im selben Gebäude wie das dänische Konsulat untergebracht war.

Es wurden nicht nur diplomatische Vertretungen in einer beispiellosen Form angegriffen – für diese schweren Verletzungen der Wiener Diplomatenrechtskonvention fanden die europäischen Regierungen nur sehr schwache Worte der Verurteilung – sondern auch europäische Produkte boykottiert. Prediger riefen zu Aktionen des Zorns auf, via SMS brodelte die Gerüchteküche der Verhetzung. Vier Monate waren seit dem Erscheinen dieser Bilder, die das Verbot der Darstellung des Propheten missachteten und durch die terroristischen Anspielungen die religiösen Gefühle der Muslime verletzten, verstrichen.

Offenbar musste dieser Gewaltausbruch erst sorgsam vorbereitet werden. Die Gewalt war von langer Hand geschürt worden, sowohl seitens dänischer Imame als auch seitens der Regierungen, denn ohne deren Genehmigung hätten derartige Demonstrationen in Ägypten und Syrien gar nicht stattfinden können. Weder lagerten in Kairo, Damaskus noch sonst wo auf der Welt solche Mengen an dänischen Flaggen, die zu Hunderten pro Demonstration verbrannt werden konnten. All diese Utensilien mussten erst herbeigeschafft werden. Die Nachricht von den dänischen Cartoons sowie ihres Nachdruckes in Norwegen hatte sich über die Moscheen wie ein Lauffeuer verbreitet. Radikale Imame aus Dänemark waren im Herbst 2005 durch islamische Staaten gereist, um gegen die Zeitung und die dänische Regierung zu mobilisieren. Dazu dienten ihnen nicht nur jene abgedruckten Cartoons, sondern weitere Fotomontagen und bewusste Falschmeldungen, etwa jene, dass „Jyllands-Posten" ein Regierungsorgan sei. Die dänische Regierung hat ihren Anteil an der Eskalation insofern geleistet, als sich weder Premier noch Außenminister mit den Demarchen arabischer Botschafter befassen wollten und darauf verzichteten, in irgendeiner Form Stellung zu beziehen.

Eine Gruppe extremistischer Muslime in Dänemark bereitete eine 43 Seiten lange Broschüre vor, mit der sie sich nach Ägypten und in den Libanon begab, um Vertretern der Arabischen Liga, Akademikern, Religionsführern und dem Großmufti von Ägypten die angebliche „Hasskultur der Dänen zu beweisen". Diese Broschüre enthielt nicht nur die zwölf abgedruckten Darstellungen des Propheten. Abgebildet waren auch drei weitere Bilder. Eines zeigte den Propheten mit Schweineschnauze, wie er in ein Mikrofon sang. Eine Gewaltwelle brach Anfang Februar aus und richtete sich gegen dänische und andere skandinavische Interessen. Nebst Boykottaufrufen wurden Botschaftsgebäude in Brand gesetzt, Menschen kamen zu Tode und in Nigeria und Ägypten wurden auch Christen von muslimischen Extremisten attackiert. Mäßigende Stimmen fanden sich allerdings auch in einigen arabischen Medien. Die unabhängige ägyptische Zeitung „Suteloma" etwa veröffentlichte einen beschwörenden Aufruf an die Leser, die Entschuldigung von „Jyllands-Posten" anzunehmen: „Was wollen wir mehr? Wollen wir, dass Dänemark zu einem muslimischen Land wird? Wollt ihr Dänemark erobern, oder wollt ihr, dass Terroristen unschuldige Menschen angreifen und töten?"

Wohl kaum zuvor in der Geschichte hatte ein Konflikt so bizarr, so provinziell in der Redaktion einer kleinen dänischen Zeitung begonnen, um zu einer Weltkrise bedrohlichen Ausmaßes zu eskalieren. Mindestens ein Dutzend europäische Zeitungen druckten die Karikaturen nach, darunter Blätter in Deutschland, Frankreich, Österreich, Italien, Spanien und der Schweiz. In dem Konflikt treffen zwei widersprüchliche, einander letztlich ausschließende Positionen direkt aufeinander: das Recht auf Rede- und Meinungsfreiheit einerseits und die Achtung kultureller und religiöser Tabus andererseits. Allen TV-Debatten und Expertisen vom Vatikan bis zu interreligiösen Dialogforen zum Trotz ließ sich der Streit um die Mohammed-Karikaturen nicht endgültig aufklären. Es blieb ein sehr bitterer Nachgeschmack zurück, denn die Unverhältnismäßigkeit in den Reaktionen der Demonstranten zeigte vor allem eines auf: Der Karikaturenstreit war nur die neuerlich wieder sichtbar gewordene Spitze eines Eisberges. Darunter liegt ein tief zerrüttetes Verhältnis zwischen Orient und Okzident.

Es genügt bereits politische Satire, die religiöse Gefühle verletzten könnte, und schon bricht unter Mitwirkung einer Regierung Mubarak in Ägypten oder Assad in Syrien der nächste Aufstand los. Die Meinungs- und Pressefreiheit aber durch religiöse Instanzen einschränken zu wollen, kann und darf kein gangbarer Weg sein. Die Trennung von Politik und Religion muss auch hier greifen. Die Grenzen zum schlechten Geschmack, von der spitzen Feder zur Diffamierung, muss jeder Chefredakteur oder Journalist selbst ziehen können. In welchem Umfang auch in westlichen Redaktionen bereits Selbstzensur im Sinne politischer Korrektheit gegenüber den Sensibilitäten von welcher Seite auch immer geübt werden muss, ist ein anderes schwieriges Thema.

Die Regierungen der USA und Großbritanniens hielten sich in dem Bilderstreit vornehm zurück, indem Präsident Bush und Premier Blair stets vom Respekt für religiöse Gefühle sprachen, die sonst so offenen angelsächsischen Medien alles daran setzten, keine Reproduktionen der Karikaturen vorzunehmen. Eine erfreuliche Ausnahme war die BBC, die sich dieser geheuchelten Position der Sorge um religiöse Sensibilitäten nicht anschloss. Denn während sich das britische Boulevard wie die „Sun“ um die

„hoch geschätzten muslimischen Leser" sorgte, kam es in London zu Demonstrationen britischer Muslime, deren Slogans an Aggressivität kaum zu überbieten waren. Vom „Hinschlachten der Verantwortlichen" bis zu einer Rückkehr der „Phantastischen Vier", womit man die Attentäter vom 7. Juli 2005, die einen Anschlag auf die U-Bahnen in London verübt hatten, meinte, war auf den Plakaten der Demonstranten zynisch die Rede.

Die Feder ist mächtiger als das Schwert – dieses alte Sprichwort scheint durch die Tatsache, dass ein Dutzend Karikaturen eine Weltkrise hervorgerufen haben, bestätigt worden zu sein. Die französische Tageszeitung „France Soir" reagierte auf die Hysterie rund um die Karikaturen mit eigener Satire. Als Schlagzeile titelte sie: „Voltaire komm herunter und hilf uns! Sie sind alle verrückt geworden". Liest man bei Voltaires Stück „Le fanatisme, ou Mahomet le Prophète" von 1743 nach, so muss man feststellen, dass im 18. Jahrhundert ein europäischer Intellektueller den Fanatismus einer Religion umfassender kritisieren durfte, als dies im 21. Jahrhundert möglich ist, wo Selbstzensur im Namen der religiösen Empfindlichkeiten offenbar immer schwerer wiegt. Dieses Stück, das Goethe ins Deutsche übersetzte, ist in seinem Inhalt um vieles provokanter als die 12 Karikaturen aus Skandinavien. Eine Wiederaufführung des Werkes würde wohl heute zu ähnlichen Krisensitzungen von Theaterdirektoren, Verfassungsschutz und Sicherheitsbehörden führen, wie dies im Herbst 2006 anlässlich der Absetzung von Mozarts „Idomeneo" in Berlin der Fall war. Im Vorfeld der Opernpremiere wurde von einigen Seiten befürchtet, dass die Inszenierung die Gefühle von Muslimen verletzten könnte. Doch derartig weitgreifende Selbstzensur hilft wohl kaum gegen Extremisten. In den USA mag leise Schadenfreude angesichts des wochenlangen europäischen Dilemmas um Karikaturen und all die nachfolgenden Wutausbrüche auf europäische Interessensvertretungen aufgekommen sein, denn die täglichen Berichte über das US-Schlamassel im Irak waren damit aus den Schlagzeilen verdrängt.

Gilt noch die Idee des Universalismus?

Die Liste der transatlantischen Spannungen zwischen Europa und den USA ist lang und zeigt für jeden erkennbar die tiefen Gräben auf politischer Führungsebene, aber auch in der öffentlichen Meinung. Zwischen Europa und den USA bestehen nicht erst seit der Debatte um den Irakkrieg, die im Februar 2003 auch die NATO zu spalten drohte, Divergenzen bei der Einschätzung in der Weltpolitik. Ebenso entfernten sich die Verhandlungsteams der USA von jenen der EU in der Welthandelsorganisation WTO. Als die letzte Gesprächsrunde im Juli 2006 scheiterte, wurden beide Seiten nicht müde, sich wechselseitig die Schuld für das Debakel zuzuweisen. Auch dahinter stehen jeweils tiefer liegende Unstimmigkeiten in der Handelspolitik, die noch zu größeren Problemen von globalem Ausmaß führen könnten.

Wie unterschiedlich die Werte in den USA und in Europa sind, offenbart sich im Rechtswesen. Das Spektrum reicht von der Debatte um die Todesstrafe, die in allen europäischen Staaten verboten ist, während die USA gemeinsam mit China die Liste der jährlichen Hinrichtungen anführen, bis hin zum Strafprozessrecht, dem Vollzug und so weiter.[1] Die Justiz eines Landes ist der Spiegel der Gesellschaft. Während in den USA die Strafe als Rache praktiziert wird, dies zeigt sich krass in der Handhabung der Todesstrafe, hat sich in Europa seit der Aufklärung die Ansicht durchgesetzt, dass Strafe zur Besserung des Täters eingesetzt werden solle.

Einander diametral entgegengesetzt präsentiert sich die Werteskala zwischen den USA und Europa, wenn es um die Rolle der Religion geht. Während sich die europäischen Gesellschaften – von Ausnahmen wie Polen abgesehen – weitgehend im Sinne einer Trennung von Politik und Religion säkularisiert haben, gilt fast ein Fünftel aller US-Amerikaner als „reborn Christians“. Vielen ist die Evolutionslehre von Charles Darwin ebenso ein Dorn im Auge, wie sie fester Überzeugung sind, zu wissen, was

Gottes (politischer) Wille sei. Zweifellos kann in einigen Jahren eine Administration ins Weiße Haus einziehen, die wieder pragmatischer agiert und anstatt gemeinsamer Bibelrunde in der Morgenbesprechung auch kritische Berichte ihrer Mitarbeiter liest, um nicht den Anschluss an die Wirklichkeit zu verlieren. Dies wird aber nichts an der grundsätzlichen Ausrichtung der US-Gesellschaft im Sinne einer starken Rolle der Religion im öffentlichen Leben ändern.

In Europa leeren sich vorerst weiter die Gotteshäuser. Die katholische Kirche steckt auf dem alten Kontinent ebenso in einer Sackgasse wie die protestantischen Gemeinschaften. Nicht auszuschließen ist aber für eine kommende Generation von Europäern die verstärkte Hinwendung zu Riten und Regeln traditioneller Religionen anstelle der populären Esoterik. Zu einem militanten Christentum bekennen sich bereits viele der charismatischen und konservativen Strömungen wie das Opus Dei. Ein Auslöser für die Stärkung religiöser Haltung in den westlichen Staaten könnte sehr wohl auch die alltägliche Reibung mit den muslimischen Gläubigen sein. Die ewige Suche nach dem Sinn und ungewisse soziale und politische Umstände bewirken ein Erstarken der Frömmigkeit. Das Pendel der Geschichte schlägt bereits wieder in Richtung Rückkehr des Religiösen.

Gegenwärtig erleben wir aber einen institutionellen Abbau säkularer Errungenschaften, der bedenklich ist. Säkularisierung hat, anders als dies vielleicht der Vatikan und viele katholische Bischöfe in Europa sehen mögen, weniger mit einer fortschreitenden Entfremdung von Gott zu tun. Worum es bei der Säkularisierung geht, ist nicht Religion, sondern die Rolle des religiösen Establishments. Sie zielt im Wesentlichen nicht auf die richtige oder die falsche Interpretation eines heiligen Buches oder einer Offenbarung ab, sondern auf Einflussnahme auf die politische Macht. Was genau die Texte aussagen, wie Recht gesprochen werden soll, wie weit die göttliche Gewalt reiche, all das ist hierbei eher nebensächlich. Entscheidend ist stattdessen die Frage: Wer dominiert unter welchen Bedingungen die Textinterpretation? Die Trennung von Politik und Religion schafft die Voraussetzungen, um im Sinne einer Laizität die Einflussnahme des einen Bereiches auf den anderen auszuschließen.

Die „gesunde Laizität" besteht nach Papst Benedikt XVI. nicht in einer Autonomie hinsichtlich der sittlich-moralischen Ordnung, sondern hinsichtlich der Kirche und ihrer Führungsbefugnisse. Jeder direkte Eingriff der Kirche in das politische Leben komme einer ungebührlichen Einmischung gleich.[2] Aber der Vatikan fordert: „Die Religion muss als öffentliche gemeinschaftliche Gegenwart anerkannt werden". Dies habe zur Folge, dass jeder Religionsgemeinschaft Kultfreiheit gewährt werden müsse – in geistlicher, kultureller, erziehungsmäßiger und karitativer Hinsicht.

Der säkulare Rechtsstaat hat seinen Sinn im Menschenrecht auf Religionsfreiheit. Sich als Bürger, als Citoyen, einer Rechtsgemeinschaft zu begreifen, in der bürgerliche Rechte und Pflichten wahrzunehmen sind, ist zweifellos eine Errungenschaft. Allein aus eigener Kraft im Sinne republikanischer Prinzipien kann der Einzelne unabhängig von Herkunft, Geschlecht und Religion seinen Weg im öffentlichen Dienst eines Staates machen. Völlig anders stellt sich die Lage in konfessionell geprägten Gesellschaften wie im Libanon dar, wo der Einzelne nur als Mitglied der Gruppe wahrgenommen wird und danach seine beruflichen und sonstigen Möglichkeiten ausrichten muss.

Gegenwärtig erleben wir aber auch in vielen europäischen Staaten eine Art Rekonfessionalisierung der Gesellschaft. Die Staatsbürger werden demnach Religions- und Kulturgemeinschaften zugeordnet und beispielsweise als „die Juden Frankreichs" oder die „Muslime Deutschlands" wahrgenommen. Dieser Trend kann langfristig die gewachsenen Strukturen eines säkularen Gemeinwesens unterwandern. Die humanistische Idee der Universalität, deren Kern die Sicherung der Würde des Menschen bildet, ist mit Aussagen und Konflikten rund um kulturelle

Besonderheiten konfrontiert. Es wird im Namen der Religion, im Namen bestimmter Überzeugungen relativiert. Die permanente Gewissensbefragung über Kulturgemeinschaft, wer zu uns gehört und wer nicht, hat einen schalen Beigeschmack. Alte, fest verankert geglaubte Ideale und Normen, wie den internationalen Menschenrechtsschutz, sehen wir im Namen der Kultur und Religion in vielen Regionen in Frage gestellt.

Religiöse Neutralität des Staatsapparats – so lautet der vielfach vorgebrachte Wunsch, ob im Libanon oder in Irland. Sich frei entscheiden zu können, wen man heiratet, wie man seine Kinder erzieht und wie man beerdigt wird. So banal und zugleich zu unerreichbar ist dieser kleine Katalog. Der Konfessionalismus des Osmanischen Reichs, dessen kopiegenauer Erbe der Libanon ist, wirkt fort. Dies gilt in etwas abgeänderter Form auch für Bosnien-Herzegowina und den Irak auf Basis der von den USA 2005 eingeführten Verfassung. Die ethnische Definition über die Konfession, welche die administrative Grundlage des Millet-Systems mit seiner religiösen Autonomie bildete, prägt alle Facetten des menschlichen Lebens. In die maronitische, drusische oder sonstige Gemeinschaft hineingeboren, kann der jeweilige Libanese nur im Rahmen der seiner Volksgruppe zugewiesenen Quote im öffentlichen Leben aktiv sein. So darf nur ein christlicher Maronite Staatspräsident werden, nicht aber ein Armenier. Nur einem Sunniten ist es erlaubt, das Amt des Premiers auszuüben, das einem Schiiten verwehrt bleibt. Wir könnten in Europa angesichts der gegenwärtigen Maßnahmen zwecks religiöser Gemeinschaften Gefahr laufen, dieses Konzept der Religionsgemeinschaft anstelle der Bürgergesellschaft zu setzen. Gegenwärtig erleben wir in zahlreichen Glaubensgemeinschaften ein Wiedererstarken eines Tribalismus im Namen einer ausschließenden Heilslehre, der an die Stelle der Idee einer universellen Missionierung getreten ist. Wir erleben Religionen ohne Gott.

Die „Allgemeine Erklärung der Menschenrechte" von 1948 hat den Grundsatz des Universalismus im Bereich des Schutzes und der Förderung von Menschenrechten festgeschrieben. Es war bereits damals kurz nach Gründung der Vereinten Nationen, die erst 74 Mitglieder zählten, ein schwieriges Unterfangen, einen Konsens in den wesentlichen Menschenrechtsprinzipien zu finden. Bestimmte kulturelle Ausnahmen forderten zahlreiche Delegationen in der damals tagenden Menschenrechtskommission bereits ein. Allen Widerständen zum Trotz konnten universell geltende Menschenrechte im Konsens in der Deklaration festgeschrieben werden. Kein Staat in der Generalversammlung stimmte gegen dieses Paket von Menschenrechten, nur Saudi-Arabien enthielt sich der Stimme. Letzteres erklärt sich aus der saudischen Nichtakzeptanz des Prinzips der in der Erklärung verankerten Religionsfreiheit.

Als zäh erwiesen sich jedoch die Verhandlungen während der UN-Weltkonferenz für Menschenrechte im Juni 1993 in Wien. Nur dank vieler vager Formulierungen konnte das etablierte Prinzip der Universalität der allgemein gültigen Menschenrechte neu bestätigt werden. In den knapp 50 Jahren zwischen den beiden Dokumenten, der Erklärung von 1948 und dem Wiener Schlussdokument von 1993, hatten sich zusehends Sonderrechte entwickelt. Ob es um die vom malaysischen Premier Mahatir bin Mohammed verteidigten besonderen asiatischen Werte in Menschenrechtsfragen ging oder jene mit der Islamischen Revolution im Iran 1979 neu losgetretene Debatte zum Islam und Menschenrechte, das Prinzip universell geltender Menschenrechte wurde zusehends in den UN-Foren zugunsten der kulturellen Rechte in den Hintergrund gedrängt.

Aufsatz und Buch des US-Politologen Samuel P. Huntington zum „clash of civilizations“ unterscheiden sich nur durch Seitenumfang, Informationsgehalt und ein Fragezeichen. Letzteres war dem im US-Magazin „Foreign Affairs“ 1993 erschienenen Aufsatz noch nachgestellt, fehlte aber im Titel des Buches von 1996. Das mit „Kampf der Kulturen“ übersetzte Werk erfuhr bekanntlich nach den Ereignissen vom 11. September 2001 neuerlich reißenden Absatz. Fordert eine Gesellschaft ihre kulturellen Rechte ein, so legitimiert sie die Verneinung des Gedankens des Universalismus. Der syrische Philosoph Sadik al-Azm sieht zwischen den Islamisten und Huntingtons „Clash of Civilizations" eine Seelenverwandtschaft:

„Denn für Huntington reduziert sich Zivilisation auf Kultur und Religion und Religion wiederum auf eine archetypische Konstante, die im Fall des Islam zum Phänomen des Homo Islamicus führen muss, der auf Kollisionskurs mit dem westlichen Homo Economicus und seinem angeborenen Liberalismus sowie dem indischen Homo Hierarchicus und seinem natürlichen Polytheismus gebracht wird."[3]

„Der Weg der neuern Bildung geht/Von Humanität/Durch Nationalität/Zur Bestialität",[4] schrieb der österreichische Dramatiker Franz Grillparzer Mitte des 19. Jahrhunderts und nahm damit das Plädoyer für Universalismus anstelle von Nation und kultureller Rechte in gewissem Sinne vorweg. War doch die Idee eines Vielvölkerreiches, zusammengekittet durch ein übernationales Kaiserhaus, welches die Donaumonarchie bis zu ihrem Untergang 1918 verkörperte, bereits zu Grillparzers Lebzeiten ein Anachronismus. Der verklärte Rückblick auf die multi-ethnischen Gebilde vor dem Ersten Weltkrieg hilft aber auch nicht weiter, denn Phasen echten Universalismus waren doch äußerst kurze Perioden in der Menschheitsgeschichte. Auch mehrsprachige multinationale Staatsbeamte und Heerführer, wie sie Österreich hervorbrachte, wussten im Namen der Religion oder des Standes auszugrenzen.

Der Ruf nach „kulturellen Partikularitäten" als Deckmantel inhumaner Auswüchse stellt, wenn man auf die Anfänge des Nationalismus in Mitteleuropa zurückblickt, nichts Neues unter der Sonne dar. Was die globale Natur unserer Zeit ausmacht, ist in gewisser Hinsicht die Verlorenheit des Menschen. Seine Entwurzelung, ob als Verlierer der Globalisierung, als Migrant oder

Jerusalem sollte die Stadt des Friedens und der drei monotheistischen Weltreligionen sein. Im Mittelalter von den Kreuzrittern umkämpft, ist die Stadt heute Zankapfel zwischen den Volksgruppen Palästinas. Israel beansprucht sie als ungeteilte Hauptstadt. Araber und Muslime nennen sie „Al-Quds", die Heilige, die befreit werden muss.

Seit der Antike haben sich Zivilisationen am östlichen Mittelmeer wie in Byblos vermischt. Die Weltoffenheit der Levante, wo Mehrsprachigkeit und das Mitfeiern der vielen religiösen Feste zum Alltag gehören, droht nach nationalistischem Wahn nun durch religiösen Terror unterzugehen.

Erstmals betete mit Johannes Paul II. ein Papst in einer Moschee und bat gemeinsam mit muslimischen Würdenträgern um Frieden im Nahen Osten und in der Welt. Die UNO hatte das Jahr 2001 zum Jahr des Dialogs zwischen den Zivilisationen erklärt. Die Initiative hierfür war vom Iran ausgegangen.

Israels Premier Ariel Scharon verneigt sich vor dem Gründer des modernen jüdischen Staates. Theodor Herzl hatte fest an seinen Traum geglaubt, der 1948 Wirklichkeit wurde.

Ein symbolträchtiger Handschlag über ideologische Gräben hinweg: 1993 vermittelt US-Präsident Bill Clinton beim Treffen zwischen Israels Premier Itzhak Rabin und PLO-Chef Jassir Arafat in Washington – der Frieden schien greifbar nahe.

Westjordanland und Gazastreifen gleichen heute einem Leopardenfell. Dass hier ein zusammenhängender Staat entstehen soll, ist angesichts der israelischen Siedlungen und Militärzonen gegenwärtig nur schwer vorstellbar.

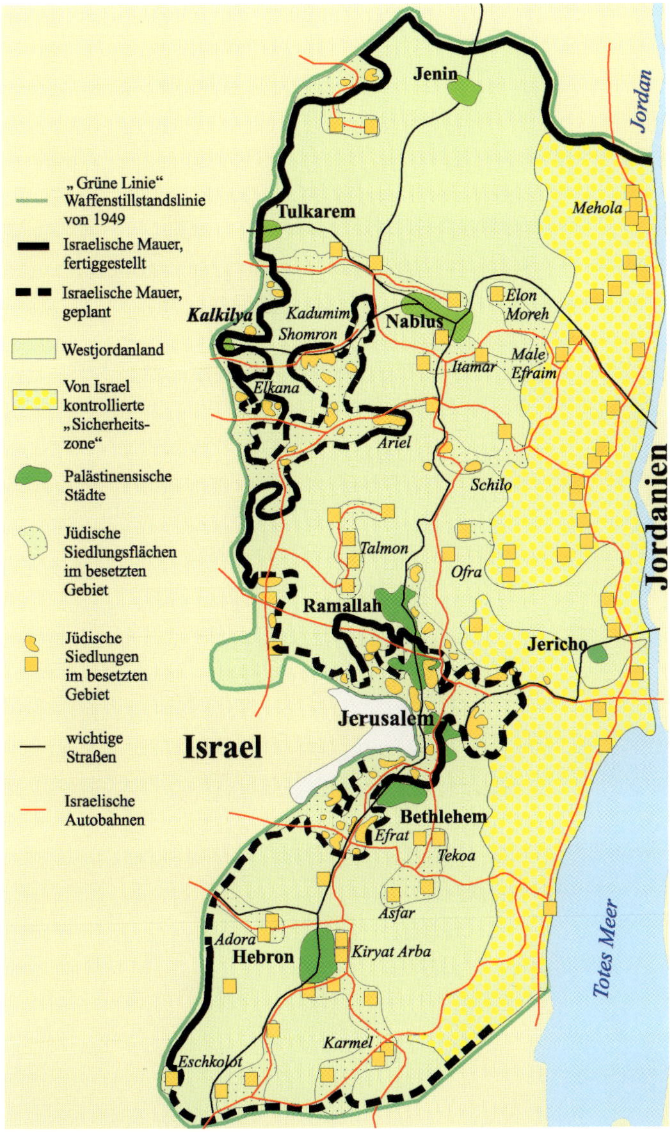

Der umstrittene Grenzzaun, der Israel vor Terroranschlägen schützen soll, verläuft nicht entlang der Waffenstillstandslinien von 1949, der sogenannten „Grünen Linie". Durch den Mauerbau wurde weiteres palästinensisches Gebiet annektiert.

Schutzwall gegen Terrorangriffe oder schwerer Bruch des Völkerrechts? Die Grenzmauer zerstückelt palästinensische Dörfer und trennt Menschen voneinander.

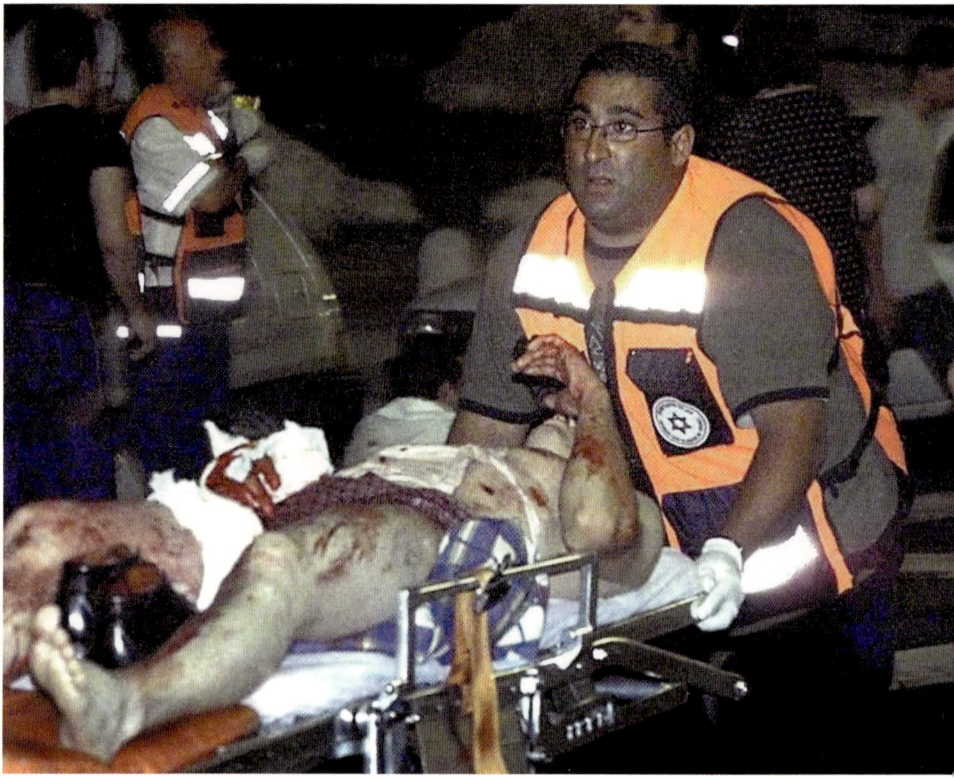

Cafés, Autobusse und andere Orte des öffentlichen Lebens sind Zielscheiben der Selbstmordattentäter. Nach dem Ausbruch der Al-Aksa-Intifada im September 2000 ist die Anzahl der Anschläge rapide gestiegen.

Die Radikalisierung der Kämpfer ist auch unter den Säkularen gewachsen. Aus Freiheitskämpfern sind Selbstmordattentäter geworden.

Der blinde und gelähmte Scheich Ahmed Jassin, Gründer der islamistischen Bewegung der Hamas, wurde im März 2004 von einem israelischen Liquidationskommando ermordet. Israel praktiziert trotz starker internationaler Proteste weiterhin solche „gezielten Tötungen".

Im Sommer 2005 räumte die israelische Armee die Häuser von 7000 jüdischen Siedlern im Gazastreifen. Es war ein einseitiger Rückzug ohne Vereinbarung, die Ariel Scharon ungeachtet aller Widerstände durchzog. Damit wuchs die Hoffnung der Palästinenser auf staatliche Souveränität oder zumindest wirkliche Autonomie.

Präsident Mahmud Ahmadinedschad wurde im Sommer 2005 zum Präsidenten der Islamischen Republik Iran gewählt. Erstmals kam so ein Mann außerhalb des Klerus in das hohe Amt. Das Machtzentrum ist aber der oberste spirituelle Führer Ayatollah Khamenei, der Revolutionsführer Khomenei folgte.

Freitagsgebet in Kerbala, eines der vielen schiitischen Zentren im südlichen Irak. Hier stellen die Schiiten ebenso wie im benachbarten Iran die Mehrheit der Muslime.

Noch ist das Leben der iranischen Frauen vom strengen islamischen Kleiderkodex geprägt, der auch im Kindergarten gilt. Hinter dem Schleier hat dennoch eine Emanzipation eingesetzt, wodurch sich iranische Frauen ihren Platz im öffentlichen Leben erobert haben. Geschäftsreisende Frauen mit Notebook und Handy am Teheraner Flughafen gehören zum Alltag.

Bevor Teheran zur Hauptstadt des Irans wurde, war Isphahan das politische und kulturelle Zentrum von Persien, das auf 2500 Jahre Staatlichkeit zurückblickt.

Beirut galt bis zum Ausbruch des Bürgerkriegs als das „Paris des Nahen Ostens". In den 1980er Jahren war Beirut zur „Hauptstadt des Terrors" geworden. Hier führten die PLO, Saudis, Iraner, Israeli und Russen ihre Stellvertreterkriege, für die sich stets libanesische Handlanger fanden. Allianzen wechselten im Tagesrhythmus, am Ende blieben nur Ruinen.

WANTE
DEAD OR ALI
Osama bin Lad
For mass murder in New York

In Anspielung auf die Strafjustiz des Wilden Westens brachte man nach dem Anschlag auf das World Trade Center am 11. September 2001 Poster mit dem Konterfei des einstigen CIA-Rekruten Osama bin Laden in New York an.

Heimlich wurde die erniedrigende Behandlung irakischer Gefangener durch US-Soldaten gefilmt. Die durch die Medien verbreiteten Bilder aus dem berüchtigten Gefängnis von Abu Ghraib, das schon unter Diktator Saddam Hussein als Folterzentrum galt, sorgten weltweit für Empörung.

Am 30. September 2005 erschienen in der dänischen Zeitung „Jyllands-Posten“ 12 Karikaturen des Propheten Mohammed, die ab Februar 2006 einen Wirbel in der gesamten islamischen Welt verursachten. In Solidarität mit der dänischen Redaktion unternahmen viele Printmedien von Jordanien bis Frankreich weitere Veröffentlichungen.

Der Boykottaufruf gegen dänische Produkte war noch eine eher harmlose Reaktion auf die verbreiteten Mohammed-Karikaturen.

Der wütende Mob von Islamisten ließ sich über SMS und falsche Nachrichten manipulieren. In Beirut setzte er das Gebäude in Brand, wo sich außer dem dänischen Konsulat auch die Botschaft von Österreich befand.

Opfer der israelischen Angriffe auf Stellungen der Hisbollah im Libanon 2006 waren vor allem Zivilisten, darunter besonders viele Kinder und Jugendliche. Der Beschuss richtete sich auf Flüchtlingskonvois ebenso wie auf Obstfabriken, Molkereien und eine UNO-Position. Die Zerstörung von Infrastruktur traf den vom Bürgerkrieg geschwächten Libanon an einer empfindlichen Stelle.

Die Wohnviertel im südlichen Beirut, die mehrheitlich von Schiiten bewohnt werden, waren 33 Tage lang systematischen Luftangriffen durch Israel ausgesetzt. Die vielen kleinen Kommandozentralen der Hisbollah, die bis zum letzten Kriegstag aktiv war, wurden dadurch nicht zerstört.

Die Hisbollah erreichte nach dem Abzug der israelischen Armee aus dem Südlibanon einen weiteren Propagandasieg. Es war 7000 Milizionären gelungen, die mächtigste Armee der Region in Schach zu halten und ihr im Zuge der Bodenoffensive schwere militärische Schläge zu versetzen.

Fluch und Segen des „schwarzen Goldes“ liegen dicht beisammen. Die israelische Luftwaffe bombardierte Mitte Juli 2006 gezielt die Öltanks libanesischer Kraftwerke, wodurch es zur bislang größten Ölpest im Mittelmeer kam. Die wirtschaftlichen und ökologischen Schäden waren enorm.

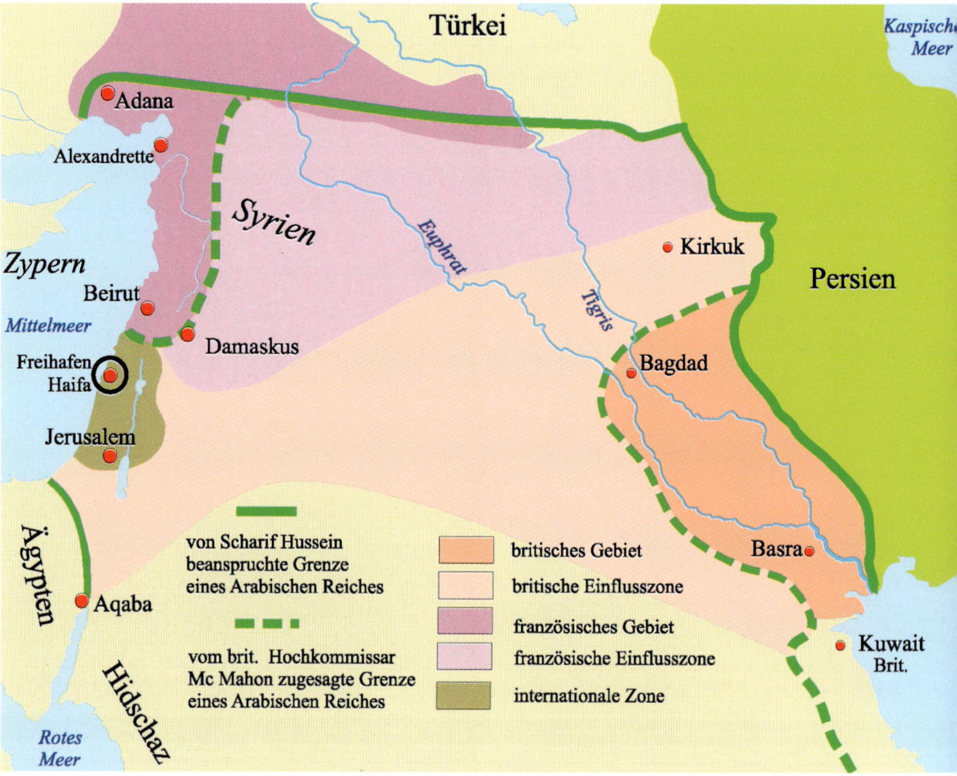

Im Sykes-Picot-Abkommen wurde der Nahe Osten im 1. Weltkrieg zwischen Briten und Franzosen in Einflusszonen aufgeteilt. Die Neuordnung der Region erfolgte aber erst 1920 in San Remo auf Basis eines Erdölabkommens. Die Grenzen der heutigen Nationalstaaten wurden teils mit dem Lineal nach wirtschaftlichen Interessen gezogen, teils folgen sie dem Verlauf von Pipelines.

ABBILDUNGSNACHWEIS

APA Images, Wien: Jerusalem; Johannes Paul II.; Ariel Scharon am Grab Theodor Herzls; Bill Clinton, Itzhak Rabin und Jassir Arafat; Grenzmauer; Anschlag; Kämpfer; Ahmed Jassin; Maueröffnung; Mahmud Ahmadinedschad; Kerbala; Osama bin Laden; Abu Ghraib; Mohammed-Karikaturen; Boykottaufruf; Sturm der Botschaft in Beirut; Libanese mit getötetem Sohn; Frau mit ausgebranntem Lkw; Propaganda gegen Israel.
Greenpeace, Wien: Ölpest.
Karin Kneissl, Seibersdorf: Byblos; Frauen am Flughafen Teheran; spielende Kinder; Isphahan; Kriegsruinen in Beirut.
Hani Melki, Beirut: zerstörte Wohnviertel in Beirut.
Michael Floiger, Loipersbach: alle Karten dieses Buches.

auch als heimatloser moderner Nomade auf der Gewinnerseite, greift fortschreitend um sich. Darauf reagiert ein Teil der Menschheit mit dem Ruf nach neuer religiöser Selbstbehauptung. Besonders prägnant geschieht dies auf islamischer Seite. Aber andere Religionen ziehen nach, um das Vakuum der Globalisierung zu füllen. Das Globale ist zum Zustand der Welt an sich geworden. Das Globale ist aber nicht das Universelle. Denn das Universelle setzt eben viel mehr voraus, in erster Linie geht es um die Anerkennung eines absolut gültigen Humanismus. Allen Menschenrechtsinstrumenten zum Trotz muss auch das wesentlichste Menschenrecht, auf das sich schließlich alle anderen reduzieren lassen, stets aufs Neue verteidigt werden:

„Alle Menschen sind frei und gleich an Würde und Rechten geboren. Jeder Mensch hat das Recht auf Leben, Freiheit und Sicherheit der Person."

(Artikel 1, 1. Satz der Allgemeinen Erklärung der Menschenrechte von 1948)

Lange bevor Huntington die Frage nach der Bedeutung der Zivilisationen in der internationalen Politik gestellt hatte, formulierte diese der französische Politologe Raymond Aron und setzte hierbei aber andere Akzente. Mitten im Kalten Krieg schrieb Aron in seinem Hauptwerk „Paix et Guerre entre les Nations" bereits über die Heterogenität der Zivilisationen, die langfristig schwerwiegendere Folgen nach sich ziehen würde als die militärische Konfrontation zwischen den Blöcken.[5] Aron sprach bereits zu einem Zeitpunkt von Tribalismus und nationalistischen Fragmentierungen, als dies alles noch von der ideologischen Aufteilung der Welt in Blöcke zugedeckt war.

Auf der Grundlage einer prinzipiellen Klarstellung zur Rolle des säkularen Gemeinwesens, das vom Bürger und nicht von den Glaubensgemeinschaften und ihren religiösen Sensibilitäten bestimmt wird, sollte das Gespräch mit Muslimen stattfinden, darunter auch mit Angehörigen islamistischer Gruppen. Es geht sehr wohl um die Formulierung von klaren Spielregeln und Grenzen, die nur die jeweilige Verfassung eines Staates setzen kann und nicht religiöse Instanzen, von welcher Seite auch immer.

Transatlantischer Wettlauf um die Gunst der islamischen Welt

Im Umgang mit der islamischen Welt gehen die EU und die USA schon seit bald 30 Jahren getrennte Wege. Wenngleich auch die EU große Mühe hat, ihre Nahostpolitik, ob im Libanon oder gegenüber den Palästinensern, zu formulieren, so ringen sich die derzeit 27 Souveräne doch immer wieder zu einem Konsens durch. Die Ergebnisse unterscheiden sich dann oft klar von US-Positionen, beispielsweise in der Frage, wer ein Terrorist sei und wer nicht.[6] Im gesamten Mittelmeerraum sind die USA und Europa in vielfacher Hinsicht mehr Rivalen als Partner. Das Projekt der „Euro-Mediterranean Partnership", auch Barcelona-Prozess genannt, wurde 1995 von den damals 15 EU-Staaten und 12 östlichen und südlichen Anrainern des Mittelmeers ins Leben gerufen, um ein Gegengewicht zur US-Hegemonie in der Region zu schaffen. Es folgte dann das US-Projekt des „Greater Middle East", der von Marokko über das Horn von Afrika bis nach Pakistan reicht und die erweiterte Interessenssphäre der USA in der Region festschreibt. Es geht in beiden Fällen nicht bloß um eine ideologische Anbindung, wie es die EU im Rahmen ihres Dialogs der Zivilgesellschaften sieht oder die USA mit der Verbreitung der Demokratie propagieren. Im Vordergrund steht sehr wohl der Zugriff auf Rohstoffe, im Falle Nordafrikas geht es vor allem um die Erdöl- und Erdgasreserven von Algerien und Libyen. Zudem möchten die EU und die USA diese Staaten für ihre Produkte als Absatzmärkte gewinnen.

Gerade in Algerien findet ein kurioser Wettlauf von West gegen West um die Gunst der Algerier statt. Flächenmäßig größer als der Vatikan ist die französische Botschaft in Algier, deren Areal noch die Verträge von Evian 1962 nach dem algerischen Unabhängigkeitskrieg gegen Frankreich festsetzten. Um einiges kleiner, aber nicht weniger befestigt ist jene der USA. Während der französische Einfluss vor allem aufgrund von Sprache und Architektur allgegenwärtig ist – daran konnten all die Arabisierungsprojekte der 1990er Jahre nichts ändern –, spürt man die US-Präsenz in der Hauptstadt kaum. Frankreich beobachtet argwöhnisch die wachsende Rolle der USA in der Umgestaltung der algerischen Armee, bildet doch Letztere das Rückgrat des Staates, die zentrale Rolle in allen staatlichen Institutionen. Das US-Argument lautet: „Wir möchten Algerien sprachlich helfen, denn ohne Englisch geht in den Wirtschaftskontakten nichts mehr." Es mutet amüsant an, wenn die USA die für Frankreich so heilige Frankophonie für ihre Zwecke ummünzen. Das Dreieck Paris-Algier-Washington gibt eine interessante Lektion für transatlantische Beziehungen, da sich an diesem Beispiel demonstrieren lässt, wie schlecht die Atmosphäre innerhalb der westlichen Staatengemeinschaft ist.

Viel präsenter und mächtiger zeigt sich der Einfluss der USA vorerst noch im Persischen Golf, wo sie Ende der 1950er Jahre Großbritannien als Regionalmacht ablösten. Gegenwärtig findet jedoch ein weiterer Allianzwechsel in Richtung Osten statt. Die aufstrebenden asiatischen Mächte, China und Indien, lösen als Handelspartner konsequent die USA in vielen der arabischen Golfstaaten ab. Das neue Mischen der Karten ist voll im Gange. Wer spielt hier aller mit? Hat Peking die Karten als Erster gemischt? Und wer gibt die Spielregeln vor? Was immer noch vom Völkerrecht und der Satzung der Vereinten Nationen übrig sein mag, die Interpretation bestimmen jedenfalls die USA selbst.

Auf die Pax Americana, die sich Anfang der 1990er Jahre bereits mit der US-Präsenz am Golf etabliert hatte, reagierten die Europäer entschlossen mit der Initiative des Barcelona-Prozesses, welcher aber aus vielen Gründen gescheitert ist, wenn man elf

Jahre später die Bilanz zieht. Die Initiative kam von Frankreich, Spanien und Italien. Ihr gemeinsamer Wunsch nach Eindämmung der Migration über das Mittelmeer war neben der Stärkung Europas als Gegengewicht zu den USA in der Region wesentlich für den Barcelona-Prozess. Ziel der Europäischen Kommission ist die Schaffung einer Freihandelszone bis 2010. Die Assoziierungsabkommen wurden bis auf jenes mit Syrien abgeschlossen. Doch die politischen und kulturellen Dimensionen des Barcelona-Prozesses sind gescheitert – zumindest aus der Sicht des Südens. Entscheidend für das Stocken des Prozesses ist wohl die unterschiedliche Wahrnehmung der Bedrohungsbilder. Dem Norden geht es um Kontrolle der Migration, des Drogen- und Menschenhandels, dem Süden vielmehr um die Lösung der Territorialdispute, etwa der explosiven Palästinafrage. Der Barcelona-Prozess könnte sich allmählich wie einst der KSZE-Prozess in Europa zu einer verstärkten Institutionalisierung rund um das Mittelmeer entwickeln. Die Schaffung weiterer internationaler Posten mag zwar neue Akteure auf die Bühne bringen. Um Rechtsstaatlichkeit und Menschenrechte innerstaatlich durchzusetzen, bedarf es aber einer gemeinsamen Außen- und Sicherheitspolitik der EU, die diesen Namen verdient.

Und die EU ist seit dem Irakkrieg zutiefst gespalten. Die Neuordnung des Nahen Ostens bleibt daher zwangsläufig eine inneramerikanische Angelegenheit, wie der Baker-Hamilton-Bericht zur Lage im Irak vom 6. Dezember 2006 deutlich ausspricht. Sollten die politischen und menschlichen Kosten, im Sinne von Verlusten durch Sabotage und Terrorismus, zu hoch werden, würden die USA das Feld eventuell völlig räumen. Und der Nahe Osten wäre den Europäern wieder gefährlich nahe. Vorerst scheint das Imperium aber bereit, die Kosten zu tragen.

Wenn nun Europa tatsächlich im Nahen Osten die von zahlreichen arabischen Staaten eingeforderte eigenständige Rolle spielen will, so stellt sich die Frage: Kann es eine solche Aufgabe ernsthaft übernehmen? Zwei große Schwachpunkte zeichnen europäisches Handeln im internationalen Umfeld bedauerlicherweise aus: Zum einen ist der Prozess der Entscheidungsfindung mühsam und langwierig, zum anderen fehlen die militärischen Kapazitäten, um auf alle Konfliktparteien gleichermaßen Druck ausüben zu können. Um den ehemaligen US-Außenminister Henry Kissinger nochmals zu bemühen – während seiner nahöstlichen Pendeldiplomatie in den 1970er Jahren stellte er fest: „Die Europäer werden nicht in tausend Jahren etwas von Belang in der Region erreichen." Er meinte, dass die Europäer keinen machtpolitischen Hebel haben, dessen Betätigung für Israel oder die Araber Konsequenzen hätte. Ein Testfall für die neue Selbstbehauptung Europas ist nun mit der Bewältigung der Libanonkrise eingetreten. Italien zeigt Flagge im Kontingent der Friedenstruppen, der UNIFIL II, Spanien mischt mit, die Franzosen ziehen nach, um nicht völlig ihre ehemalige Einflusszone der „Asie Française" in der Levante zu verlieren. Weniger als eine gesamteuropäische Strategie ist vielmehr eine Summe bilateraler Aktionen aus sehr unterschiedlichen Motiven erkennbar. Was kann Europa dann tatsächlich für eine Befriedung des Nahen Ostens bewirken? Mit ernsten Taten Kissingers Behauptung Parole zu bieten, wäre in jeder Hinsicht ein historischer Schritt des alten Kontinents heraus aus dem Schatten der USA.

Denn nicht zu vergessen ist, dass auch China, seit 2004 wichtigster Handelspartner von Saudi-Arabien, mehr als 1000 Blauhelme der UNIFIL II zur Verfügung stellt. Wer die USA am Golf ablöst, daraus könnte ein Wettlauf der Europäer mit China und auch Indien werden. Wesentlicher Motor bei der Schaffung neuer Handelsverträge und Militärbasen wird auch im 21. Jahrhundert der Wunsch nach Zugang zu den wichtigen fossilen Energieträgern Erdöl und Erdgas sein. Anders als die Europäer haben weder Indien noch China eine koloniale Vergangenheit in der Region, ihre Glaubwürdigkeit durch Beteiligung an einem fragwürdigen Krieg gegen den Terrorismus nicht auf das Spiel gesetzt und mischen sich zudem nicht in die inneren Angelegenheiten von Staaten ein. Aus all diesen Gründen könnten die asiatischen Mächte die besseren Karten im Nahen Osten haben.

Was Europa bleibt, ist die Verbindung über das gemeinsame kulturelle Erbe und seine einstige Rolle als Modell für Menschenrechte und Rechtsstaatlichkeit. Letztere hat die EU aber infolge all der Verwicklungen europäischer Staatskanzleien in sogenannte „Folterflüge", also die Verfrachtung verdächtiger Personen zwecks Folterverhörs in außereuropäische Staaten oder freie Rechtsräume, in der Öffentlichkeit vieler Staaten im Nahen Osten wahrlich verspielt.

Da uns Europäern diese Region aus all den beschriebenen Gründen, sei es wegen der Wirtschaft oder der Demografie, um einiges näher ist als den USA, müssen wir uns mit den vielen Konflikten entschlossener auseinandersetzen als bisher. Die europäischen Regierungen, egal ob auf Basis einer sehr schwachen gemeinsamen Außenpolitik der EU oder in anderen Formationen, sollten zunächst alles daran setzen, wieder an Glaubwürdigkeit zu gewinnen. Dazu gehört auch, Wahlsieger zu akzeptieren und nicht zu marginalisieren. Man möchte meinen, unsere Politiker und Diplomaten hätten aus der algerischen Lektion ihre Schlüsse gezogen.

Erinnern wir uns an die Wahlen in Algerien 1991, welche damals die Islamistenpartei FIS gewann. Nach dem Motto: Was nicht sein darf, soll nicht sein wurden die Ergebnisse auf Wunsch des algerischen Militärs und europäischer Regierungen annulliert. Es folgte ein brutaler Bürgerkrieg, der bis heute vor sich hinflackert. Rund 250.000 Menschen starben fernab vom Schlaglicht der Medien in Algerien. Es wäre anmaßend, aus der relativ einfachen Position des Beobachters rückblickend Ratschläge an die Staatskanzleien zu erteilen. Doch wäre es nicht ratsamer gewesen, eine islamistische Regierung zu akzeptieren, die allenfalls bei Misserfolg ihrer Politik wieder abgewählt worden wäre, anstatt die Fakten zu ignorieren und das Land in einen Bürgerkrieg zu treiben?

Im Falle der Hamas und der Palästinenser unternehmen wir seit Jahresbeginn 2006 ähnlich schwere Fehler. Mit mehr Selbstbewusstsein und Logik, die langfristigem Denken entspringt, sollte Europa auf die Staaten im Nahen Osten zugehen. Die bloße Scheckbuchdiplomatie hat kaum Ergebnisse gezeitigt. Die Forderung nach einem Dialog der Vernunft, die auch Teil der umstrittenen Rede des Papstes in Regensburg am 14. September 2006 war, ist berechtigt. Hierfür müssen wir aber auch im Sinne der Billigkeit gleiche Maßstäbe für alle Konfliktparteien anwenden. Was die europäische Geschichte, vor allem auch jene der Integration, so stark geprägt hat, ist die Verrechtlichung von Beziehungen. Wir müssen Sachverhalte im Lichte von Recht und Unrecht beurteilen, nicht mehr und nicht weniger. Dann wäre ein Anfang getan, um mit der Situation im Nahen Osten klüger umzugehen. Während die USA in einem tiefen nahöstlichen Fiasko zum Irak und einem Patt mit dem Iran und Israel stecken, den Europäern der gemeinsame politische Wille und die Instrumente für eine schlagkräftige Nahostpolitik fehlen, setzt sich Moskau immer stärker in Szene.

Russland positioniert sich in der nahöstlichen Diplomatie neu

Jahrelang verzichtete Russland auf eine selbstständige Nahostpolitik. Jetzt spielt Moskau seit 2003 zunächst in der Irakfrage und nun im Konflikt mit dem Iran und der Hamas eine entscheidende Rolle. Präsident Vladimir Putin hofiert muslimische Regierungen, um sie abzuhalten, die Aufständischen in Tschetschenien zu unterstützen. Dahinter steht aber auch eine geopolitische Konstante russischer Außenpolitik. Zum einen geht es um den Zugang zu eisfreien Häfen, zum anderen will Russland den rohstoffreichen Nahen Osten nicht den USA und China überlassen. Die neue russische Nahostpolitik ist tatsächlich eine Fortsetzung der sowjetischen. Dies lässt sich klar am Beispiel der wieder intensivierten und von umfangreichen Waffengeschäften begleiteten Beziehungen zu Syrien ablesen. Syrien bekämpft religiöse Extremisten mit äußerster Härte, seine mächtigen Sicherheitsdienste unterbinden alle Versuche der tschetschenischen Diaspora, den bewaffneten Kampf gegen Russland zu unterstützen. Auch dem starken syrischen Einfluss auf die Hamas-Führung verdankt Putin, dass die Palästinenser-Organisation nicht mit den Aufständischen im Kaukasus kooperiert.

Syrische, palästinensische und andere arabische Spezialisten, in der Sowjetunion ausgebildet, sind jetzt als russlandfreundliche Lobby in Politik und Wirtschaft ihrer Länder tätig. Parallel dazu wächst in Russland der muslimische Bevölkerungsanteil, gegenwärtig sind es 15 Millionen Menschen. Zudem scharen sich muslimische Länder Zentralasiens – militärisch und wirtschaftlich eng mit Russland verbunden – wieder enger um Moskau. Eine Konfrontation zwischen westlicher und islamischer Welt könnte Russland blutig zerreißen. Darum präsentiert Putin die Russische Föderation in jüngster Zeit als mächtige Schutzmacht der Muslime. In diesem Zusammenhang ist auch die russische Vermittlerrolle zwischen EU und Hamas zu verstehen, die Moskau im Frühjahr 2006 einzuleiten versuchte. Der frühere russische Ministerpräsident und Außenminister Yevgeny Primakov macht die USA für den Aufstieg der Hamas verantwortlich. Der Erfolg der Radikalen ist aus Moskauer Sicht ein „totales Fiasko" für die US-Diplomatie im Nahen Osten. Washington sei laut Primakov mit dem Versuch gescheitert, die Demokratie in den Nahen Osten zu exportieren.

Die Sicht auf den Westen

Das kulturgeschichtliche Gegenüber zum eingangs beschriebenen Orientalismus, also der Sicht auf den Orient aus eurozentrischer

Perspektive, könnte der Okzidentalismus sein. Dies würde bedeuten, dass beispielsweise arabische „Westexperten", die in etwa gewissen „Nahostexperten" entsprechen, ihre Quellen auf die Erforschung von religiösen und politischen Randgruppen konzentrieren. Dies mag nun eine besonders überspitzte Formulierung sein, doch aus nahöstlicher Perspektive ließe sich die katholische Kirche vorwiegend aus den Schriften erzkonservativer Strömungen interpretieren, europäische Politik wäre auf Basis der Texte einer rechtsextremen „Front National" unter Jean-Marie Le Pen oder anderer Radikaler zu studieren.[7] Das Resultat wäre dann wohl ein ähnlich verzerrtes Bild vom bunten Gemisch europäischer Politik und Gesellschaft, wie dies in unserer Zeit nur allzu oft mit dem Orient passiert. Der Iran ist das Land der Mullahs, welche die Atombombe wollen – so lautet das Paradigma. Dass es eine Kunstszene gibt, darüber darf nicht berichtet werden. Analog würde dies bedeuten: In Italien gehört dem ehemaligen Premierminister (Berlusconi) die halbe Wirtschaft und die gesamte Medienszene, in Deutschland jagen Skinheads täglich Afrikaner – die Reihe ließe sich fortsetzen.

Zum Thema Okzidentalismus haben zwei Autoren, Ian Buruma und Avishai Margalit, ein gleichnamiges Buch verfasst, in welchem sie die Geschichte der feindlichen Sicht auf Europa von der deutschen Romantik über die Slawophilen des 19. Jahrhunderts bis hin zu den japanischen Nationalisten und den aktuellen Islamisten zeichnen. Der gemeinsame Nenner all dieser antiwestlichen Strömungen sei die Ablehnung von Kapitalismus, Nationalstaat und Säkularisierung.[8] Ihre Diagnose lautet, dass die Islamisten ähnlich den japanischen Ideologen der 1920er Jahre den Westen als dekadent und dem Untergang geweiht betrachten, sich selbst aber als moralisch und auch physisch überlegen erachten. Der Tenor dieses Buches liefert bestimmten Entscheidungsträgern in Washington wiederum nützliche Argumente, welche die Konfrontation zwischen Orient und Okzident nur weiter verschärfen.

„Die Anschläge (vom 11. September 2001) richteten sich ja nicht etwa gegen den Vatikan, die Knesset oder die Freiheitsstatue, sondern (zum zweiten Mal) gegen die Zwillingstürme des World Trade Center, was eher für Feindschaft gegen die Globalisierung steht als für einen Religionskrieg", analysiert Pierre Conesa die Motive und spricht angesichts der Rolle und Vita von Osama bin Laden, dem ausgebürgerten Saudi, von einer tiefen Schizophrenie, in der sich die saudische Gesellschaft befindet. Denn „(i)m Ausland lebt sie all das aus, was sie sich zu Hause versagt; im ‚Anderen', vor allem im Amerikanischen, sieht sie eine Hölle, die dem Paradies sehr ähnlich ist, das den Kämpfern verheißen wird." Die Rekrutierungserfolge einer Sekte wie jener von Bin Laden sind eine Folge des Scheiterns anderer Ideologien wie der des arabischen Sozialismus. Die Mitglieder der Al-Qaida haben kein Programm für bestimmte muslimische Länder. Als „Heimatlose wider Willen" kennen sie kein Vaterland. Viele von ihnen sind Produkte der Globalisierung, die es in „den Westen" verschlagen hat, ohne dass sie dort reüssieren konnten.[9]

Viel relevanter für den Durchschnittsbürger in der arabischen und islamischen Welt sind aber die Medien, um ein Fenster in Richtung Westen zu öffnen. Mit dem Entstehen arabischer Satellitensender nach dem Vorbild des US-Senders CNN ist eine eigenständige arabische Interpretation der Ereignisse in ihrer Hemisphäre möglich geworden. Zuvor hatten die großen angelsächsischen Nachrichtenagenturen ein Monopol in der Berichterstattung. Was CNN als mediale Revolution einleitete, nahm die Redaktion von Al-Jazira (zu Deutsch „Die Insel") als Herausforderung an. Der in Katar ansässige Sender, welcher in der Größe einer „match-box" (Streichholzschachtel) im November 1996 seine Arbeit aufnahm, wie Ägyptens Präsident Hosni Mubarak bei einem Besuch sarkastisch feststellte, hat sich zum Ziel gesetzt, eine arabische Antwort auf die US-Dominanz in der weltweiten Berichterstattung zu sein. Im Jahr zuvor hatte Sultan Ibn Khalife gegen seinen Vater geputscht. Mit der Gründung des ersten arabischen Satellitensenders beschritt der neue Alleinherrscher des Emirats, das über bedeutende Erdgasreserven und eines der höchsten Bruttonationalprodukte verfügt, einen völlig neuen Weg. Argwöhnisch beobachtete der große Nachbar Saudi-Arabien, bis dato wesentlicher Investor vieler Verlagshäuser, so der in London erscheinenden „Al-Hayat" („Das Leben") und vieler anderer Printmedien, die neue Pressefreiheit nebenan.

Al-Jazira stieg binnen weniger Jahre zum populärsten Sender in der arabischen Welt auf. Mit einem sehr erfrischenden Zugang begann dieser TV-Kanal die verkrusteten Strukturen der Berichterstattung in der arabischen und islamischen Welt aufzubrechen. Die Zuschaltung freier Experten, die tägliche Talkshow nach angelsächsischem Vorbild und die Einspielung von internationalen Beiträgen schufen eine völlig neue Kost für den arabischsprachigen TV-Seher. Die Redaktion rekrutierte exzellent ausgebildete Journalisten, vor allem Palästinenser und Libanesen, die oft zuvor noch für die damals gerade aufgelöste arabische Redaktion von BBC tätig gewesen waren. Im Zuge der Al-Aksa-Intifada, die im September 2000 in den besetzten palästinensischen Gebieten begann, und vor allem während der Invasion der USA und ihrer Verbündeten in den Irak im Frühjahr 2003 profilierte sich Al-Jazira als professioneller Sender, der dank eines dichten Korrespondentennetzes viele Berichte in Echtzeit lieferte, welche dem arabischsprachigen Publikum eine andere Sicht der Ereignisse boten.

Die Bilder der israelischen Streu- und Phosphorbomben im Libanon im Sommer 2006 und viele andere Eindrücke, die aus dem gepeinigten Irak oder Gazastreifen die TV-Seher erreichen, lassen aber Sendung für Sendung die Wut in der islamischen Welt hochgehen. Es muss bedacht werden, dass die Bilder der arabischen Satellitensender wie Al-Jazira oder Al-Manar nicht den gefilterten Aufnahmen der großen Nachrichtenagenturen entsprechen, welche die großen westlichen Sender beliefern. Der Zorn der Menschen in der islamischen Welt richtet sich gegen die aktive Beteiligung westlicher Armeen, wie jene der USA oder Großbritanniens, und ebenso das Stillschweigen westlicher Politiker, wenn es darum geht, Stellung zu beziehen und Unrecht beim Namen zu nennen. Letzteres betrifft insbesondere den Palästina-Israel-Konflikt.

Al-Jazira wird über die regen TV-Debatten zu aktuellen Krisenherden in der arabischen und islamischen Welt zu einer Art Kanal zum Dampfablassen für all diese Doppelmoral, wenngleich es auch hier an Objektivität und analytischer Tiefe oftmals mangelt. Doch angesichts fehlender freier Medien und parlamentarischer Opposition in diesen Staaten, um eine echte politische Diskussion zu führen, ist Al-Jazira ein bedeutsamer Ersatz.

Für Aufsehen in der arabischen Welt sorgten bereits in den vergangenen Jahren die Bilder des Senders aus dem Irak- und Afghanistankrieg, die nicht von kontrollierten und in die Armee eingebetteten Journalisten stammten. Als alternativer Satellitensender in der explosiven Region hat sich die TV-Station in Katar jedenfalls einen Namen gemacht. In der arabischen Welt gilt sie wohl zu Recht als revolutionäre Sauerstoffblase, Washington hingegen ist der Sender tief suspekt. Jedenfalls ist Al-Jazira zu einer Autorität herangewachsen, die gleichermaßen bejubelt und verdammt wird. Der Blick auf den Westen ist jedenfalls umfassender geworden. Al-Jazira strahlt seit Herbst 2006 auch in englischer Sprache aus, während Sender wie die BBC unter Mühen Budget und Personal suchen, um wieder ein arabischsprachiges Programm zu ermöglichen. Auf medialer Ebene scheint der Okzident vom Orient teils schon abgehängt worden zu sein. Im Bereich des Internets geht der Vorsprung verschiedener radikaler Gruppen noch viel weiter. Die Propaganda der radikalen Strömungen setzt sich mit dem besonderen Narrativ, also der Interpretation der Weltgeschichte aus überlieferten und gegenwärtig geschaffenen Erzählungen, auseinander. In dieses religiös bestimmte Narrativ reihen sich aktuell die Niederlagen des Westens in der islamischen Welt. Nach den großen Erniedrigungen der islamischen Welt, wie

1948 und 1967 gegen Israel, 2001 und 2003 im Zuge der Invasionen in Afghanistan und im Irak, scheint aus Sicht radikaler Geschichtspropheten nun eine Kehrtwende einzutreten.

Gefahr der großen Niederlage in Afghanistan und im Irak

Die Serie der Niederlagen ausländischer Truppen in Afghanistan ist lang und in der afghanischen Geschichtsschreibung in allen Details bekannt. In der jüngeren Geschichte traf es die Briten 1842, die Sowjets 1989 und demnächst die NATO, die mit 10.000 Soldaten die „mission impossible" einer Befriedung des großen gebirgigen Landes durch zweifelhafte Jagd auf Terroristen mit grausamen Folgen für die Zivilbevölkerung und den Wiederaufbau gleichermaßen zu bewältigen versucht. Die Berichte der britischen Kommandanten in Südafghanistan seit Spätsommer 2006 sind niederschmetternd. Die Truppen geraten in immer mehr Hinterhalte, die Bevölkerung unterstützt wieder die 2001 gestürzten Taliban, da Letztere den Bewohnern offenbar eine Sicherheit garantieren können, welche die NATO verfehlt. Anstatt sich auf die Stabilisierung des Landes zu konzentrieren, lautete die Strategie der USA und ihrer Verbündeten, Terroristen zu bekämpfen. Die Folgen sind verheerend: Die Taliban und andere Widerstandsgruppen haben großen Zulauf im Land und auch von außerhalb, die Opiumproduktion erreicht historische Spitzen und der Westen steht kurz davor, eine gewaltige militärische Niederlage am Hindukusch zu erleben. Die Aura der NATO wird damit auf lange Sicht gebrochen sein. Dabei hätten die politischen und militärischen Entscheidungsträger vor ihrem Einsatz im Oktober 2001 nur mit ihren russischen Kollegen Rücksprache halten müssen.

Die nun veröffentlichten Kreml-Protokolle geben ein eindrucksvolles Bild von der Afghanistandebatte im Politbüro am

21./22. Jänner 1987. Das deutsche Nachrichtenmagazin „Der Spiegel" druckte Auszüge daraus ab. Folgende Konversation zwischen Generalsekretär Michail Gorbatschow und seinem Außenminister Eduard Schewardnadse ist bemerkenswert:

„Schewardnadse: Dass wir dort einmarschiert sind, absolut ohne die Psychologie der Leute und die tatsächliche Lage im Land zu kennen, ist klar. Und alles, was wir getan haben und tun in Afghanistan, ist unvereinbar mit dem moralischen Antlitz unseres Landes.

Gromyko: Das heißt, es war auch falsch, dass wir einmarschiert sind?

Schewardnadse: Auch das. Die Einstellung uns gegenüber dort ist viel negativer, als uns scheint. Und für all das geben wir eine Milliarde Dollar pro Jahr aus. (...)

Ryschkow: Die früheren Informationen waren nicht objektiv.

Marschall Sokolow: Die militärische Lage hat sich verschlechtert. Militärisch solch einen Krieg zu gewinnen, ist unmöglich. (...)

Gorbatschow: Keinen Schritt zurück von unserer neuen Linie! Als wir in Afghanistan einmarschierten, waren wir durch ideologische Aspekte geblendet und glaubten, gleich drei Etappen überspringen zu können: vom Feudalismus zum Sozialismus. Jetzt können wir offen über die Lage reden."[10]

Die Aufzeichnungen von Besprechungen im Weißen Haus im Herbst 2006 werden vielleicht in einer ähnlichen Stimmungslage verlaufen. Allein die Anhörung des neuen Verteidigungsministers Robert Gates im US-Senat ließ auf tiefe militärische und politische Probleme der USA schließen. Auf die Frage, ob die USA den Krieg im Irak gewinnen können, lautete die Antwort von Gates: „Nein, Sir."

Das Debakel des Westens im Orient wird aber ein doppeltes sein, denn die Truppen der NATO sowie die im Irak stationierten 138.000 Soldaten der USA, der Briten und ihrer Verbündeten könnten unter sehr großen Verlusten Hals über Kopf flüchten. Die Bilder einer solchen Niederlage werden um die Welt gehen und den Mythos der Unbesiegbarkeit und der technischen Überlegenheit des Westens schweren Schaden beifügen. Wer sich noch des berühmten Pressefotos von 1967 erinnert, das die funkelnagelneuen sowjetischen Militärstiefel zeigt, welche die ägyptischen Soldaten ausgezogen hatten, um schneller vor den Israeli davonzulaufen, kann sich ausmalen, welche Symbolkraft die Bilder zerstörter NATO-Panzer am Hindukusch haben werden. Das Foto von 1967 stand jahrzehntelang für die Unfähigkeit und Ohnmacht der arabischen Regimes in der Auseinandersetzung mit Israel.

Um Afghanistan zu erobern und als Teil des Britischen Imperiums in Indien einzugliedern, kämpfte um 1840 eine große angloindische Armee gegen einen relativ schlecht ausgerüsteten afghanischen Widerstand. Die Briten konnten zwar das Land besetzen, jedoch nicht ihre Ziele durchsetzen. 1842 wurde ein Waffenstillstand vereinbart, bei dem die Briten sich bereit erklärten, ihre Truppen zurückzuziehen. Jedoch wurden kurz darauf am Khyber-Pass die sich zurückziehenden Briten angegriffen und alle 15.000 britischen Soldaten und deren Familienmitglieder getötet. Der Legende nach soll ein Arzt durchgekommen sein.

Die Geschichte kann sich in bestimmten Aspekten wiederholen. Der wesentliche ist wohl: Einen Guerillakrieg hat noch keine konventionelle Armee in den letzten 200 Jahren gewonnen. Die Bezeichnung „Guerilla“ bedeutet „Kleinkrieg“ und kommt aus dem Spanischen. Als Napoleon die Iberische Halbinsel eroberte, stießen seine Truppen auf den erbitterten Widerstand der Bevölkerung. Es kam zu einem regelrechten Volksaufstand gegen die Invasoren, der zum Vorbild für die Befreiungsbewegungen späterer Jahre werden sollte. Der Partisan ist italienischen Ursprungs. All jene irregulären Einheiten, die gegen die faschistische Besatzung, ob auf dem Balkan, in Griechenland oder Italien, kämpften, werden als Partisanen bezeichnet.

Der Guerillakrieg der Spanier gegen die Franzosen währte von 1807 bis 1814. Francisco José de Goya y Lucientes dokumentierte in seinen „Desastres de la Guerra“ die Grausamkeit der Besatzer gegen die Guerilleros und die Zivilbevölkerung.

Es geht um einen kaum zu gewinnenden Krieg in der Okkupationsrolle. Das wissen die Briten sehr wohl, schon mehrfach mussten sie Niederlagen im Nahen Osten einstecken. Als Frankreich seinen langen Algerienkrieg verlor, dehnte sich das Schlachtfeld bis nach Frankreich hinein. Die simultan gezündeten Bomben auf öffentliche Verkehrsmittel – ein Déjà-vu für die Franzosen. Sowohl in den späten 1950er Jahren als auch Anfang der 1990er Jahre fanden ähnliche Anschläge auf französischem Territorium statt.

Seine Lehre scheint Frankreich aus dieser bitteren Niederlage gezogen zu haben. Denn einer der vielen Gründe, warum sich Paris – nicht zuletzt unter dem gaullistischen Präsidenten Jacques Chirac – gegen den Irakkrieg 2003 aussprach, war: Wir wollten nicht eine Neuauflage jener Bilder erleben, die uns in den 1960er Jahren traumatisiert hatten.[11] Doch das französische Establishment hatte sehr lange gebraucht, um mit diesem dunklen Kapitel ein wenig zu Rande zu kommen. Erst unter der Regierung des Sozialisten Lionel Jospin in den 1990er Jahren wurde ausdrücklich vom Algerienkrieg gesprochen. Zuvor hatte man diese lange kriegerische Epoche, die de facto bereits kurz nach Ende des Zweiten Weltkriegs mit einem Guerillakampf in Algerien begann, nur mit dem Begriff der „événements“, also der Ereignisse, umschrieben. Und solange man eine Situation nicht beim Namen nennt, wird alle Mühe, diese zu begreifen und abzuschließen, nicht möglich sein.

Vom Dickicht des Kleinkriegs

Ein Film kann eindrucksvoller eine Lektion der Geschichte aufbereiten als so manche lange Manöverkritik. Das fanden auch einige Herren im US-Generalstab. Am 27. August 2003 lud das

US-Verteidigungsministerium ausgewählte Gäste zu einer geschlossenen Filmvorführung ins Pentagon. Gezeigt wurde der 1965 vom italienischen Regisseur Gillo Pontecorvo an Originalschauplätzen gedrehte Film „Die Schlacht um Algier". Pontecorvo hatte mit diesem Werk, in dem fast ausschließlich Laiendarsteller auftreten, ein außergewöhnliches zeitgeschichtliches Dokument geschaffen. Lange Zeit war der preisgekrönte Film in Frankreich verboten. Zu offen waren noch die Wunden des algerischen Unabhängigkeitskrieges. Die Franzosen gewannen zwar die Schlacht um Algier 1957, sie verloren aber den Krieg. Es bedurfte der Entscheidung eines Charles de Gaulle, um dem aussichtslosen Krieg, der laut algerischen Angaben rund einer Million Menschen auf algerischer Seite das Leben kostete, 1962 schließlich ein Ende zu bereiten. Doch Meutereien in der französischen Armee hielten noch an, die Flüchtlingswellen aus Algerien versetzten Frankreich auf Jahre hinaus in großen Aufruhr. Anschläge erschütterten nicht nur zivile französische Ziele in Algerien, sondern auch in Paris.

Der Film zeigt klar, warum ein Guerillakrieg nicht zu gewinnen ist. Diese Erfahrungen mussten vor den Franzosen in Algerien die Deutschen im Partisanenkrieg auf dem Balkan, später die USA in Vietnam und viele andere Besatzungsarmeen im Laufe der Geschichte unter großen Verlusten hart erlernen. Die US-Militärs und ihre politische Führung rund um den damaligen Verteidigungsminister Donald Rumsfeld, seinen Vize Paul Wolfowitz und die Sicherheitsberaterin Condoleezza Rice – das wesentliche Trio der Kriegstreiber – hätten den Film ein Jahr früher studieren müssen. Der Film schildert nämlich nicht nur den Aufbau der vielen autonomen Zellen, die ein Widerstand schafft, sondern auch die vehemente Unterstützung durch die Zivilbevölkerung. Hinzu kommt das ethische und militärische Schlamassel, in welches Armeen sich in solchen Kleinkriegen stürzen.

Es ist völlig naiv und verfehlt, ein Verhalten – mag es noch so unmenschlich sein – als „undeutsch", als „unamerikanisch" oder

„unfranzösisch" zu bezeichnen. Nur weil eben nicht sein darf, was nicht sein soll. Genau so reagierte die US-Öffentlichkeit im Umgang mit den Kriegsverbrechen im Irak. Zweifellos ist den verantwortlichen Behörden in Washington zugutezuhalten, dass den Folterern aus den Reihen der US-Marines in irakischen Gefängnissen nun konsequent der Prozess gemacht wird. Andere Okkupationsmächte ließen sich damit viel mehr Zeit oder taten es nie. Dennoch geht der Hurrapatriotismus in der öffentlichen Meinung weiter, Redakteure oder Universitätsprofessoren werden gefeuert, wenn sie Aussagen treffen, die der US-Seele zuwiderlaufen, etwa jene, US-Truppen hätten auf Journalisten geschossen, was immerhin belegt ist. Aber es sei eben „unamerikanisch", was immer unter einem besonderen US-Ethos zu verstehen sein mag. Ist es unmöglich, sich als Amerikaner, Israeli oder Franzose einzugestehen, dass auch die eigenen Truppen Kriegsverbrechen begehen können? Es gibt keine zivilisatorische Impfung, die Menschen in Krisenzeiten immun gegen die Brutalität macht. Des Menschen freier Wille, sich dafür zu entscheiden, entweder mit den Wölfen zu heulen oder aller Gefahr zum Trotz doch die Humanität zu bewahren, ist schlussendlich der einzig entscheidende Maßstab. Wer hält dem Druck, dem Angriff auf die eigene physische Unversehrtheit stand und wird nicht zum Folterknecht seinerseits? Das besonders Paradoxe, oder vielleicht psychologisch doch wiederum Erklärbare, ist die Tatsache, dass viele der wesentlichen Algerienveteranen zuvor in der französischen Résistance aktiv waren, so einer der Befehlshaber der Schlacht um Algier, Oberst Matthieu. Ihre Erfahrungen im peinlichen Verhör gaben sie dann an ihre Kollegen in Argentinien und anderen lateinamerikanischen Diktaturen weiter.

Der Westen reibt sich gegenwärtig in einem aussichtslosen „Krieg gegen den Terror" in Afghanistan, im Irak, demnächst im Libanon und vielleicht auch bald wieder in Somalia völlig auf. Zudem führt die Verschärfung der Antiterrorgesetze zu einer starken Beschneidung der Bürger- und auch Menschenrechte. Wenn dieser Kurs innen- wie außenpolitisch beibehalten wird, könnten die mehrdeutigen Aussagen von Osama bin Laden und anderer seiner Weggefährten Recht behalten. Dass nämlich der Westen Gefahr läuft, ohne Zutun von außen, seine zivilisatorischen und rechtsstaatlichen Errungenschaften aufzugeben.

---

1 So finden 94 Prozent aller jährlich erfolgenden Exekutionen in folgenden Staaten statt: China, Iran, Saudi-Arabien und USA.

2 Ansprache des Papstes an italienische Juristen am 11.12.2006 in Rom; siehe www.zenit.org

3 Sadik al-Azm: Vortrag in Mzaar/Libanon bei der Konferenz „Kulturen, Religionen und Konflikte" am 20.9.2002.

4 Sämtliche Werke. Ausgewählte Briefe, Gespräche, Berichte. Hrsg. von Peter Frank/Karl Pörnbacher. Bd. 1. München 1960, S. 500.

5 Raymond Aron: Paix et Guerre entre les Nations. Paris 1984 (Neuauflage), S. 394 ff.

6 Die US-Regierung setzte unter israelischem Druck die libanesische Hisbollah im November 2001 auf die dritte überarbeitete Liste terroristischer Vereinigungen. Die EU stufte im September 2003 die palästinensische Hamas als Terrororganisation ein, nicht aber die Hisbollah. Javier Solana, der Hohe Beauftragte der EU für Außenpolitik, stellte dies im Juli 2006 während des Libanonkriegs auch gegenüber der israelischen Regierung nochmals klar.

7 Georges Corm: L'Europe et l'Orient, de la balkanisation à la libanisation, histoire d'une modernité inaccomplie. Paris 1991, S. 374.

8 Occidentalism. The West in the Eyes of its Enemies. New York 2004.

9 Pierre Conesa: „Al Qaida – eine Sekte des Terrors", in: Le Monde Diplomatique vom 11.1.2002.

10 Der Spiegel vom 13.11.2006, S. 138.

11 Interview mit einem französischen Militär in Wien am 3.4.2004.

Die Minderheiten: Brücke oder Fünfte Kolonne

„Was ihr gesehen habt, ist erst der Anfang einer Serie von Anschlägen", heißt es in einem Video, das am 6. Juli 2006 über den arabischen TV-Sender Al-Jazira ausgestrahlt wurde. Der Sprecher ist Shehzad Tanweer, einer der Attentäter der Anschläge in London vom 7. Juli 2005, der das Band als eine Art virtuelles Testament hinterließ.[1]

„Die Sorge für den Anderen siegt über die Sorge um sich selbst. Genau das ist es, was ich ‚Heiligkeit' nenne. Unsere Menschlichkeit besteht darin, dass wir den Vorrang des Anderen anerkennen können. Die Sprache wendet sich immer dem Anderen zu, so als ob man gar nicht denken könnte, ohne sich bereits um den Anderen zu sorgen."

Emmanuel Lévinas, Philosoph (1906–1996)

Die Koexistenz von Orient und Okzident wird überall dort konkret, wo es nicht in akademischer Abgeschiedenheit um eine wohlmeinende Konferenz zum Dialog der Zivilisationen geht, sondern wenn die Angehörigen unterschiedlicher Glaubensgemeinschaften miteinander den Alltag erleben. Wenn sie ihre Feste gemeinsam feiern, am Grab füreinander trauern und den jeweils Anderen nicht aus politischer Korrektheit, sondern in erlebter Tradition respektieren. Eine solche Skizze beschreibt nicht Utopia, sondern war und ist teils noch möglich.

Ein Denker von der menschlichen und geistigen Größe eines Emmanuel Lévinas, der den Anderen über das eigene Ich stellte, verfasste, den Gräueln des 20. Jahrhunderts trotzend, die philosophischen Grundlagen für einen solchen würdevollen Umgang mit dem Anderen. In Litauen geboren, wirkte der Überlebende des Holocaust in Frankreich bis zu seinem Tode 1996. Sein persönliches Leid wusste er stets auszublenden und forderte einen universellen Humanismus ein. Großen Anklang finden seine Schriften unter den Geisteswissenschaftlern im Nahen Osten, wo im religiösen Gemisch der Andere überall gegenwärtig ist. Rund um ein Kolloquium zum „Bild des Anderen", das libanesische Kollegen und ich in Byblos im März 2001 veranstalteten, wurde die Ethik eines Lévinas im Zusammenhang mit dem „Andersartigen" oft zitiert.[2]

Ein Jahr nach der Ermordung des libanesischen Journalisten und Universitätslehrers Samir Kassir, der in der Tradition von Lévinas schrieb und handelte, hielt die jesuitische Universität Saint-Joseph in Beirut im Juni 2006 ein Seminar zum Gedenken an den durch eine Autobombe getöteten Kollegen ab. Samir Kassir hatte seine Feder stets mutig gegen die politischen Missstände im Libanon und in Syrien eingesetzt. Wer seine Mörder waren, ist bis dato nicht bekannt. Die Liste der Referenten des Seminars für Samir Kassir reflektierte, welche geringe Rolle religiöse und ideologische Divergenzen im kriegsgeprüften Libanon spielen können. Denn es gibt hier noch die wichtigen Sauerstoffblasen im akademischen und künstlerischen Leben, die eine geistige Durchmischung der Religionen ermöglichen. Der schiitische Kleriker referierte neben dem atheistischen Soziologen, gefolgt vom israelischen Parlamentarier und maronitischen Geistlichen. Wofür Kassir sein kurzes Leben lang als Schriftsteller und Aktivist eingetreten war, sollte in der Trauerfeier jedenfalls möglich sein: das kulturelle und religiöse Miteinander, nicht in bemühter europäischer Steifheit, sondern in der natürlichen Leichtigkeit des Seins, welche die libanesische Gesellschaft allen Widrigkeiten zum Trotz immer noch elegant beherrscht. Solange solche kulturelle Reibungsflächen in einer multi-religiösen Gemeinschaft bestehen, erhält sich die Bereitschaft, vom Anderen zu lernen und ihn im Anderssein zu respektieren. Die libanesischen „ways of life" sind so unterschiedlich, dass sich weder ein weltoffener Pariser Stil noch ein strenger islamischer Sittenkodex landesweit durchsetzen können. Diese Vielfalt macht den Charme und zugleich die Fragilität einer Gesellschaft von 18 Religionsgruppen aus.

Das Verhältnis zwischen den Angehörigen unterschiedlicher Glaubensgemeinschaften hingegen kann rasch kippen, wenn das Besondere der eigenen Religionsgemeinschaft kultiviert wird und das gemeinsame kulturelle Erbe in den Hintergrund tritt. Letzteres findet über die selbst erwählte Ausgrenzung statt. Die muslimischen Glaubensgemeinschaften in Europa ziehen sich oft bewusst in eine Parallelwelt zurück, sobald die Größe ihrer Gemeinschaft dies erlaubt. Wenn die türkische Bevölkerungsgruppe in einer österreichischen oder deutschen Stadt zahlenmäßig und wirtschaftlich stark genug ist, um eigene Geschäfte, Kindergärten, Kliniken und Schulen zu errichten, dann besteht keine Notwendigkeit mehr, am Leben der Mehrheitsgesellschaft teilzunehmen. Die Parallelgesellschaften ignorieren einander. Dies trifft analog auf die maghrebinischen Viertel in Frankreich, Belgien und Spanien zu. Ähnliches lässt sich an den christlichen Gemeinschaften in den muslimischen Staaten beobachten, wenn auch unter völlig anderen politischen Vorzeichen. Die Abschottung erklärt sich hier teils aus der politischen, teils aus der gesellschaftlichen Repression, wie dies in der Türkei und in Ägypten der Fall ist. Für die Muslime in Europa hat der Rückzug in die eigene Gruppe mehrere Gründe. Diskriminierung und gescheiterte Integration spielen ebenso eine Rolle wie auch der klare Wunsch des Andersgläubigen, mit der Mehrheit nichts zu tun haben zu wollen.

Die religiöse Minderheit mag sich für moralisch überlegen halten, auf ihre demografische Kraft setzen oder sich als politischer Widerstand deklarieren. Die Gefahr einer Konfrontation im Namen Gottes, angeheizt durch soziale Gräben, wächst zweifellos in vielen europäischen Städten. Von einer Einheit im religiösen Sinne kann man in den westlichen Gemeinschaften kaum mehr sprechen. Infolge der Völkerwanderungen unserer Zeit hat sich von Berlin-Kreuzberg bis Marseille ein buntes Geflecht aus Kulturen und Religionen ergeben, die sich anders als die historisch gewachsenen Volksgruppen im Orient oder auf dem Balkan mit der jeweiligen Mehrheitsgesellschaft nicht vermischen konnten.

Gemeinsam ist diesen Minderheiten, ob sie durch Zuwanderung binnen einiger Jahrzehnte entstanden sind oder über Jahrtausende durch alte Zivilisationen allmählich gewachsen sind, eines: Sie können sowohl die bedeutsame Rolle des Brückenschlags zwischen den Gesellschaften innehaben als auch die unter Kollektivverdacht stehende Fünfte Kolonne sein. Die arabischen Christen, die iranischen Juden oder die Schiiten in den sunnitischen Mehrheitsgesellschaften – sie alle kennen den Anderen, weil sie miteinander den Alltag teilen oder die Elterngeneration ihnen zumindest vom früheren Miteinander noch berichten kann. Angesichts des tief greifenden Dilemmas zwischen Orient und Okzident sind es aber auch die Angehörigen der Minderheiten, die als Erste zum Ziel physischer Übergriffe durch einen Sicherheitsapparat oder durch Verleumdung werden.

Als Zehntausende Muslime Anfang Februar 2006 durch Beirut zogen, um gegen die dänischen Karikaturen zu protestieren, wurden auch christliche Geschäfte angegriffen. Muslimische Kleriker versuchten, den wütenden Mob an diesen Ausschreitungen zu hindern. Doch der Hass und die Aggressivität waren stärker als die Autorität der Imame oder der Polizei. Zu ähnlichen Gewaltexzessen kam es im westafrikanischen Nigeria und in Indonesien, wo Christen als Rache für die Karikaturen von radikalen Muslimen gelyncht wurden. Ihnen allen wurde zum Verhängnis, Christen zu sein.

Die schwierige Lage der orientalischen Christen anzusprechen, ist das wesentliche Thema des Vatikans, indem nun mutige Wechselseitigkeit in der Entfaltung der Glaubensgemeinschaften, also der Muslime in Europa, der Christen in der islamischen Welt, eingefordert wird. Das Ökumenische Patriarchat von Konstantinopel überlebte die 463 Jahre unter dem Sultan offenbar besser als die zurückliegenden 83 Jahre laizistisch-kemalistischer Republik. Gut dreitausend Gläubige zählen in der Türkei heute zur griechisch-orthodoxen Kirche. Diese Minderheit ist biologisch am Ende. Immer wieder kursieren Gerüchte, das in Istanbul beheimatete Ökumenische Patriarchat könne in naher Zukunft gezwungen sein, seinen Sitz ins Ausland zu verlegen. Patriarch Bartholomaios schilderte vor der Papstreise in die Türkei Ende November 2006 in Interviews die Probleme, denen seine Kirche im EU-Kandidatenland Türkei ausgesetzt ist: Die theologische Hochschule von Chalki, die für die Ausbildung seiner Priester so notwendig wäre, ist seit 35 Jahren geschlossen. Die Briefe des Patriarchen an die Regierung in Ankara blieben bislang unbeantwortet.

Deshalb setzt das Ehrenoberhaupt der weltweiten Orthodoxie, das in der Türkei allerdings nur als Seelsorger der griechisch-orthodoxen Christen des Landes gesehen wird, auf den Beitritt der Türkei zur Europäischen Union. Wenn die Europäer nicht die Vollmitgliedschaft in Aussicht stellen, „wozu dann alle diese Reformen?“, so fragen die Politiker. Es gibt unter den Politikern aber auch eine Minderheit, der bewusst sei, dass man die Reformen nicht für Europa mache, „sondern weil wir sie unseren Bürgern schulden“.

Oft genug werden die Angehörigen von Minderheiten mit dem Begriff der Fünften Kolonne in Verbindung gebracht. Diese Bezeichnung kam während des Spanischen Bürgerkriegs 1936 auf, stammt aber ursprünglich aus dem Russischen Bürgerkrieg und bezeichnete eine Eliteeinheit. Unter einer Fünften Kolonne sind Staatsangehörige zu verstehen, deren Loyalität einem anderen Staat oder einer anderen ideologischen Gruppe gilt. Ihr politisches Ziel bestünde demnach darin, durch subversive Aktionen das herrschende System zu stürzen.

Für die Muslime in den westlichen Staaten ist der Alltag seit dem 11. September 2001 von einer Art Generalverdacht der Mitwirkung am Terrorismus überschattet. In Großbritannien hat sich die Situation für die meist aus Südostasien stammenden Muslime mit den Attentaten von London im Sommer 2005 dramatisch verschärft, in den Vororten französischer Großstädte bedarf es nur eines polizeilichen Fehltritts, und schon können wieder Autos und Kindergärten brennen. Die Gesellschaften sind zersplittert. Die Loyalität zwischen der Zugehörigkeit zu einem Staat einerseits und einer Religionsgemeinschaft oder Ethnie andererseits kann zu tief greifenden Konflikten führen. Eine Fragmentierung des Staates, wie sie sich etwa auf dem Balkan und im Nahen Osten beobachten lässt, könnte auch auf die etablierten Nationalstaaten West- und Mitteleuropas übergreifen.

Von der „Libanisierung" zur „Balkanisierung" und zurück

All jene Staatsgebilde, die aus den Überresten des Osmanischen Reiches nach dem Ersten Weltkrieg geschaffen wurden, erbten die religiöse und kulturelle Mannigfaltigkeit des Vielvölkerreiches, vor allem hinsichtlich christlich-muslimischer Gemeinschaften. Dies gilt für Bosnien-Herzegowina ebenso wie für den Libanon. Die Religionsgemeinschaften vermischten sich über Ehen, Geschäfte oder Nachbarschaft und bildeten auf diese Weise eine natürlich gewachsene Einheit. Das Beirut und Sarajevo der frühen 1970er Jahre waren eine solche multireligiöse Gesellschaft, in der Orthodoxe, Juden, Muslime und Katholiken trotz aller Vorurteile und historischer Ressentiments im gemeinsamen Staatsverband lebten. Anstelle des Vergleichs mit dem byzantinischen Mosaik bietet sich das Bild eines Aquarells an, wie es ein Lokalpolitiker in der Vojvodina einmal formulierte: „Wäre es ein Mosaik, ließen sich die einzelnen Steine herausnehmen, so aber fließen die Farben ineinander und bilden ein unauflösliches Ensemble."

Nach den „ethnischen Säuberungen" der Bürgerkriege, die in den 1980er Jahren im Libanon herrschten und ein Jahrzehnt später auf dem Balkan folgten, existiert von einigen Ausnahmen abgesehen in diesen Staaten gegenwärtig teils nur mehr ein Nebeneinander. Glaubenskriege, wie sie in Westeuropa im 17. Jahrhundert tobten, oder einen Holocaust hat der Orient nicht hervorgebracht. Zwar befindet sich der Nahe Osten seit bald 60 Jahren in einem quasi dauernden Kriegszustand, doch hat bislang kein totaler Krieg vom Ausmaß eines der tragischen europäischen Kapitel des 19. oder 20. Jahrhunderts stattgefunden. Die Konflikte im Libanon und auf dem Balkan haben in den letzten 20 Jahren die einst gemischten Viertel nach ethnischen oder religiösen Grenzen voneinander getrennt. Kannte die Elterngeneration der Libanesen noch die Ära der gemeinsamen Ramadan- und Weihnachtsfeiern, ist für weite Teile der Generation der nach 1975 Geborenen die Trennung in ein christlich dominiertes Ost- und muslimisches West-Beirut eine vollendete Tatsache. In Sarajevo oder Banja Luka verlaufen die unsichtbaren ethnischen Grenzen derart scharf, dass die Überlebenden der Massaker der 1990er Jahre ihre Wege durch die Stadt so anlegen, dass sie gar den Friedhof der anderen Volksgruppe meiden.

Wer den Libanon in den schwierigen Jahren seiner staatlichen Desintegration während der 1980er Jahre studiert hatte, verstand um einiges leichter die Ereignisse, die im nachfolgenden Jahrzehnt den europäischen Kontinent, insbesondere auf dem Balkan und im Kaukasus, erfassen sollten. Analogien soll man bekanntlich nicht allzu sehr ausreizen, doch ein Vergleich zwischen den Entwicklungen in Bosnien und im Libanon hilft, einige Tendenzen für die Konflikte unserer Zeit zu verstehen. Dazu zählen unter anderem die Rückkehr der Religion und Kultur als politische Faktoren und damit verbunden die Auseinandersetzung zwischen der islamischen und der christlichen Religionsgemeinschaft. Doch waren weder die Kriege im Libanon noch jene im zerfallenden Jugoslawien Glaubenskriege. Es ging um Machtansprüche, zu deren Durchsetzung die jeweilige Religion den wesentlichen Vorwand lieferte. Gerade in den besonders heiklen Phasen des Bürgerkriegs im Libanon, der offiziell von 1975 bis 1990 wütete, zeigten sich die rasch wechselnden Allianzen, wobei Maroniten und Schiiten miteinander koalierten, Schiiten und Sunniten als Muslime einander bekriegten, während die armenischen und sunnitischen Händler an der Küste wieder mehr Sympathien füreinander hatten. Letztere wollten frei nach der levantinischen Devise „leben und leben lassen" nur Geschäfte machen, das Leben genießen und brachten Politik gegenüber weniger Interesse auf.

Vergleichende Studien zu den Konflikten zwischen dem Nahen Osten und dem Balkan werden seit einigen Jahren fächerübergreifend erstellt. Denn sowohl der Libanon als auch das ab 1991 zerfallende Jugoslawien sind interessante, vor allem aber tragische Fallbeispiele für die Konfessionalisierung einer Gesellschaft und Staatenimplosion. Der religiöse beziehungsweise ethnische Proporz bewegt sowohl den Libanon als auch die Nachfolgestaaten des ehemaligen Jugoslawien. Letzteres baute ebenso auf Quoten zur Regelung des öffentlichen Lebens auf, wie dies für den Libanon weiterhin gilt, doch ihre Systeme sind keineswegs vergleichbar. Die Bundesrepublik Jugoslawien war kommunistisch geprägt, zugleich blockfrei und hatte eine besondere Variante der Planwirtschaft geschaffen; der Libanon frönte stets dem Freihandel, ist politisch aber auf feudalen Hierarchien der Landeigentümer aufgebaut. Gemeinsam ist beiden die Religionsvielfalt.

Das osmanische Erbe in der Verwaltung und Gesellschaft, das sowohl auf dem Balkan als auch in der Levante für Jahrhunderte wirkte, ist nicht zu unterschätzen. Es prägte zudem das Verhältnis zwischen Bürger und Staat, wobei der Staat als korrupt und repressiv wahrgenommen wurde und wird. Während Jugoslawien und auch die Sowjetunion infolge ähnlicher zentrifugaler Kräfte tatsächlich noch 1991 implodierten, besteht der Libanon in seiner Staatlichkeit bis heute fort. Vielleicht gerade deshalb, weil er zentral und nicht föderal organisiert ist. Ausschlaggebend für den Fortbestand dieses kleinen Staatswesens während 16 Jahren Krieges ist meines Erachtens zudem die Rolle der Familienclans, die in Abwesenheit staatlicher Institutionen die öffentlichen Dienstleistungen wie die Stromversorgung übernommen hatten. Der politische Tribalismus war eine der Wurzeln des Konflikts, doch ohne die Rolle dieser mächtigen Großfamilien hätte der Libanon wohl die Jahre des Chaos nicht überlebt.

Definiert wird „Balkanisierung" als die Fragmentierung von Vielvölkerstaaten in viele kleine Nationalstaaten, die einander oft feindlich gesinnt sind. Als das Osmanische Reich und die Donaumonarchie mit dem Ende des Ersten Weltkriegs in solche Nationalstaaten zerfielen, neue Grenzen entstanden, die Minderheitenprobleme schafften und damit auch die Basis für den nächsten großen Krieg legten, kam der Begriff auf. Obwohl seither in der Geschichtsschreibung und in den Medien fast inflationär verwendet, bleibt sein Ursprung unklar. Erstmals benützt haben soll den Ausdruck der „Balkanisierung" der deutsche Politiker Walther Rathenau in einem Interview mit der „New York Times" im September 1918, ohne jedoch den Balkan geografisch gemeint zu haben.[3]

Mit dem offiziellen Ausbruch der Balkankriege am 25. Juni 1991, als Kroatien und Slowenien ihre Unabhängigkeit erklärten und aus der Bundesrepublik Jugoslawien austraten,[4] wiederholte sich ein historischer Vorgang, wie ihn dieser Raum rund 70 Jahre zuvor bereits erlebt hatte. Neue kleinere Nationalstaaten entstanden vor dem Hintergrund eines Gemetzels, das neben Hunderttausenden Todesopfern und Invaliden zu den größten Flüchtlingsströmen auf dem europäischen Kontinent seit 1945 führte. Dieses Mal wurden Journalisten und Politologen nicht müde, von der „Libanisierung Jugoslawiens" zu sprechen. Noch vor dem Ausbruch dieser neuen Balkankriege, die sich seit dem Tode von Josip Broz Tito 1980 infolge einer Wirtschaftskrise und wachsendem Nationalismus führender Politiker zusammenbrauten, schrieb der libanesische Historiker Georges Corm über das Kräfteverhältnis zwischen Europa, dem Balkan und dem Nahen

Osten unter dem Titel „L'Europe et l'Orient, de la balkanisation à la libanisation, histoire d'une modernité inaccomplie".[5] Corm nahm mit seiner vergleichenden historischen Analyse der beiden Regionen – ihrer Gemeinsamkeiten als Erben von Vielvölkerreichen – die Kriege von 1991 bis 1999 im Balkan vorweg.

Im Hafen von Jounieh, nördlich von Beirut gelegen, konnte man im Herbst 1990, als die Syrer die Karten im kriegszerstörten Libanon neu mischten, Folgendes beobachten: Die Waffen christlicher Milizen, wie der Phalange, wurden verladen. Die Fracht ging an die dalmatinische Küste.[6] Der Waffenmarkt verlagerte sich im Oktober 1990 vom Libanon nach Jugoslawien. Genau neun Monate später brach der Jugoslawienkrieg aus. Mit diesen Schiffen gelangte nicht nur das Kriegsmaterial, sondern die gesamte moderne Milizmentalität von der Levante in die Adria. Was man zuvor in Beirut oder Tripoli erlebt hatte, fand nun in Sarajevo und Banja Luka statt. Jene jungen Männer, die ehedem arbeitslos waren, doch dank Sonnenbrille, Maschinenpistole und ergebener Truppe rasch zu mächtigen Chefs der von ihnen kontrollierten Stadtteile aufstiegen, fanden sich bald in den paramilitärischen Banden der Kroaten, Serben und Bosniaken gleichermaßen. Der Kreis hatte sich nicht nur über die Begriffe, sondern über den Waffenhandel zwischen Orient und Balkan geschlossen.

Das Quotenprinzip als Lösung oder Untergang

Der Libanon umfasst 18 Konfessionen christlicher und muslimischer Strömungen. Die Zugehörigkeit zu einer Religion bestimmt das gesamte Leben, die Erziehung, den Heiratsritus, die Karriere in öffentlichen Ämtern und vieles mehr. Diesen Konfessionalismus als verkrustetes Regime zu bekämpfen, traten die palästinensischen Gruppen in den frühen 1970er Jahren mit ihren libanesischen Verbündeten aus den Reihen der Kommunisten an. Mit der vorläufigen Beendigung des Krieges 1990 stellte sich heraus, dass das Prinzip konfessioneller Zugehörigkeit heute noch viel fester verankert ist, als dies in den relativ säkular gestimmten Jahren zuvor der Fall war. Die Frömmigkeit hat zudem aus vielen Gründen im Laufe der Kriegsjahre zugenommen.[7]

Jugoslawien wiederum kannte feste Quoten ethnischer Zugehörigkeit, die nicht nur die politische Führungsspitze erfassten, sondern auch in den Betrieben galten. Über allem, selbst im Volkswagenwerk, stand der allmächtige „kljuc“, der ethnische „Schlüssel“. Was aber genau den Unterschied zwischen den Nationen, insbesondere im ethnisch so gemischten Bosnien, ausmachte, konnte – mit Ausnahmen der größenwahnsinnigen Ideologen eines Großserbiens oder Großkroatiens in den Akademien der Wissenschaften von Belgrad und Zagreb – niemand wirklich beantworten. So mussten die bosnischen Muslime, eigentlich eine Konfessions- und keine Volksgruppe, erst zu einer Nation innerhalb Jugoslawiens gemacht werden, um in dem System der organisierten nationalen Gleichstellung berücksichtigt zu werden. Nach dieser ethnischen Zugehörigkeit musste jeder irgendwo hingehören, andernfalls hatte er keinen Zugang zu den Ressourcen. Anders als im Libanon, wo die konfessionelle Zugehörigkeit von Geburt über den Rest des Lebens entscheidet, stand in Jugoslawien die Freiheit, sich selbst zu deklarieren. Wer sich für keine der Identitäten entscheiden konnte, deklarierte sich als Jugoslawe. Mit dem Ausbruch vereinzelter Kämpfe ab Ende der 1980er Jahre wurde aber das nationale Bekenntnis zunehmend zu einer Freund-oder-Feind-Bestimmung. Die Kultur, die religiöse Abgrenzung hatte im sozialistischen Jugoslawien – ebenso wie zeitgleich in den Kaukasusrepubliken – ihre neue Rolle gefunden.

Der Korrespondent und exzellente Kenner Südosteuropas, Norbert Mappes-Niediek, beschreibt auf sehr eigenständige Weise den Zerfall Jugoslawiens, indem er erfrischend gegen die etablierte Chronologie und Interpretation der Balkankriege argumentiert.[8] Der Balkan wird gerne mit den Kriegen des späten 19. Jahrhunderts in Verbindung gebracht, die schon Reichskanzler

Bismarck zu manch zynischer Bemerkung veranlassten. Doch bei näherer historischer Betrachtung zeigt sich, dass der Schauplatz der großen Religionskriege seit dem Mittelalter immer der Westen Europas, nicht der Südosten war.[9] Ethnische und kulturelle Toleranz wie auch „Doppelmitgliedschaften" in unterschiedlichen Religionsgemeinschaften, der schöne Brauch des gemeinsamen Feierns der Festtage der anderen Religionsgruppe – wie übrigens auch im Libanon oft noch Sitte – haben stets das Zusammenleben vor allem im ethnisch so gemischten Bosnien ausgezeichnet.

Mappes-Niediek untersucht die vielen Maßstäbe, die Experten in den letzten 16 Jahren angelegt haben, um die plötzliche Explosion von Nationalismus und Hass gegenüber dem Anderen zu erklären. Demnach halten weder der Ost-West-Gegensatz noch die sozialen oder wirtschaftlichen Unterschiede zwischen den Teilrepubliken, noch historische Vorurteile oder äußere Einmischung als Erklärung her. Vielmehr sei es gerade das System des gemeinsamen Staates gewesen, das sie doch alle drei, Serben wie Kroaten und Muslime, gleichermaßen zufriedenstellen sollte, das die Volksgruppen schließlich gegeneinander aufbrachte.[10] Alle Quoten und kollektiven Sonderrechte änderten nichts an der Angleichung.

Mappes-Niediek zieht hierbei eine interessante Lehre für Europa, wenn er die Kritik am Multikulturalismus, der sich vor allem am Zusammenleben zwischen Muslimen und Nichtmuslimen reibt, anspricht. Bosnien zerbrach, indem es seine Probleme löste. Das System war völlig durchquotiert und dieser ethnische Ausgleich verlief sich in einer „leeren Konkurrenz zwischen den Volksgruppen", die Mappes-Niediek völlig richtig als besonders zäh einstuft.[11] Der Westen war spätestens 1991 ebenso in die Ethno-Falle in Jugoslawien getappt.

In Europa erleben wir gegenwärtig eine ähnliche Tendenz im Sinne eines neuen „communautarisme", wie er zum Beispiel in Frankreich und auch in den Niederlanden stattfindet. Die Gesellschaft wird im Sinne religiöser und ethnischer Schlüssel für die

Teilnahme am öffentlichen Leben quotiert. Bei aller politischen Aktivität und allem vorauseilenden Gehorsam im Sinne ethnischer und religiöser Gleichberechtigung wird aber eine entscheidende Frage nicht beantwortet: Was hält die westliche Gesellschaft nach innen noch zusammen? Welche Bräuche wollen und dürfen noch gepflegt werden, wie die kuriose Debatte um den Nikolaus und Weihnachtsfeiern in Schulen mit mehrheitlich muslimischen Schülern im Herbst 2006 in Österreich und Deutschland zeigte. Welchen Stellenwert hat die Familie, wenn Kinder von Parteien mit christlich-sozialem Hintergrund in erster Linie als Wirtschaftsfaktor betrachtet werden? Die berechtigte Forderung an die Immigranten, sich in eine Gesellschaft einzufügen, ist nicht leicht zu realisieren, wenn Letztere ihre Tabus und Traditionen freiwillig aufgegeben hat.

Zweifelhafter Multikulturalismus

Die Anschläge in London vom 7. Juli 2005, die weiteren versuchten Attentate auf das öffentliche Transportwesen in Großbritannien und die Bomben auf touristische Einrichtungen in der Türkei und in Ägypten brachten im Laufe der letzten zwei Jahre die Region des Nahen Ostens und Europa einander noch näher. Die Probleme des Nahen Ostens, gewaltbereite religiöse Fundamentalisten aus dem integrierten Mittelstand orientalischer Herkunft oder arbeitslose Jugendliche unter den Einwanderern haben nun in Gestalt der muslimischen Diaspora auch Europa fest im Griff. Überrascht sollte niemand sein, die Entwicklungen waren bereits seit Mitte der 1980er Jahre absehbar.

Der Anschlag von London verwirrte Terrorexperten in ganz Europa, das Täterprofil schien ihnen völlig neu. Terroristen der Vorgängergenerationen hatten sich dem religiösen Krieg, dem Dschihad, oft in ihren ursprünglichen Herkunftsländern angeschlossen. Nun hatte eine „dritte Generation“ in Europa, in ihrer vermeintlichen Heimat, deren Staatsbürgerschaft sie besaß, wo sie Steuern zahlte, zugeschlagen: junge Islamisten, deren Radikalisierung offenbar völlig unterschätzt worden war. Neben der politischen Mobilisierung geht es offensichtlich nun auch um ein religiöses Kippen in Gestalt von Bekehrung zu einem orthodoxen bis fanatischen Islam, sodass die Ursachenforschung für die Nachrichtendienste zum komplizierten Mix aus Psychologie, Weltpolitik und Integrationsdebatte wird. Personen, die zuvor wenig mit der Religion ihrer Eltern anfangen konnten, werden durch Kontakt mit religiösen Bewegungen, Predigern oder der sozialen Unterstützung durch eine religiöse Stiftung binnen Kurzem von gleichgültigen Muslimen zu Gotteskriegern.

„Mit diesem Ereignis (dem Anschlag von London vom 7. Juli 2005) wurde der islamistische Terrorismus zu einem internen Problem Europas", fasst der Berliner Terrorexperte Guido Steinberg diese Erschütterung alter Gewissheiten zusammen.[12] Denn London bestätigte, was der Mord an Theo van Gogh in den Niederlanden im Herbst 2004 bereits angedeutet hatte: Dass Attentäter der neuesten Generation sich aus den Gemeinschaften der Immigranten im Westen rekrutieren könnten. Einer Umfrage im Auftrag der „Times" zufolge sind sieben Prozent der britischen Muslime der Ansicht, dass Selbstmordattentate gegen Zivilisten im Vereinigten Königreich unter Umständen gerechtfertigt sind. Wenn es gegen das Militär gehen soll, teilen diese Aussage sogar 16 Prozent. 13 Prozent von ihnen betrachten die London-Bomber als Märtyrer. Erschreckende Zahlen, die das hohe Gewaltpotenzial beschreiben, das dem britischen Sicherheitsapparat große Sorgen bereitet. Offenbar so große, sodass über all der Beobachtung der Szene der Islamisten jene der russischen Exilanten beinahe vergessen wurde. Hoch strahlendes Polonium hat bislang kein Pakistani oder Iraner in London oder Hamburg verstreut, sehr wohl aber handelt es sich hierbei um die neuen Methoden ehemaliger oder noch aktueller Mitarbeiter russischer Geheimdienste.

Wie terroristische Organisationen neue Mitglieder anwerben, hängt von den jeweiligen Umständen ab. Doch die Rekrutierung in den Milieus der Immigranten in Großbritannien, Frankreich und Spanien wächst gegenwärtig mit einer bislang ungeahnten Frequenz. Vergleichbar mit dem Zustrom zu Kampfverbänden, ob es eine unorganisierte Arabische Legion[13] zu Beginn des Irakkriegs war, zu der sich Tausende junge arabische Männer aus Europa und dem arabischen Raum freiwillig meldeten, oder ob es sich um terroristische Gruppen im Namen eines islamischen heiligen Krieges handelt, die sich wöchentlich neu formieren, ist vielleicht die Zeit der 1930er Jahre in der Sowjetunion und in Spanien. Junge Kommunisten und Sozialisten zogen aus ganz Europa als freiwillige Kämpfer in den Krieg für die Sache der Komintern. Allein der Spanische Bürgerkrieg übte eine gewaltige Sogwirkung auf junge Männer und Frauen gleichermaßen aus, die sich dem Kampf gegen General Franco im Namen des Sozialismus verschrieben hatten. Bei diesen historischen Beispielen handelte es sich jedoch bloß um säkulare Ideologien.

Eine um vieles stärkere Sprengkraft besitzt eine religiöse Doktrin, die Erlösung und ewiges Heil verspricht; und dies in Verbindung mit der dominierenden Wahrnehmung, dass der Westen gegen die arabische und islamische Welt kriegerisch vorgeht. Angesprochen wird eine Jugend, die in ihren Heimatländern weder wirtschaftliche noch politische Perspektiven hat, wie dies auf die meisten arabischen und islamischen Staaten zutrifft. Umworben wird zudem eine Jugend, die in einer zerrissenen Identität lebt. Für gewisse junge Menschen wirkt eine militante religiöse Doktrin identitätsstiftend und sie verschreiben sich einer gewaltbereiten Sache, da sich darin ihre Sinnfindung zu erfüllen scheint. Dies trifft im Übrigen nicht nur auf den Islam zu, wenngleich auch die Aktualität vor allem Beispiele des politischen Islam kennt.

Allein jene Anschläge, die im Laufe der letzten fünf Jahre durch die jeweiligen Sicherheitskräfte vereitelt werden konnten, zeichnen ein dramatisches Bild der Lage. Fast monatlich werden Meldungen aus Großbritannien und Deutschland bekannt, wonach „internationale Kombattanten des heiligen Krieges“ in letzter Minute an einem Anschlag gehindert werden konnten. Es erhebt sich die Frage, ob die Sicherheitsdienste so professionell und international konzertiert vorgehen, sodass bislang nicht mehr passierte, oder ob die Terroristen derart dilettantisch agieren, wie im Fall der gescheiterten Kofferbomber von Rheinland-Pfalz im Herbst 2006. Eine Ursache mag darin liegen, dass die Gruppen offenbar besonders große Schläge planen und daher in ihren Aktionen verwundbarer und somit leichter fassbar werden.

Die Existenz islamistischer Schläferzellen in den wesentlichen europäischen Städten ist unbestritten. Der deutsche Ausdruck „Schläfer“ charakterisiert den Sachverhalt treffend, handelt es sich doch um Personen, die meist auch für ihren engsten Umkreis ein völlig normales – und beruflich wie auch familiär integriertes – Leben in ihren jeweiligen Gaststaaten führen. In Großbritannien sind es zudem meist Personen muslimischen Glaubens aus Südostasien, die bereits seit zwei oder drei Generationen die britische Staatsbürgerschaft haben. Der Kontakt zu einer islamistischen Gruppe ergibt sich manchmal zufällig, andernfalls systematisch im Stile echter Rekrutierung. Ein typisches Profil lässt sich nur bedingt erstellen, denn die Bandbreite ist je nach den spezifischen Umständen im jeweiligen Land reich an Varianten. Die betroffenen Personen leben jahrelang mit ihrer doppelten Identität und bereiten sich für einen Einsatz vor.

Dieses ideologische Agieren im Verborgenen mit einer ganz normalen Fassade zwecks möglichst hoher Erfolgsaussichten ist an sich nichts Neues. Der schiitische Islam kennt die „Taqquiah“, die Simulation. Gemeint ist ein nach außen hin konformistisches Verhalten im Sinne der Mehrheit, um im Grunde des Herzens und Geistes dennoch am „wahren Glauben“, der besonderen Doktrin festzuhalten. Diese Lebenshaltung erklärt sich aus der speziellen

Lage der Schiiten, die von ihren sunnitischen Glaubensbrüdern die Jahrhunderte hindurch massiv verfolgt wurden. Ebenso sind aus der Geschichte Lebensformen des Synkretismus aus dem Spanien der Reconquista und aus dem osmanisch okkupierten Balkan bekannt. Doch für die islamistischen Schläfer geht es eben nicht bloß darum, in einer nicht islamischen Gemeinschaft ihren Glauben zu bewahren – dies ist in den meisten Staaten (mit Ausnahme zum Beispiel von Saudi-Arabien) ohnehin verfassungsrechtlich zugesichert. Im Vordergrund steht vielmehr der Plan einer terroristischen Operation.

Für dieses Phänomen islamistischer Schläferzellen wurde nach einem ersten jähen Erwachen im Herbst 2001 im Schatten der Anschläge von Madrid im März 2004 und London 2005 die Öffentlichkeit neu sensibilisiert. Doch gerüstet, um den Ernstfall abzuwenden, ist niemand. Allein in Hamburg gibt es ein Dutzend Islamisten, die fähig wären, Anschläge zu verüben.[14] Für die Ermittler – und für uns alle als mögliche Betroffene – besteht ein höchst unbefriedigender Zustand, dass nämlich die Exekutive in vielen Fällen gegen Verdächtige nichts unternehmen kann. Gesetzesnovellen zwecks mehr Kompetenzen der Sicherheitskräfte stehen in offenem Widerspruch mit grundlegenden Werten des Rechtsstaates. Jede Massenverhaftung unschuldiger Personen, wie dies in Großbritannien mehrfach der Fall war, verschärft nur das ohnehin schlechte Klima zwischen den Einwanderungsgemeinschaften und dem Staat. Die französische Exekutive führt umfassende Razzien unter mutmaßlichen Verbindungsleuten diverser Anschläge durch. Sie stammen allesamt aus den Maghrebstaaten, die mehrheitlich die 4,5 Millionen Muslime Frankreichs stellen. Deutschen Terrorfahndern sind die meisten potenziellen Täter aus dem islamistischen Umfeld bekannt. Doch könnte es ihnen wie ihren spanischen Kollegen ergehen: Die Attentäter sind ohnehin registriert, stehen oft jedoch gar nicht unter Hauptverdacht, da sie vielleicht mehr das Profil von Sympathisanten als das von Tätern hatten.

Für die rechtsstaatlichen Institutionen stellt sich die Frage, wie Fahndung und Ermittlung mit Sicherheit und Grundrechten in Einklang zu bringen sind. Der Interessensausgleich wird langfristig immer schwieriger zu erreichen sein. Gefestigte Institutionen und Kontrollinstanzen im Rechtsstaat sowie hohe Ausbildung und Erfahrung der Beamten sind erforderlich, um die Gratwanderung zu bewältigen. Die Verwicklung europäischer Regierungen in die „Folterflüge" der CIA, wie im vorhergehenden Kapitel beschrieben, zeigt auf, in welche Abgründe sich ein Rechtsstaat unter dem Titel der „Terrorismusbekämpfung" begeben kann. Die Kritik von Senatoren der Demokratischen Partei am US-Verteidigungsministerium ist berechtigt, dass die Führungsebene um Verteidigungsminister Donald Rumsfeld mit ihrer konsequenten Missachtung und Ignoranz des humanitären Völkerrechts – ausgehend vom völkerrechtlichen Vakuum in den Lagern von Guantanamo – das Terrain für derartige Übergriffe und schwerste Misshandlungen aufbereitet hatte.[15]

Zeitlich vor dieser moralisch und rechtsstaatlich bedenklichen Terrorismusbekämpfung stehen aber Gewaltakte, nicht nur jener außergewöhnliche vom 11. September 2001. Europäische Städte sind in den letzten Jahren verstärkt zur Zielscheibe von islamistischen Terroranschlägen geworden. Nachstehend folgt eine kurze Übersicht zur Lage der muslimischen Gemeinden in einigen europäischen Staaten und zum Risiko von Attentaten.

Spanien zwischen nordafrikanischer Misere und dem Traum von „Al-Andalus"

Dass hinter den Anschlägen von Madrid am 11. März 2004 islamistische Täterschaft und nicht die baskische Separatistengruppe ETA stand, war offensichtlich. Die ETA-These fiel bekanntlich am 14. März, am Tag der spanischen Parlamentswahlen, völlig in sich zusammen. Offenbar wollte der noch amtierende Premier

José María Aznar alles daran setzen, nicht die spanische Außenpolitik, die ohne Wenn und Aber die USA im Irak unterstützte, von einem islamistisch motivierten Anschlag in Zweifel ziehen zu lassen. Aznar wurde jedoch abgewählt, sein sozialdemokratischer Nachfolger José-Luis Rodríguez Zapatero unternahm als eine der ersten Amtshandlungen den Abzug der spanischen Truppen aus dem Irak. Diese völlige Kehrtwende in der Nahostpolitik wollte Zapatero nicht als Kniefall vor Terroristen verstanden wissen, sondern als Neuorientierung Madrids mit Blick auf Frankreich und Deutschland, die beide gegen den Irakkrieg waren.

Im Zentrum der Überwachung durch die spanischen Behörden steht seither die marokkanische Gemeinde von Spanien. Denn alle Täter, die Rucksäcke mit Sprengstoff in den Pendlerzügen von Madrid deponiert hatten, wobei fast 200 Menschen ums Leben kamen und mehrere Hundert teils schwer verletzt wurden, stammen aus Nordafrika, vor allem aus Marokko und Tunesien. Den Sprengstoff beschaffte ein Bergarbeiter marokkanischer Herkunft in der nördlichen Provinz Asturien. Es handelte sich um den streng bewachten Sprengstoff Goma 2 Eco, dessen Transport von der Guardia Civil gesichert wird. Die Abzweigung der erforderlichen Mengen erfolgte über einen langen Zeitraum hinweg. Wie dies möglich war, überraschte selbst die Ermittler. Für die Angehörigen der nordafrikanischen Gemeinden in Spanien ergeben sich hieraus zahlreiche Spannungen. Die Gefahr eines Kollektivverdachts ist nahe. Dadurch werden die Immigranten jedoch noch stärker in ihr Anderssein gedrängt. Der Glaube wird noch deutlicher zur Ersatzheimat.

Was die spanischen Behörden offenbar im Vorfeld unterschätzt hatten, waren Hinweise der marokkanischen Behörden rund um die Nachforschungen zum Attentat von Casablanca am 16. Mai 2003. Die Verantwortung für dieses Attentat übernahm die Al-Qaida. Ziele waren auch hier spanische Institutionen wie das spanische Kulturinstitut. Spuren der weiten Täterkreise führen nach Spanien und Frankreich. Die Fehleinschätzungen dieser zahlreichen Vernetzungen in Europa, insbesondere in Spanien und Frankreich, sollten sich als fatal erweisen.

Anzumerken ist, dass die islamistische Opposition in Marokko – anders als in Algerien – nie in eine gewalttätige und offene Konfrontation mit der Regierung gegangen ist. König Mohammed VI. gilt als Scherif, als Nachfahre des Propheten. Gegen das marokkanische Königshaus mit religiösen Argumenten vorzugehen, wie dies die Islamisten in Algerien und in Tunesien – jeweils säkulare repressive Regierungen – tun, ist in Marokko nicht möglich. Aus politischen und natürlich vor allem aus wirtschaftlichen Gründen haben sich bereits Hunderttausende junge Marokkaner nach Spanien abgesetzt. Die muslimischen Marokkaner sind gesellschaftliche Außenseiter in Spanien; dies gilt ebenso für die oft in der Illegalität in Spanien lebenden Südamerikaner. Doch der große Unterschied für die nordafrikanischen Muslime liegt darin, dass sie ihre Identität im Glauben suchen.

Um wie viel komplexer die Lage der muslimischen Einwanderer ist als jene der Südamerikaner, zeigte sich auch in den Vorfällen im August 2000 auf andalusischen Orangenplantagen. Auslöser war ein Mordfall durch einen Marokkaner. In der Folge kam es zu wochenlangen Ausschreitungen gegen die meist illegalen nordafrikanischen Lohnarbeiter, die zu einer Art Menschenhetze ausarteten. Mit den Anschlägen von Madrid ist das Risiko für die in Spanien lebenden Marokkaner, in Kollektivverdacht zu stehen und damit auch Opfer von Diskriminierung zu werden, stark angewachsen. In weiterer Folge ergibt sich daraus die logische Folge, dass die Einwanderer, in ihrer religiösen Andersartigkeit bestärkt, sich von Botschaften des militanten Islam wieder leichter anstecken lassen.

Ein weiteres großes Problem für die spanisch-marokkanischen Beziehungen stellt sich mit den spanischen Enklaven in Marokko, Ceuta und Melilla, wo das Armutsgefälle zwischen Nordafrika und dem Nachbarn Spanien besonders krass erkennbar ist. Rund um die Ermittlungen zu den Anschlägen vom 11. März 2004 wurde medial auch der Stadt Tanger neuerlich Aufmerksamkeit geschenkt. Gilt doch die legendenumwobene Schmugglerstadt an der Grenze zwischen Afrika und Europa heute auch mit ihrem Massenelend in den Slums als eine der Zentralen der islamischen Kombattanten von Marokko, der „Salafiya-Jihadiya"-Bewegung. Ihre Angehörigen waren in Kampfeinsätzen in Bosnien und Herzegowina, Afghanistan, Algerien und in Tschetschenien. Sie streben ebenso wie andere militante Ideologen die Wiederherstellung eines islamischen Großreiches an, da Spanien Teil alter islamischer Erde sei. „Al Andalus", das Gebiet des früheren Kalifats von Córdoba, das erst 1492 im Zuge der Reconquista wieder katholisch wurde, ist in ihren Augen mehr als nur die Bedeutung eines Mythos vergangener Großmacht. Es handelt sich um einen Teil des „dar al-Islam", der wieder islamisiert werden soll.

Neben diesen geografischen und historischen Aspekten fallen für Spanien die Durchlässigkeit der Grenzen und unzulänglichen Kontrollen der Aufenthaltsgenehmigungen besonders ins Gewicht. Die Terrorismusszene lässt sich hier ebenso schwer kontrollieren wie das organisierte Verbrechen. Allein die Stadtverwaltung von Marbella ist ein notorisch bekannter Fall von schwerer Misswirtschaft. Dass Spanien daher auch künftig ins Visier islamistischer Terroristen kommen kann, ist nicht auszuschließen.

Großbritannien, außenpolitisch „Pudel der USA", innenpolitisch im Dilemma zwischen fest verankerten Bürgerrechten und vielen wütenden Muslimen

Das Land der „Magna Carta", die bereits 1215 wichtige Grundrechte der Bevölkerung festschrieb, erlebte im November 2005 eine heftige Debatte im britischen Unterhaus über weitreichende Novellen der Sicherheitsgesetze zur Terrorismusbekämpfung. Premier Tony Blair erlitt jedoch mit seinen Forderungen eine glatte Niederlage. Der Rechtsstaat setzte sich noch einmal durch, obwohl wenige Monate zuvor der schon seit Langem erwartete Anschlag in der Londoner Innenstadt blutig stattgefunden hatte. Die britische Bevölkerung verstand es aber, mit der gesamten Ausnahmesituation viel besser umzugehen, als dies in den USA im September 2001 der Fall gewesen war. Dank britischer Gelassenheit stellte sich trotz aller Wirren im Sommer 2005 rund um weitere Anschläge die Normalisierung im öffentlichen Leben relativ rasch wieder ein.

52 Menschen mussten am 7. Juli 2005 sterben, weil drei pakistanischstämmige Briten und ein jamaikanischstämmiger Islam-Konvertit sich in drei U-Bahnen und einem Bus in die Luft gesprengt hatten. Die Täter entsprachen keinem der polizeilich bekannten Profile. Sie waren die netten Jungs von nebenan aus der mittelenglischen Stadt Leeds. Die vier Terroristen schienen perfekt integriert. Sie spielten Kricket, unterrichteten Kinder, waren teils verheiratet und bei den Nachbarn sehr beliebt. Ihre Eltern und Freunde hatten von einer Radikalisierung kaum etwas mitbekommen. Warum waren sie zu dieser Tat geschritten? Hatten sie oder hatten sie nicht zuvor Kontakte zu Al-Qaida-Gruppen? Fragen über Fragen, die Scotland Yard sowie den Nachrichtendiensten MI5 und MI6 große Rätsel aufgaben.

Eine erste Erklärung wurde zwei Monate nach den Bomben geliefert. Auf einem anderen Vermächtnis-Video erklärte der Attentäter Mohammed Siddique Khan in breitestem Yorkshire-Akzent: „Dies ist ein Krieg, und ich bin Soldat." Er sagte mit Blick auf den Irakkrieg auch: „Eure demokratisch gewählte Regierung begeht Feindseligkeiten gegen mein Volk."

Das Bild von der Fünften Kolonne lässt sich hier klar nachzeichnen. Für die Täter war nicht Großbritannien, das Land ihrer Geburt und Staatsbürgerschaft, die Heimat. Ihre Zugehörigkeit und Loyalität empfanden sie vielmehr für die Umma, die Gemeinschaft aller Muslime. Die augenscheinlich erfolgreich integrierten vier Männer waren innerlich gekippt. War es nur die eine Reise nach Pakistan, das Land der Eltern, die diesen dramatischen Sinneswandel bewirkt hatte, oder lag hier ein tieferes psychologisches Problem vor? Sie hatten offenbar ihre gesamte Existenz neu für sich gedeutet. Die westliche, britische Gesellschaft, in der sie groß geworden waren, war zum Feind geworden.

Anders als Frankreich, das stets die Doktrin der Assimilierung von Immigranten, sprich der völligen Aufgabe kultureller oder religiöser Nuancen, praktiziert hat, galt in Großbritannien traditionell die pragmatische Devise: Man möge den Einwanderern einen möglichst hohen Grad an Autonomie lassen. Spöttisch hatten die Briten lange nach Frankreich oder Deutschland geblickt, wo die Kopftuchdebatten nun seit bald 15 Jahren toben. Die britischen Behörden waren stets der Meinung gewesen, von Kleidervorschriften nichts zu halten. Seit einigen Monaten plädieren aber immer mehr Regierungsmitglieder für ein Überdenken der Verschleierung und für Vorschriften in öffentlichen Schulen. Ein radikaler Abu Hamza al-Masir durfte im Hyde Park gegen die Demokratie, Großbritannien und die gesamte westliche Welt seine Hasspredigten halten, ohne dass die Behörden je eingeschritten wären. Gegenwärtig verbüßt der aus Ägypten stammende Brite mit den eisernen Haken anstelle der amputierten Hände eine siebenjährige Gefängnisstrafe wegen Aufhetzung zur Gewalt. Es galt stets die Lehre von einer möglichst weitreichenden Autonomie. Der Staat kümmerte sich bewusst nicht darum, was wo gepredigt, gelehrt und polemisiert wurde. Doch auch dieses Integrationsmodell in der multikulturellen Tradition des britischen Weltreiches hat versagt. Wie stark sich die muslimischen Gemeinden in Großbritannien schon verselbstständigt und radikalisiert hatten, belegte 1989 die Verurteilung des indischstämmigen muslimischen Autors Salman Rushdie infolge seiner Veröffentlichung der „Satanischen Verse“. Die perfekt organisierten Massenproteste tobender britischer Muslime gegen Rushdie, der zweifellos so wie der niederländische Regisseur Theo van Gogh die Provokation gesucht hatte, hätten schon 1989 eine Kursänderung in der Immigrationspolitik bewirken müssen.

Die Behörden haben in Großbritannien schon längst keine Einflussmöglichkeiten mehr auf die Ausbildungsstätten, etwa Koranschulen. Zudem bestehen über den Muslim Educational Trust seit 1966 weitverzweigte und gut finanzierte Bildungsmöglichkeiten, um die „Muslim distinctness“ zu pflegen. Innerhalb der verschiedenen „communities“, zumeist aus dem asiatischen Raum, bestehen radikale Zirkel, die ihre Parallelgesellschaft aufgebaut haben. Die Radikalen spielen zudem in den britischen Haftanstalten eine einflussreiche Rolle. Ein hoher Prozentsatz von Bekehrungen, ob seitens britischer Nichtmuslime oder nicht praktizierender Muslime während der Haftzeit, führt dazu, dass Kleinkriminelle als religiöse Fanatiker das Gefängnis verlassen. In Großbritannien sind neue Hierarchien und Rekrutierungsmuster zu erkennen, die auf eine verstärkte Aktivität schließen lassen. Vor allem junge Männer bis Anfang zwanzig würden ausgewählt und dann sorgfältig psychologisch geschult, oft abends oder an Wochenenden. Zunächst gemäßigte religiöse Auslegungen würden schleichend immer radikaler. Am Ende hämmere man den Rekruten ein: „So behandelt der Westen die Muslime. Was können wir dagegen unternehmen?“ Der nächste Schritt sei schon das Zusammenfügen einer Zelle und das Bombenbauen. Viele Anschläge konnten in Großbritannien vereitelt werden, doch die Terroristen müssen nur einmal schlauer sein als die Sicherheitsbehörden und die Katastrophe findet statt, wie am 7. Juli 2005.

Deutschland und die permanente Integrationsdebatte

Der Islam ist auch in Deutschland zur Säule einer Gegenkultur in der deutschen Gesellschaft geworden. Im Jahr 2003 ist die Zahl der regelmäßigen Moscheenbesucher um 176 Prozent gestiegen. Zirka 270 „arabische Mudschahedin“ (Ex-Afghanistankämpfer) sind von deutschen Behörden erfasst. Das Problem der Konvertiten stellt sich auch auf der Ebene verdächtiger Personen, die dem

Al-Qaida-Netzwerk zugehören sollen. Im Frühsommer 2006 schritten die deutschen Behörden gegen eine Gruppe von deutschen Frauen ein, alle Ende dreißig und zum Islam übergetreten, die laut Angaben in ihren Chatrooms im Internet an Attentatsplänen beteiligt gewesen sein sollen.

Ebenso wie in Frankreich bemüht sich die deutsche Bundesregierung um eine institutionelle Ordnung in der etwa drei Millionen starken muslimischen Gemeinde, die zumeist türkischstämmige Muslime stellen, besteht doch ein staatlich völlig unkontrollierter Wildwuchs an Predigern, Bethäusern und Religionslehrern für den privaten Religionsunterricht. Welche islamische Rechtsschule beziehungsweise welche ideologische Denkschule nun welche Lehrbücher prägt, bleibt den Behörden völlig verborgen.

Einige der Debatten, die Frankreich schon Ende der 1980er Jahre durchlebte, wie eben Kopftuch in der Schule oder am Arbeitsplatz, wurden in Deutschland mit fast zehn Jahren Verspätung geführt. Als großer Stolperstein für den Ansatz eines institutionalisierten Islam in Deutschland erweist sich in vielfacher Hinsicht der ausgeprägte Föderalismus des Staates. Auch das Verfassungsgericht zeigte in seinem Entscheid vom Herbst 2003 betreffend ein Kopftuchverbot am Arbeitsplatz wenig Courage und forderte die Länder zu entsprechenden legislativen Maßnahmen auf.

Während Großbritannien und Frankreich jeweils ein diametral entgegengesetztes Modell der multikulturellen Autonomie beziehungsweise der Assimilierung im Namen der republikanischen Einheit anbieten, herrschen in Deutschland weniger rigide Kategorien. Die Integrationsbemühungen auf allen Ebenen, vom Bund bis zur Gemeinde, haben jedoch auch hier wenig Früchte getragen. Extremisten, ob seitens saudischer Wahabiten oder ägyptischer Muslimbrüder, rekrutieren in der Parallelgesellschaft unter jenen Muslimen, für die Integration keine Rolle spielt. Diskutiert wird in Deutschland ebenso wie in Frankreich, ob das klare Nein von Berlin und Paris zum Irakkrieg eine Garantie gegen einen Anschlag sein könnte. Die Antwort lautet: Eher nicht.

Vermehrt in der Öffentlichkeit diskutiert wird in Deutschland die Frage der sogenannten „Ehrenmorde", also der Hinrichtung der Schwester oder Tochter durch einen Familienangehörigen, da sie die Ehre der Familie befleckt habe. Der Prozess gegen die Mörder der Türkin Hatun Sürücü, ihre drei Brüder, erregte im Sommer 2006 in Deutschland großes Aufsehen. Der jüngste, noch minderjährige Bruder wurde offensichtlich vom Familienrat bewusst als Täter vorgeschickt, da man um eine Strafmilderung infolge der Minderjährigkeit gut Bescheid wusste. Die Mutter eines fünf Jahre alten Sohnes war am 7. Februar 2005 in Berlin-Tempelhof durch drei Schüsse aus nächster Nähe regelrecht hingerichtet worden. Der Richter fasste das Verfahren so zusammen: „Sie wurde zum Opfer, weil sie ihr Leben lebte, wie sie es leben wollte." Der Mord an Hatun Sürücü ist kein Einzelfall. Nach Angaben der Menschenrechtsorganisation „Terre des femmes" wurden in Deutschland von 1996 bis 2005 insgesamt 53 solcher Ehrenmorde an Frauen oder Mädchen bekannt. Gesicherte Zahlen liegen indes nicht vor, da Morde in den Kriminalstatistiken nicht nach Motiven aufgeschlüsselt erfasst werden. Die Dunkelziffer bei Gewaltverbrechen an Frauen sei jedoch sehr hoch, berichten Beratungsstellen. Ehrenmorde sind allerdings kein „islamisches Phänomen", denn von Brasilien bis Italien reicht dieses Motiv, das nicht in erster Linie ein religiöses Problem darstellt.

60 Prozent der türkischstämmigen Männer „importieren" ihre Ehefrau direkt aus der Türkei, oft aus ländlichen Regionen, ohne Deutschkenntnisse und ohne Vorstellung vom neuen Land. Die Kinder aus solchen Verbindungen seien „faktisch immer wieder erste Einwanderergeneration", so der Bremer Politologe Stefan Luft. In seiner Studie „Abschied von Multikulti. Wege aus der Integrationskrise" zeigt Luft die Ignoranz politischer Entscheidungsträger in grundlegenden Fragen zur Integrationskrise auf. Wo überhaupt Versuche der Steuerung unternommen wurden, hatten sie häufig den gegenteiligen Effekt: Die Zahl der Zuwanderer stieg nach dem generellen Anwerbestopp von 1973 überhaupt erst richtig an.

Mit dem dahinter stehenden familiären Problem, der hohen Gewaltbereitschaft in muslimischen Familien, befasst sich die Soziologin Necla Kelek. Sie stammt aus Istanbul und hat in Deutschland mit ihren klaren Aussagen und Publikationen zu den weitverbreiteten Zwangsehen und den Ehrenmorden für eine heftige Debatte gesorgt.[16] Die Ergebnisse ihrer Interviews und Recherchen werden in vielerlei Hinsicht von einer Studie der Konrad-Adenauer-Stiftung über muslimische türkischstämmige Frauen in Deutschland bestätigt. Die Mehrheit der Interviewten gab an, sich der Türkei stärker verbunden zu fühlen als Deutschland – obwohl viele in Deutschland geboren worden sind. Insgesamt lassen sich die Ergebnisse der Studie zu folgenden Hauptaussagen zusammenfassen: Fast alle befragten Frauen (97 Prozent) gaben an, dass sie das Kopftuch aus religiösen Gründen tragen. Die Entscheidung, sich zu verhüllen, werde nur selten von Personen außerhalb des engen Familienkreises beeinflusst. Ein großer Teil der Kopftuch tragenden Frauen jedoch fühlt sich in Deutschland zurückgesetzt. 87 Prozent der interviewten Kopftuchträgerinnen gaben an, sie seien von der Überlegenheit des Islam gegenüber dem Christentum überzeugt. „Je strenggläubiger die Frauen waren, desto ausgeprägter war diese Meinung", so eine Autorin der Studie. Was heute in Deutschland oder Österreich diskutiert wird, war bereits Ende der 1980er Jahre Gegenstand französischer Innenpolitik: der Bau von Moscheen mit Minarett, das Kopftuch und so fort.

Frankreich als Avantgarde der Probleme der muslimischen Diaspora

Das Ideal des „Citoyens" baut auf einer klaren laizistischen Staatsauffassung auf. Doch eben diese besondere Form säkularer Ordnung ist seit Jahrzehnten durch militanten Islam in Frage gestellt. Einwanderer sollten möglichst rasch zu neuen französischen Bürgern assimiliert werden, was über eine Integration mit Anerkennung einer religiösen Autonomie weit hinausgeht.

Der französische Soziologe und Politikwissenschaftler Gilles Kepel befasst sich seit Mitte der 1980er Jahre intensiv empirisch und publizistisch mit dem Islam in Frankreich. Seine Bücher „Les banlieues de l'Islam" und „A l'Ouest d'Allah" beschreiben detailliert die Entwicklung der 4,5 Millionen Muslime in Frankreich, wobei sich die sogenannte „Kopftuchaffäre" nunmehr seit bald 16 Jahren in der laizistischen Republik, die eine klare Trennung von Religion und Staat praktiziert, hinzieht.

Innenminister Nicolas Sarkozy ergriff im Herbst 2002 für die konservative Regierung die Initiative zur Schaffung eines Hohen Muslimischen Rats, dessen Legitimität nach umfangreichen Wahlen im Dezember 2002 dennoch unter Frankreichs Muslimen stark umstritten ist. Treibendes Motiv für die Regierung war, endlich ein institutionalisiertes Gegenüber in den islamischen Gemeinden zu schaffen. Doch die laizistische Republik hat sich mit dem Gesetz über das Verbot ostentativer religiöser Symbole in öffentlichen Schulen in eine schwere Konfrontation mit der islamischen Welt begeben. Die Proteste gegen Frankreich ziehen sich durch die gesamte islamische Welt. Wenn es auch um große, also ostentative, christliche Kreuze oder enorme jüdische Kippot gleichermaßen geht, so steht in der öffentlichen Wahrnehmung das islamische Kopftuch im Vordergrund.

Das Kopftuchverbot wird geradezu mit Terrorismus gleichgesetzt, wie sich aus Stellungnahmen militanter Muslime ablesen lässt. Der Ruf nach Privatschulen für Muslime konkretisiert sich. Inwieweit sich hierdurch staatliche Einflussnahme auf die weiter rasch wachsenden islamischen Gemeinden reduzieren wird, ist klar erkennbar. Umso interessanter war daher das Bekenntnis einer klaren Mehrheit französischer Muslime zur Republik im September 2004. Ende August 2004, wenige Tage vor Inkrafttreten des Gesetzes über das „Kopftuchverbot" zum Schulbeginn, wurden im Irak zwei französische Journalisten entführt. Ihre Kidnapper beriefen sich im ersten Bekennerschreiben auf das Kopftuchverbot. Die Forderung zur Freilassung der Entführten lautete: Rücknahme des Gesetzes. Binnen einem Tag mobilisierten sich die muslimischen Vereine Frankreichs. Die Protestplakate, die sie für den Schulbeginn vorbereitet hatten, um gegen die Regierung und dieses Gesetz zu demonstrieren, wurden ausgetauscht. Auf den neuen Plakaten war zu lesen: „D'abord nous sommes Français, après des Musulmans" („Zuerst sind wir Franzosen, dann Muslime"). Diese spontan organisierte neue Vereidigung auf die französische Verfassung – auf der Straße, wie dies im Land der Revolutionen und Revolten Tradition ist – begeisterte zu Recht die französische Politik und Öffentlichkeit. Eines war damit klargestellt: Von Terroristen wollte man sich keine Vorschriften in der innerfranzösischen Kopftuchfrage machen lassen. Zu welchen Bedingungen die Journalisten dann im Dezember 2004 freikamen, entzieht sich meiner Kenntnis.

Felix Austria in muslimischen Fragen?

Angesichts der institutionellen Probleme mit den starken islamischen Gemeinden in Deutschland und Frankreich gilt für Österreich auch in diesem Fall der alte Wahlspruch des Hauses Habsburg: „tu felix Austria". Die Lage der rund 340.000 Muslime in Österreich wird gerne als Modell für Europa präsentiert. Anders als in Frankreich oder Deutschland, wo unkontrollierte Vereine unter den Muslimen zu Rechts- und Sicherheitsproblemen geführt hatten, verfügt Österreich dank staatlicher Anerkennung des Islam seit 1912 über funktionierende Institutionen der muslimischen Glaubensgemeinschaft als Ansprechpartner der Republik. Österreich-Ungarn annektierte kurz vor dem Ersten Weltkrieg Bosnien-Herzegowina und übernahm die bosnischen Muslime als Staatsbürger. Über das Reichsgesetz von 1912 erfolgte die Anerkennung des Islam nach hanafitischem Ritus, die Gleichstellung der Muslime mit den Angehörigen anderer Glaubensgemeinschaften war damit gesichert. Auch wenn das Gesetz mangels praktizierten Islam in der Folge kaum Anwendung fand, wurde es mit der Zuwanderung türkischer Gastarbeiter und deren Familiennachzug in den 1970er Jahren wieder aktuell. Die Zahl bekennender Muslime verdoppelte sich seit 1991. Ursächlich ist teilweise der Zuzug der Kriegsflüchtlinge aus Bosnien. Die 1979 gegründete Islamische Glaubensgemeinschaft regelt in Zusammenarbeit mit den staatlichen Institutionen Belange, wie Unterricht und Gebetseinrichtungen. Der Dialog findet statt, ob nun in der Hofburg zum muslimischen Feiertag geladen wird oder Sicherheitsfragen erörtert werden.

Wenngleich dieses gelebte Modell interreligiösen Zusammenlebens besteht, darf nicht die Bilanz lauten: alles paletti. Die Debatte rund um Moscheen mit Hasspredigern, die es in Österreich gibt, hat das Problem der Zuständigkeit aufgezeigt. Soll sich das Innenministerium damit befassen? Oder ist es vielmehr Sache der Islamischen Glaubensgemeinschaft, für Ordnung in den eigenen Reihen zu sorgen, wie das Innenministerium meint? Ein solches Kompetenzproblem lässt sich durch Gespräche und Verwaltungsakte lösen. Dies sollte ebenso für jene Lehrer des islamischen Religionsunterrichts gelten, die sich nicht an die Vorgaben des Gesetzes halten. Sei es, indem sie sich weigern, sich von einer Schuldirektorin – der Frau als Vorgesetzten – etwas sagen zu lassen, sei es aufgrund der Inhalte ihres Lehrstoffes. Zudem darf Kritik, von welcher Seite auch immer sie geäußert wird, im Rahmen der Meinungsfreiheit nicht sofort als Angriff aufgefasst werden. Mit einer missverstandenen politischen Korrektheit werden eher Probleme zugeschüttet als gelöst. Sie können später heftig aufbrechen, wie es die Niederlande gerade erleben.

Das grundsätzliche Problem ist aber wohl eines der Identitätsfrage. Die große Sinnsuche, die uns alle bewegt, hängt eng mit der Lebensfrage zusammen: Woher komme ich, wohin gehe ich? Wir tragen bekanntlich mehrere Identitäten in uns. Wie ein Muslim in Europa oder ein Christ im Orient mit der Frage seiner Zugehörigkeiten umgeht, muss jeder für sich selbst beantworten. Bin ich in erster Linie Staatsbürger und ist Religion Privatsache, oder wird die Religion, eventuell eine missverstandene, zur Referenz für alles Denken und Tun? Letzteres riskiert, in Parallelgesellschaften zu enden, Ghettos zu schaffen, in denen im Namen der Ehre vielleicht auch die Schwester vom Bruder getötet werden darf. Davor ist auch Österreich nicht gefeit. Nicht für alles kann die Politik verantwortlich gemacht werden, vieles spielt sich in der Psyche, weil in der Sinnsuche ab.

Dass auch Österreich – ähnlich wie Deutschland – schon längst ein Rückzugsgebiet für militante Muslime ist, erklärt sich neben dem Instrument der Geldwäsche in Gestalt des bis 2001 möglichen anonymen Bankkontos aus den Studienmöglichkeiten. Vor dem Hintergrund des Kopftuchstreits in Frankreich und Deutschland ist Österreich laut der türkischen Zeitung „Hürriyet“ zum europäischen Zentrum für islamische Schüler und Studenten geworden.[17] Rigide Kontrollen islamischer Vereine und die Debatte über das islamische Kopftuch in mehreren EU-Ländern hätten dazu geführt, dass sich der politische Islam Österreich als Basis ausgesucht habe, meint der Kolumnist Yalcin Dogan in „Hürriyet“. Für große öffentliche Erregung zur Lage der Muslime in Österreich sorgte eine vom Innenministerium in Auftrag gegebene Studie im Juni 2006, die aufgrund der eingesetzten Methoden, der ungeschickten Kommunikationspolitik und vieler anderer Schwächen zu mehr Polemik als ernsthafter inhaltlicher Auseinandersetzung mit offenen Problemen zur Lage der Muslime in Österreich führte.

Mit wachsender Diskriminierung wird die Religion zur Ersatzheimat

Eine Untersuchung der in Wien ansässigen Europäischen Beobachtungsstelle für Rassismus und Fremdenfeindlichkeit (EUMC) kam Anfang Dezember 2006 zu dem Ergebnis, dass Diskriminierung von Muslimen sehr wohl in den meisten EU-Staaten besteht.

Sie seien überdurchschnittlich häufig von Arbeitslosigkeit betroffen, hätten geringere Chancen auf höhere Bildung. Die erlittenen Benachteiligungen könnten Hoffnungslosigkeit erzeugen und das Zugehörigkeitsgefühl von Muslimen zur EU untergraben, so der Grundtenor der Studie. Gegen Muslime gerichtete Handlungen reichten von verbalen Drohungen bis zu physischen Übergriffen. Vor allem die Jugendlichen unter den europäischen Muslimen beklagten, dass sie beim sozialen Aufstieg mit Hindernissen konfrontiert seien. Viele europäische Muslime räumten ein, dass sie mehr tun müssten, um sich in die Gesellschaft einzubringen. Aber auch die Politik muss offenbar größere Anstrengungen unternehmen, um Diskriminierung und Marginalisierung entgegenzutreten.

Andernfalls wird der Glaube zur Ersatzheimat. Migrationsstudien belegen, dass Einwanderer zunächst – aus einsichtigen praktischen Gründen – die Muttersprache aufgeben, die sich oft in den Folgegenerationen verliert (so jedenfalls das klassische Arabisch); an vorletzter Stelle fällt die eigene Küche – man kocht zumindest eine Generation lang die Rezepte aus der alten Heimat. Erst an letzter Stelle fällt der Glaube, als Kern alles Kulturellen. Und wenn der Glaube aufgegeben wurde, so kommt es doch oft genug zu einer Rückkehr zum alten Glauben, der dann infolge von Halbwissen selbst ernannter Prediger zur militanten Doktrin werden kann, die mit den ursprünglichen Glaubenslehren nichts mehr zu tun hat.

Die Identitätsfrage in der Diaspora stellt sich in der zweiten und dritten Generation. Dies gilt für die Nachkommen von Einwanderern, die „es geschafft haben“, ebenso wie für jene Immigrationsfamilien, die aus welchen Gründen auch immer am Rande der Gesellschaft leben. Ist die Sinnsuche doch ein Prozess, den jeder junge Mensch durchlebt. Im Falle der Muslime in Europa lässt sich fast parallel in allen Gemeinschaften feststellen, dass ein Kippen in Richtung militanter Islam oftmals mehr mit psychologischen Ursachen als mit konkreten wirtschaftlichen Bedingungen zu tun hat. Wenn die Enkel ihre Großmütter zum Tragen eines Kopftuchs als Ausdruck islamischer Zucht verpflichten – wie in algerischen Immigrantenfamilien in Frankreich –, dann liegt ein tiefer innerislamischer Konflikt vor, der sich nicht durch ein Scheitern von Integrationsmodellen erklären lässt.

Der politische Diskurs ist in jeder Diaspora – nicht nur in der muslimischen, sondern ebenso in der armenischen oder jüdischen – oftmals extremer als in den jeweiligen Heimatländern. Gerade im Nahen Osten bestanden in Staaten wie dem Libanon und der Türkei viel mehr Reibungsflächen mit anderen Lebensstilen. Gilt doch für die Diaspora, dass sie sich nicht mit dem Alltag in ihrer ursprünglichen Heimat auseinandersetzen muss, sie gesellschaftliche Entwicklungen nicht mitmacht. Zudem herrscht gerade in der muslimischen Diaspora die Überzeugung, in einer zu liberalen Umgebung müssten islamische Lebensregeln besonders buchstabengetreu ausgelegt werden, um nicht vom Glauben abzufallen. Kinder streng muslimischer Eltern meinen in Befragungen: In der Türkei wären die Eltern weniger sittenstreng als im europäischen Ghetto.

Eine Abwägung der Güter zwischen Sicherheit und Bürgerrechten ist eine Herausforderung an Politik, Legislative, Exekutive und die Rechtsprechung gleichermaßen. Es stellt sich überall dieselbe Frage: Wie liberal, wie rigide muss der Rechtsstaat sein? Bedauerlicherweise lässt sich in vielen Staaten, insbesondere in Großbritannien, die Tendenz erkennen, dass sich Immigranten nicht an die politischen Spielregeln ihrer Gastländer halten und die Möglichkeiten einer offenen Gesellschaft für andere Zwecke missbrauchen.

Der ideologische Hintergrund für islamistische Aktionen

Der Begriff der Nation, wie er sich in Europa nach dem Westfälischen Frieden 1648 auf Basis von Territorialstaaten entwickelte, kann in die arabische Sprache und damit auch in die Geschichte dieser Region nicht übersetzt werden. Anstelle dieses Begriffs treten im Arabischen zwei Ausdrücke. Das „watan“, übersetzbar mit Heimat oder Vaterland, ist der unmittelbare geografische Rahmen. So gilt der Libanon als das „watan lubnani“. Darüber hinaus ist auch jeder Araber und Muslim Teil einer weiteren Gemeinschaft, zum einen der „Umma Arabiya“, der arabischen Gemeinschaft, zum anderen der „Umma Islamiya“, der islamischen Gemeinschaft. Nicht territoriale Beziehungen stehen hierbei im Mittelpunkt, sondern soziale Bindungen sind entscheidend. Teil der muslimischen Umma, wobei die Wortwurzel „Umm“ Mutter bedeutet, kann eben jeder Muslim, unabhängig von seinen ethnischen und staatsbürgerlichen Bindungen, sein. Der territoriale Konnex zum jeweiligen Staat, dessen Staatsbürgerschaft der einzelne Muslim hat, scheint immer weniger ins Gewicht zu fallen. Die Geografie vergangener Epochen, der Traum von einem großen „dar al-Islam“ hingegen scheint viele mobilisierte Islamisten zu begeistern.

Warum standen Spanien (11. März 2004), die Türkei (22. November 2003) und Großbritannien (7. Juli 2005) im Visier islamistischer Terroristen? Einiges lässt sich aus den Allianzen der Regierungen erklären. So fuhr Ex-Premier Aznar gegen den Willen der Bevölkerung einen Kriegskurs auf der Seite der USA. Und so ist Ankara auch nicht im Sinne der türkischen Mehrheit enger Verbündeter Israels. Die Geschichte jenseits des 20. Jahrhunderts fällt ebenso ins Gewicht. Und für die Ideologen islamistischer Gruppen, die sich – vielleicht mehr symbolisch als organisatorisch – um Osama bin Laden scharen, gelten alte historische Gebietsansprüche. Andalusien ist im historischen Gedächtnis der Muslime ein Teil islamischer Erde.

Das andalusische Córdoba war einst Sitz eines sehr eigenständigen Kalifats, also der geistlichen islamischen Autorität. Und das Kalifat, das der osmanische Sultan seit dem Aufstieg seiner Dynastie innehatte, befand sich bis 1924 in Konstantinopel, das 1930 im Zuge der Reformen unter Kemal Atatürk in Istanbul umbenannt wurde. Beide Reiche zerbrachen aus Sicht der Muslime am Niedergang der religiösen Sitten. Die Reconquista, die Wiedereroberung der Iberischen Halbinsel durch die katholischen Könige, war möglich, weil Letztere ihre Religion ernster nahmen als die „verweichlichten“ Herren von Granada. So ist es in vielen islamischen Geschichtsbüchern nachzulesen. Was als Hochblüte muslimisch-jüdischer Kultur bezeichnet wird, ist für orthodoxe Muslime, ob jene des 15. Jahrhunderts oder unserer Zeit, eine Epoche der Dekadenz. Das Kalifat von Konstantinopel verlor die islamische Welt schließlich infolge hoher Verschuldung bei europäischen Banken und technischer Unterlegenheit.

Es galt, diese Defizite zu beseitigen: Forschungsmäßig an die Spitze zu gelangen, wie es pakistanische Nuklearphysiker in Form der „islamischen Atombombe“ ermöglichten, und dank großzügiger saudischer Unterstützung finanziell zu erstarken. Beide Staaten sind bekanntlich engste Verbündete der USA. Doch will man die Gebietsansprüche extremistischer Islamisten verstehen, so helfen alte Karten des islamischen Weltreiches auf dem europäischen Kontinent, das bis nach Südfrankreich reichte und Sizilien umfasste, nicht weiter. Denn die islamische Gemeinschaft, die „Umma Islamiya“, kennt keine territorialen Grenzen. Das Haus des Friedens, auf Arabisch „dar al-Islam“, gilt es auf Kosten des unbefriedeten Gebiets der Ungläubigen zu erweitern; in den Augen heutiger Extremisten offenbar auch mittels Terrorismus.

---

1 Tanweer hatte am 7.7.2005 gegen 8.50 Uhr als Erster der vier Selbstmordattentäter seine Rucksackbombe gezündet. Die Explosion in einer U-Bahn tötete sieben Menschen und verletzte 171. Insgesamt rissen die Terroristen 52 Menschen mit sich in den Tod. Mehr als 700 wurden verletzt, viele von ihnen so schwer, dass sie noch heute an den Folgen leiden.

2 Actes du Colloque „L'Image de l'autre“, Kaslik (Libanon) 2001; Annales de Philosophie & des Sciences Humaines. Nr. 10.

3 http://fr.wikipedia.org/wiki/Balkanisation, Suche vom 30.4.2006.

4 Die jugoslawische Bundesverfassung sah die Möglichkeit des Austritts durch Ausübung des Rechts auf Selbstbestimmung grundsätzlich vor; siehe Matjaz

Klemencic/Mitja Zagar: The Former Yugoslavia's Diverse Peoples. Oxford 2004, S. 292 ff.

5 Georges Corm: L'Europe et l'Orient, de la balkanisation à la libanisation, histoire d'une modernité inaccomplie. Paris 1989.

6 So auch die Informationen in Gesprächen mit Fouad Abdel Nader, Chef der Phalange von 1982 bis 1986.

7 Theodor Hanf/Nawaf Salam (Hrsg.): Lebanon in Limbo. Postwar Society and State in an Uncertain Regional Environment. Baden-Baden 2003.

8 Norbert Mappes-Niediek: Die Ethno-Falle. Der Balkan-Konflikt und was Europa daraus lernen kann. Berlin 2005.

9 Ebd., S. 47.

10 Ebd., S. 62.

11 Ebd., S. 68.

12 www.spiegelonline.de vom 7.7.2006.

13 Die Arabische Legion ist nicht als terroristische Gruppe, sondern vielmehr als Verband von Kombattanten zu qualifizieren. Im Fall des Irakkrieges wies die irakische Armeeführung die arabischen Freiwilligen, die vor allem aus Jordanien, Ägypten und Syrien einströmten, um auf Seite der Iraker zu kämpfen, zurück.

14 Der Spiegel vom 22.3.2004.

15 Washington Post vom 3.5.2004.

16 Necla Kelek: Die fremde Braut. Ein Bericht aus dem Inneren des türkischen Lebens in Deutschland. Köln 2005.

17 Hürriyet vom 23.5.2004.

Im Namen der Energie: die wechselseitige Abhängigkeit von Ost und West

„Vergessen Sie nicht, russisches Erdöl ist christlich."
Vladimir Putin, Präsident der Russischen Föderation

„Die USA sind süchtig nach Erdöl, wir müssen unsere Abhängigkeit von nahöstlichem Erdöl verringern."
George W. Bush, Präsident der USA,
Rede zur Nation am 31. Jänner 2006

„Ein stabiles Preisniveau liegt sowohl im Interesse der Produzenten als auch der Konsumenten."
Adnan Shihab-Eldin, vormals Generalsekretär der OPEC

Die Energiefrage ist grundsätzlich keine neue Frage, sie wird nur immer wieder neu entdeckt. Gegenwärtig findet kein EU-Gipfel, keine Weltwirtschaftskonferenz statt, ohne dass das Thema Energie auf der Tagesordnung steht. Die britische Außenpolitik hat den Klimawandel zu einer ihrer Prioritäten erklärt. Die Beziehungen zwischen der Europäischen Union und der Russischen Föderation werden völlig von der Erdgasfrage und den damit verbundenen Abhängigkeiten der Europäer von Moskau dominiert. China kolonialisiert Afrika im Kampf um die Rohstoffe des zuvor von den Europäern ausgebeuteten Kontinents. Ganz oben rangiert auch hier das Erdöl. Ob im Sudan, in Nigeria oder in Algerien, die chinesischen Konzerne erwerben allerorts Konzessionen und halten sich zudem an ihre alte Devise der Nichteinmischung in innere Angelegenheiten. Letzteres wissen Diktaturen sehr zu schätzen.

Im Namen des Erdöls – demnächst wohl im Namen des Erdgases – wurden und werden Kriege geführt. Denn es handelt sich um strategische Rohstoffe, deren Preis erst in zweiter Linie von Angebot und Nachfrage bestimmt wird. Vorrangig für die Preisbildung ist immer wieder die Geopolitik, da der Kampf um diese Rohstoffe die internationalen Beziehungen beherrscht und Allianzen schmiedet. Der Erdöl- und Erdgasmarkt sind ein Barometer der internationalen Politik, und dies seit bald hundert Jahren. Winston Churchill übernahm 1911 den Posten des obersten zivilen Kommandanten der britischen Marine und setzte sich angesichts des deutsch-britischen Flottenwettlaufs sogleich für eine Umstellung von Kohle auf Erdöl ein. Marcus Samuel, Begründer von „Shell“ und einstiger Muschelhändler, hatte ihn von den vielen Vorteilen des neuen Energieträgers überzeugt: leicht zu lagern und zu transportieren, unverrottbar und vor allem billig.[1]

Diese Eigenschaften gelten bis heute. Denn bei allem Preisdruck, der Preis für ein Fass Rohöl erreichte inflationsbereinigt auch im Sommer 2006 nicht die Spitzenwerte von 1979/80. Benötigen andere Energieträger wie die Atomenergie oder erneuerbare Energien eine teure Infrastruktur, so lässt sich ein Dieseltank an jeden noch so unzugänglichen Ort der Erde bringen, wo dann mittels Generator eine Kühlanlage, ein Hotel oder ein ganzes Dorf mit Energie versorgt werden kann. Wer die Geräusche der summenden Generatoren von Beirut oder Bagdad kennt, weiß um die Bedeutung jeder „Mazout“-Lieferung, wie der Diesel auf Arabisch heißt. Nicht von ungefähr stammt daher die Attraktivität dieses Energieträgers, der den globalen Energiemix dominiert. Erstmals von der strategischen Bedeutung des Erdöls überzeugt zeigte sich die Politik nach dem Ersten Weltkrieg, dessen Kampfgeschehen den Truppen hohe Mobilität abverlangte. Das Auto und Flugzeug waren eben erst erfunden, doch die Innovationsmaschine Krieg brachte binnen Kurzem die Panzer und Kampfflieger.

Der Wunsch nach physischer Kontrolle der orientalischen Erdölfelder

Als im April 1920, nach dem Zerfall des Osmanischen Reiches, Großbritannien und Frankreich an der italienischen Riviera die Karten des Nahen Ostens neu zeichneten, orientierten sie sich daher klar an den damals bereits bekannten und vielversprechenden Erdölgebieten des nördlichen Mesopotamien, das zum britischen Mandatsgebiet Irak gehören sollte. Wegerechte für den Transit von britischen Pipelines aus Mossul an das östliche Mittelmeer durch französische Mandatsgebiete legten die Grenzen der heutigen Nationalstaaten des Nahen und Mittleren Ostens fest. Das Erdölabkommen von San Remo war zugleich die Neuordnung der Region. Sämtliche Kriegsparteien begriffen im Zuge dieses „Großen Krieges“ die militärische Bedeutung des Erdöls. Wer physischen Zugriff auf die Erdölfelder hatte, konnte auf dem Schlachtfeld besser bestehen. Das war den Siegermächten ebenso wie den Verlierern spätestens im Herbst 1918 klar geworden.

Die USA mussten im April 1920 noch tatenlos zusehen, als sich Großbritannien und Frankreich die Konkursmasse des Osmanischen Reiches in Form von Mandaten untereinander aufteilten. Spricht man von der Zerstückelung des Nahen Ostens nach dem Ersten Weltkrieg, so wird dies meist mit dem Sykes-Picot-Abkommen von 1916 assoziiert. Hierbei handelte es sich um eine geheime britisch-französische Korrespondenz während des Krieges, deren Karte jedoch völlig anders aussah als jene, die auf Basis des Vertrags von Lausanne 1923 die Grundlage für die heutigen Nationalstaaten legte.

Wäre tatsächlich das Sykes-Picot-Abkommen eins zu eins umgesetzt worden, so hätte die Geschichte der Region einen völlig anderen Lauf genommen, wie bereits im ersten und zweiten Kapitel kurz beschrieben. So wäre unter anderem die Palästinafrage vielleicht nie in all ihrer heutigen Brisanz virulent geworden. Denn weder die Briten noch die Franzosen hatten ein Interesse, dieses Gebiet zu beanspruchen. Vielmehr sollte hier ein alliiertes Kondominium entstehen, wobei für die heiligen Stätten bereits von einer internationalen Souveränität die Rede war. Interessanterweise wurde eben diese Idee etwa bei den von US-Präsident Bill Clinton im Juli 2000 vermittelten Camp-David-Gesprächen neuerlich diskutiert.

Entscheidend für die Region wurde aber eine andere Karte. Sie soll der Anekdote zufolge auf dem Tischtuch des Hotels Londra in San Remo an der italienischen Riviera gezeichnet worden sein. Im April 1920 trafen sich hier britische und französische Unterhändler. Der US-Delegierte saß indes im Garten des Hotels und konnte nur die Zeitung lesen, während drinnen Briten und Franzosen um die Zukunft des Erdöls feilschten. Im Zentrum der Gespräche stand die Ziehung der Trasse einer Pipeline von Mossul nach Haifa. Großbritannien kontrollierte die Mandatsgebiete des soeben geschaffenen Iraks, einem willkürlich zusammengesetzten Staatsgebiet aus ethnisch sehr unterschiedlichen Regionen, und Palästinas mit der wichtigen Hafenstadt Haifa.

Um Erdöl aus dem Nordirak ans Mittelmeer zu transportieren, musste eine Pipeline errichtet werden. Transitrechte quer durch das französische Mandatsgebiet von Syrien und Libanon wurden vereinbart. Zu diesem Zweck trat das Ölabkommen von San Remo in Kraft. Die Grenzen zwischen dem Irak, Jordanien und Syrien wurden entlang der Pipeline gezogen. Die europäischen Mächte Großbritannien und Frankreich schufen 1920 die Nationalstaaten dieser Region in bester neokolonialer Manier. Bei Entlassung in die Unabhängigkeit wurden diese Grenzen beibehalten. Als Siegermacht des Ersten Weltkriegs setzte London in Erkenntnis der strategischen Bedeutung von Erdöl als Lieferant für Treibstoff alles daran, direkt an den Rohstoff heranzukommen. Zielgebiet war das nördliche Mesopotamien, also der heutige Irak. Über die großen Erdölreserven von Mossul waren die Briten durch ihre Geologen, die oft auch als Archäologen getarnt in der Spionage wirkten, perfekt informiert. Die physische Kontrolle über Erdölgebiete sollte zum entscheidenden Kriterium in der Aufteilung des Osmanischen Reiches werden. Erdöl war zum strategischen Rohstoff aufgestiegen, denn der Besitz von Erdöl stellte erstmals einen kriegsentscheidenden Faktor dar.

Frankreich verlangte aber ebenso nach dem essenziellen Rohstoff. Zwischen London und Paris tobte während der Verhandlungen um die Neuordnung des Osmanischen Reiches 1919 in den Pariser Vororten ein wilder Streit.[2] Großbritannien wollte seine Kontrolle der vielversprechenden Erdölfelder von Mossul nicht aufgeben, nicht nur aus wirtschaftlichen Gründen. Frankreich sah sich seinerseits „historisch berufen“, die Region zu dominieren. Nach einigen Unstimmigkeiten wurde eine Aufteilung vorgenommen, dass Frankreich 25 Prozent Anteile an der Turkish Petroleum Company, die die Konzessionen in Mesopotamien hatte, erhielt. Im Gegenzug würde Frankreich die Errichtung zweier Pipelines durch das von ihm kontrollierte Mandatsgebiet Syrien gestatten.

Diese Dimension des physischen Zugriffs, also des Besitzens, prägt bis in die Gegenwart den Erdölmarkt. Es geht nicht bloß um den Rechtstitel der Förderkonzession, sondern um den tatsächlichen Zugriff, der sich durch militärische Präsenz und eine verbündete Regierung im Förderland traditionell garantieren ließ. Die Errichtung von Militärbasen entlang wichtiger Fördertrassen hat mit der Gefährdung dieser Anlagen durch Sabotage und Terrorangriffe oder mit dem illegalen Abzapfen von Öl, vom Irak über Russland bis nach Westafrika, wie es Schmugglerbanden oder die mittellose Bevölkerung regelmäßig tun, in den letzten Jahrzehnten nur an Bedeutung gewonnen.

Pipelines sind unmittelbarer Ausdruck von Machtverhältnissen. Wo und unter welchen rechtlichen und technischen Bedingungen sie verlaufen, bestimmen Politik, Sicherheit und Wirtschaftsinteressen. Die Geopolitik des Erdöl- und Erdgasmarkts manifestiert sich wohl am deutlichsten in der Festlegung dieser Förderrohre. Die erheblichen politischen und materiellen Investitionen in Pipelines bedingen einen großen Zeithorizont. Kaum ein anderer Wirtschaftsbereich bedarf von der vertraglichen Festlegung bis zur eigentlichen Produktion und Amortisierung der Investition derart langer Zeitperioden, die im Schnitt rund 15 bis 20 Jahre betragen. So werden Regimewechsel inszeniert, um Regierungen eines Produktions- oder Transitlandes an ein Energieprojekt zu binden, und politische Allianzen geschmiedet, die oft großen Wirren standhalten müssen. Die seit 1947 gültige strategische Allianz zwischen den USA und Saudi-Arabien illustriert die Ambivalenzen einer solchen Energiepartnerschaft.

Ebenso lässt sich die Geopolitik der Pipelines an jener Trasse vom Kaspischen Meer ins Mittelmeer nachzeichnen. Die BTC-Pipeline, Baku-Tiflis-Ceyhan-Pipeline, wurde im Sommer 2006 offiziell in Betrieb genommen. Die Revolution in Georgien im Herbst 2003, welche die mit den USA eng verbündete Regierung unter Micheil Saakaschvili an die Macht brachte, ist im Zusammenhang mit dem Pipeline-Projekt zu verstehen. Im Kaukasus ist auch die kühle Brise des neuen Kalten Krieges zu spüren, der sich zwischen der Russischen Föderation und den USA anbahnt. Noch geht es um die Unterbrechung der Erdgaslieferungen an georgische Haushalte, wie dies auch in der Vergangenheit immer wieder der Fall war. Doch es steht viel mehr auf dem Spiel, denn es betrifft viele Fragen der Beziehungen zwischen Ost und West.

Kriege endeten auf Basis von Pipeline-Abkommen, wie die US-Intervention in Afghanistan im Herbst 2001. Mit der Einsetzung von Hamid Karsai als Präsident durch die USA, seither im Amt durch Wahlen bestätigt, wurde auch die schon seit Jahren angestrebte Pipeline, die Erdgas aus Turkmenistan durch Afghanistan nach Pakistan transportieren soll, unterschriftsreif. Im Dezember 2002 konnte die nach den drei Staaten als TAP-Pipeline bezeichnete Trasse vertraglich vereinbart werden. Zuvor hatte noch die US-Regierung unter Präsident Bill Clinton vergeblich versucht, mit dem Kabuler Taliban-Regime über die TAP-Pipeline ins Geschäft zu kommen.

Um die wesentlichen Konflikte des 20. Jahrhunderts und unserer Zeit besser zu verstehen, schiebe man vor sein inneres Auge der Betrachtung eine Linse namens Erdöl: Die Sicht auf die internationalen Beziehungen wird sich in einem neuen Licht brechen. In den Pipelines konzentriert sich gewissermaßen die Geopolitik des Energiemarktes, wie die Konflikte rund um das Kaspische Meer deutlich machen.

Konflikte entzündeten sich entlang dieser Rohrleitungen, wie der tschetschenische Sezessionskrieg 1994, als die Rebellen um Dschochar Dudajew die Gunst der Stunde, nämlich die Planung einer Pipeline durch Tschetschenien, für ihren Unabhängigkeitskrieg nutzen wollten. Ziel war, Tschetschenien, das schon im Zweiten Weltkrieg wegen seiner Ölvorkommen von Hitler anvisiert wurde, als Transitland einer Pipeline finanziell unabhängig zu machen. „Oil makes and breaks nations“, bilanziert Daniel Yergin immer wieder zur Geschichte des Erdöls im 20. Jahrhundert.[3]

Vergessene Lektionen

Das Öl beherrscht die Börse ebenso wie die Geldbörse des Einzelnen, und nicht nur des Autofahrers. Denn der Inflationsdruck, der sich aus einem anhaltend hohen Preisniveau für Energie ergibt, wirkt sich auf die gesamte Wirtschaft aus. All dies ist nichts Neues. Vielmehr erleben wir gegenwärtig bloß eine veränderte Neuauflage jener Ereignisse, welche als die großen Erdölkrisen von 1973 und 1979 in die Geschichte eingegangen sind. Wenn die Welt aus den Erdölkrisen der 1970er Jahre gelernt hätte, so wären wir eventuell heute nicht mit dem Phänomen Klimawandel und neuen Preisschüben konfrontiert. Damals drehte sich die Preisspirale zunächst im Herbst 1973 infolge des arabisch-israelischen Krieges nach oben. Der Hintergrund für eine Vervierfachung des Preises pro Fass ist in der militärischen Unterstützung der USA für Israel und im nachfolgenden Boykott beziehungsweise in der Drosselung der Fördermengen durch die arabischen Staaten der OPEC, der Organisation Erdöl exportierender Länder, zu suchen. Die Folge war eine Verknappung des Öls auf dem Weltmarkt. Zu Recht sprach man vom Ölschock, den die Importstaaten mangels eigener Reserven nicht abpuffern konnten.

Einige Maßnahmen wie die Errichtung von Krisenlagern im Rahmen der Internationalen Energieagentur IEA, eine höhere Besteuerung der Treibstoffe und Innovationen in der Automobilindustrie folgten. Doch viele andere kluge Projekte im Sinne der Energieeffizienz und zwecks Erforschung neuer Energieträger wanderten in die Schubladen, als der Preisdruck Mitte der 1980er Jahre nachließ. Das Erdöl wurde wieder zum rasch verfügbaren und relativ billigen Energieträger. Die Industriestaaten importieren heute um ein Vielfaches mehr Erdöl als 1973.

Im Sommer 2005 mussten fast 60 Prozent des in den USA verbrauchten Öls importiert werden, das entspricht nahezu zwölf Millionen Fass pro Tag. Schätzungen der Regierung gehen von einem Anstieg des Ölverbrauchs von heute 20,5 Millionen Fass pro Tag auf 28 Millionen im Jahr 2025 aus.[4] Eine solche Kalkulation kann aber nur von der Annahme ausgehen, dass die USA trotz eines Budgetdefizits, das spätestens 2020 nicht mehr finanzierbar sein könnte, tatsächlich noch ihren auf Erdöl aufgebauten „way of life“ dauernder Mobilität aufrecht erhalten. Um der schon in den 1970er Jahren beklagten Importabhängigkeit – aber auch den Wirbelstürmen im Golf von Mexiko – zu entgehen, setzt das US-Energiegesetz „2005 Energy Policy Act“ mehr auf den Ausbau eigener Öl- und Gasfelder, und dies vor allem in Alaskas Naturschutzgebieten, wo zwar keine tropischen Stürme die Energieversorgung kappen, sehr wohl aber das letzte unberührte Naturgebiet der USA zerstört werden kann.

Vielleicht wäre es im Fall einer Energiewende vor 30 Jahren auch gar nicht zum Irakkrieg und all seinen dramatischen Folgen, die aus heutiger Sicht noch gar nicht absehbar sind, gekommen. Es war jedenfalls ein Krieg um die wichtigen Erdölreserven dieses gepeinigten Landes. All jene Menschen, die im Februar 2003 rund um den Globus auf die Straßen gingen, um gegen die geplante Invasion der USA und ihrer Verbündeten zu demonstrieren und Transparente mit der Aufschrift „No blood for oil" trugen, sollten Recht behalten. Von allen öffentlichen Einrichtungen schützten die Truppen der USA und ihrer Verbündeten im April 2003 nur das Erdölministerium, während sie das Nationalmuseum den Plünderern überließen.

Die intensiven Versuche, neue Produktionsabkommen mit direktem Zugang zu den Erdölfeldern zu erhalten, sind nur in der kurdischen Region des Nordiraks vorangeschritten. Die im Oktober 2005 per Referendum angenommene Bundesverfassung für den Irak sieht weitgehende Autonomie der Regionalregierungen in der Erschließung neuer Felder vor. Die irakische Zentralregierung ist laut neuer Verfassung nur für die in Produktion befindlichen Lagerstätten zuständig. Eine der Zentralfiguren in der Bagdader Regierung ist der Erdölminister. Das Amt wurde seit 2003 mehrfach vergeben, keiner der Minister konnte die jeweiligen Pläne einer ehrgeizigen Neuordnung der Erdölindustrie und der Korruptionsbekämpfung durchsetzen. Der Irak in seinen heutigen noch gültigen Staatsgrenzen ist das unmittelbare Ergebnis eines Erdölabkommens von 1920, die OPEC wurde 1960 in der irakischen Hauptstadt gegründet. Die Geschichte dieses Landes wurde und wird unmittelbar vom Erdöl und den Interessen der Großmächte bestimmt. Ursächlich hierfür war und ist der Energiedurst der Welt.

Der Westen hat seine Energiepolitik seit den Erdölkrisen der 1970er Jahre im Namen fossiler Energien und unheiliger Allianzen mit repressiven Diktaturen bloß fortgesetzt. Die OPEC hat zwar ihre Rolle der Marktbeherrschung verloren, da mehr Erdöl außerhalb der OPEC gefördert wurde, unter anderem in der Nordsee. Der Anteil der elf OPEC-Produzenten am Weltmarkt liegt bei rund 40 Prozent. Im globalen Energiemix dominieren jedenfalls die fossilen Energieträger, allen voran das Erdöl. Laut der

Internationalen Energieagentur IEA, jener Interessensvertretung der 26 OECD-Staaten, die 1974 in Reaktion auf die Ölkrise vom damaligen US-Außenminister Henry Kissinger geschaffen wurde, wird sich an dieser Konstellation in den kommenden Jahrzehnten wenig ändern.

In ihrer aktuellen Vorschau sieht die IEA den Anteil des Erdöls weiterhin als wesentliches Segment im Energiemix, wenngleich auch Einbrüche in der Nachfrage aufgrund zu erwartender Rezessionen sehr wohl möglich sind.[5] Da die Produktion in den Staaten außerhalb der OPEC, insbesondere in den Nachfolgestaaten der ehemaligen Sowjetunion, spätestens ab 2012 stark zurückgehen soll, wird die Nachfrage nach OPEC-Erdöl übermäßig wachsen. Beträgt die weltweite Erdölproduktion heute rund 83 Millionen Fass pro Tag, so dürfte sie bis 2030 auf rund 120 Millionen Fass pro Tag steigen.[6] Ausschlaggebend hierfür wird insbesondere die Nachfrage aus den Schwellenstaaten China, Indien und den Entwicklungsländern sein. Diese zusätzliche Produktion wird von der OPEC übernommen werden müssen. Saudi-Arabien, der Iran und der Irak verfügen über die erforderlichen Reserven.

Doch allein Saudi-Arabien hat in den letzten Jahren begonnen, neue Förderkapazitäten zu erschließen. Es handelt sich um gewaltige Investitionen von rund 700 Milliarden US-Dollar. Der Iran ist infolge der US-Sanktionen von großen Investitionen teils ausgeschlossen. Viele europäische Konzerne, allen voran die italienische ENI-Gruppe, lassen sich zwar nicht abschrecken, doch wäre das Investitionsvolumen zweifellos höher, wenn der Iran nicht von den USA 2002 auf die „Achse des Bösen“ gesetzt worden wäre und in der Folge die Reformkräfte geschwächt wurden, was im Sommer 2005 zur Wahl des radikalen Populisten Mahmud Ahmadinedschad führte. Hinzu kommt die schwierige rechtliche und administrative Situation in dem Land, das nicht nur zweitwichtigster OPEC-Produzent ist, sondern auch über die zweitgrößten Erdgasvorkommen nach Russland verfügt. Der Irak befindet sich in der katastrophalen Situation, in welche die USA und ihre Verbündeten das Land mit einem Krieg geführt haben, der jedenfalls zu verhindern gewesen wäre, wenn jene Regierungen der Diplomatie und den Inspektoren der Atombehörde IAEA mehr Zeit gegeben hätten.[7] Von einer Erdölförderung, wie sie noch bis zum Tag der Invasion am 17. März 2003 bestand, ist das einst wohlhabende Zweistromland indes weit entfernt.

Der Bericht der „Iraq Study Group", welcher vom ehemaligen US-Außenminister James A. Baker und US-Senator Lee Hamilton zwecks Neuausrichtung der US-Politik im Irak am 6. Dezember 2006 vorgelegt wurde, kritisiert unter anderem zu Recht die Föderalisierung der Erdölindustrie, die neben der täglichen Gewalt praktisch zum Stillstand der Energiewirtschaft geführt hat. Ob der Irak in absehbarer Zeit, sprich bis zirka 2012, zu einer soliden Erdölproduktion gelangen kann, ist angesichts der Sicherheitslage und des Vakuums im Land eher unwahrscheinlich. Der Irak ist vielmehr in territorialer Auflösung begriffen. Eine Abspaltung des kurdischen Nordiraks ist gerade im Lichte dieses Berichtes noch mehr in greifbare Nähe gerückt. Die Kurden zeigen sich über die Empfehlungen des Berichts, wie die Stärkung der zentralen Strukturen, sehr verärgert. Ein weiteres Mal lassen sich die Kurden vielleicht nicht die Chance entgehen, einen eigenen Staat zu errichten. Nach dem Ersten Weltkrieg hatten sie die britische Zusage für einen solchen kurdischen Staat, der aber dann im Vertrag von Lausanne 1923 wiederum nicht mehr auf der Karte des damals neuen Nahen Ostens eingezeichnet war.

Die Folgen jener möglichen geopolitischen Veränderungen, die im Nahen Osten noch in kriegerischer Weise in den kommenden Jahren bevorstehen, werden den regionalen Rahmen jedenfalls sprengen. Die Erdölkonsumenten in aller Welt, nicht nur jene Europas und der USA, sondern vor allem auch die wichtigen asiatischen Kunden wie China, Japan und Indien, werden die kommenden Energiekrisen in aller Vehemenz spüren. So könnten die Preise nach einer Phase des Einbruchs, der für 2007 aufgrund eines voraussichtlichen Überangebots zu erwarten ist, wieder nach oben schnellen. Ebenso ist aber auch umfassender Produktionsausfall infolge Staatenzerfalls und damit verbundener Kriege um den Zugriff auf Erdöl- und Erdgasfelder nicht auszuschließen.

Sollten solche militärische Konflikte ausbrechen, werden die asiatischen Mächte zweifellos mitmischen, um ihren Anteil an den Erdölreserven zu ergattern. China ist bereits jetzt wichtigster Handelspartner von Saudi-Arabien und bezieht einen wesentlichen Anteil seiner Erdölimporte von der Arabischen Halbinsel. Die militärische Kooperation zwischen China und diesen Staaten wächst entsprechend. Obwohl die USA als Importeur vom nahöstlichen Erdöl nicht in dem Umfang abhängig sind wie die Asiaten und Europäer, so haben sie doch als Erben der britischen Hegemonie im Roten Meer, im Persischen Golf und östlichen Mittelmeer über ihre militärischen Basen die Möglichkeit, die Hand auf die Energiereserven zu legen. Eine Sperre der Meerenge von Hormuz, welche den Persischen Golf mit dem Indischen Ozean verbindet, wird seit jeher als Casus Belli, als kriegsauslösende Handlung, seitens der USA eingestuft. Die Europäer, welche diese Nationalstaaten nach dem Ersten Weltkrieg geschaffen hatten, könnten vielleicht nur mehr das Nachsehen haben.

Vorerst ist die Situation aber noch nicht ganz so brisant, wenngleich der Irak noch vielen internen und äußeren Machtspielen der Gewalt ausgesetzt bleiben wird. Der Streit um die irakische Konkursmasse hat erst begonnen. Wenn sich Saudi-Arabien militärisch auf die Seite der Sunniten stellt, der Iran offen die Schiiten unterstützt und eventuell die Israeli noch auf kurdischer Seite eingreifen, so wird sich die Gewaltspirale noch rascher und blutiger drehen. Ein solches Szenario ist insofern möglich, als die saudische Regierung die USA bereits wissen ließ, nicht untätig zu bleiben, sollten die Sunniten im Machtkampf mit den Schiiten unterliegen.[8] Der Iran hat seine Einflusszonen im schiitischen Südirak stark erweitert, doch bestehen auch innerhalb der irakischen Schiiten unterschiedliche Strömungen, die von säkular bis fundamentalistisch reichen. Mit Teheran wird Washington einen Dialog führen müssen, um die Anarchie im Irak zu stoppen. Wohin werden all die Menschen flüchten, denen das Erdöl zum großen Fluch geworden ist? Es sind schätzungsweise bis Herbst 2006 rund 900.000 Menschen im Irak infolge des Einmarsches 2003 getötet worden.[9]

Die menschlichen Tragödien gehen im Lichte der Ereignisse auf den Finanzmärkten unter. Das Interesse der Rohstoffbörsen von London und New York konzentriert sich vielmehr auf einen sehr unruhigen Markt, der von großen Preisschwankungen und Unsicherheiten sowohl im Bereich Angebot als auch im Hinblick auf die sich entwickelnde Nachfrage geprägt ist. Die kontinuierlichen Preisanstiege seit 2003 beschäftigen zwar Konsumenten und Investoren gleichermaßen, doch die Preisentwicklung ist nicht mit jener von 1973 vergleichbar. Es ist kein Ölpreisschock, der stattfindet, vielmehr erleben wir eine Energiekrise auf Raten.

Eine Krise auf Raten

Zwischen 2004 und 2006 kam es zu einigen drastischen Preissprüngen. Durchbrach der Weltmarktpreis für ein Fass Rohöl im Mai 2004 die damals als „historisch" und „psychologisch" bezeichnete Marke von 40 US-Dollar, so lag er knapp ein Jahr später, nämlich Ende August 2005, bei 70 US-Dollar. Was kurz zuvor noch unvorstellbar schien, konnten die Volkswirtschaften der Importländer offenbar verkraften. Größere Probleme werfen hohe Energiepreise für die Entwicklungsländer auf, die zum einen teure US-Dollar-Kredite aufnehmen müssen, um die Erdölimporte zu bezahlen, zum anderen viel weniger Substitutionsmöglichkeiten als die Industriestaaten haben. Die Gründe für den Preisanstieg waren zum einen das unterschätzte Volumen verstärkter Nachfrage aus den asiatischen Schwellenländern ab 2004, zum anderen die geopolitischen Unsicherheiten im Nahen Osten und in weiterer Folge die Engpässe im Verarbeitungssektor. Weder die Raffinerien noch die Löschterminals kamen mit der Auftragslage nach. Wenngleich sich teilweise genug Rohöl auf dem Weltmarkt befand, so mangelte es vor allem an verarbeiteten Produkten wie Treibstoff.

Ende September 2006 trat wiederum ein umgekehrtes Phänomen ein. Zahlreiche Risikofonds, die auf dem Rohstoffsektor seit 2002 massiv investiert hatten, stiegen aus dem Energieportfolio aus und wandten sich anderen, für sie interessanteren „weichen Rohstoffen“, wie zum Beispiel Orangensaft, zu. Der Preis begann zu fallen. Just in jener Woche Anfang Oktober 2006, als Nordkorea seine ersten Atombombentests durchführte, das iranische Nukleardossier weiter in Schwebe war, die OPEC um 1,2 Millionen Fass pro Tag ihre Förderquote drosselte und die asiatische Nachfrage weiter stark blieb, fiel der Erdölpreis um fast 20 Prozent im Vergleich zum Juli 2006. Die Hintergründe für diese neue, teils als paradox empfundene Preisentwicklung sind unter mehreren Aspekten zu suchen. So stiegen etwa die Lagervorräte weltweit auf neue historische Spitzen. Die Nachfrage der Konsumenten, vor allem im Transportsektor, ließ aufgrund des höheren Preisdrucks nach. Für die Bewertung des Erdölmarkts aus Sicht der Investoren waren die Lagerzuwächse entscheidend. Förderkürzungen durch die OPEC schienen die Börse vorerst nicht zu beeindrucken, zumal auch mit einer sich zusehends verschlechternden US-Konjunktur für 2007 und darüber hinaus gerechnet wird.

Die OPEC ist also ihrerseits mit dem Dilemma konfrontiert, einerseits vermehrt in neue Förderkapazitäten zu investieren, da die Nachfrage nach OPEC-Erdöl wachsen wird. Andererseits bleibt aber die Entwicklung der Nachfrage völlig offen. Daher verlangen die OPEC-Minister regelmäßig eine Nachfragesicherheit, werden sich die Konsumenten auf die Versorgungssicherheit versteifen und den Aufbau neuer Ausfallskapazitäten durch die OPEC-Produzenten einfordern, um im Krisenfall auf diese zuzugreifen. Die aktuelle Anspannung auf den Erdölmärkten, die Orient und Okzident in neue Konflikte bringen könnte, ist nicht vergleichbar mit den Ereignissen der 1970er Jahre. Wir sind gegenwärtig mit großen Preisveränderungen konfrontiert. Die Skala ist hierbei in beide Richtungen offen, also nach oben im Sinne neuer Preisspitzen und nach unten in Form eines Preisverfalls. Konstant bleibt hingegen die Abhängigkeit der Konsumenten von diesem einen wichtigen Energieträger Erdöl, der vor allem in den instabilen Weltregionen zu finden ist.

Es herrscht jedenfalls wieder einmal viel Verwirrung sowohl unter den Analysten als auch unter den OPEC-Produzenten. Keiner weiß so recht, in welche Richtung sich der Preis bewegt. Substitution durch Kohle könnte bei aller aktuellen Nachfrage dennoch zu Preiseinbrüchen führen. Die Attraktivität der Kohle wächst, da sie die Importabhängigkeit reduziert. Noch sind aber die Verarbeitungstechnologien für „saubere Kohle“ nicht so weit, um die hohen Emissionswerte zu verringern. Wenn der Markt 2007 infolge eines Überangebots von Erdöl aus den Nicht-OPEC-Staaten ein relativ niedriges Preisniveau sehen wird – außer es kommt zu einem neuen Krieg oder einer Serie von Hurrikans –, so dürfte die Nachfrage nach OPEC-Öl spätestens ab 2012 stark ansteigen, wenn die Produktion außerhalb der OPEC voraussichtlich zurückgehen wird. Mit dem fortschreitenden Rückgang der Erdölproduktion außerhalb der OPEC wird die OPEC-Produktion, die derzeit rund 40 Prozent des Weltmarkts abdeckt, ab 2012 ansteigen. Angesichts des hohen Energiebedarfs der asiatischen Industriestaaten wird die Erdölproduktion notwendigerweise expandieren müssen. Diese neue Nachfrage werden wohl nur die OPEC-Staaten befriedigen können. Große Hoffnungen setzen daher sowohl Produzenten als auch Konsumenten in neue Technologien. Von der Revitalisierung alter Erdölfelder und einer Erhöhung der Produktionseffizienz existierender Felder um fast ein Drittel dank neuer Methoden sprechen oft und gerne die Vertreter der Industrie.

Zwischen 1974 und 1982 waren die Erdöl importierenden Industriestaaten infolge der damaligen Ölpreisschocks um vieles weiter in der Entwicklung und Umsetzung von Energieeffizienz, alternativen Energien, Innovationsschüben in der Transportindustrie und Raffinierung. Infolge des Preisverfalls verloren viele Maßnahmen ihre wirtschaftliche Rechtfertigung. Waren die damaligen Krisen durch eine künstliche (jedes Mal politisch bedingte) Verknappung des Angebots aufgetreten, so präsentiert sich die gegenwärtige Krise komplexer, nämlich als ein Bündel mehrerer Faktoren. Es umfasst die rasant gestiegene Nachfrage, die so rasch nicht nachlassen wird, die Spekulation im Bereich der Termingeschäfte und zweifelsfrei wachsende Unsicherheit bei den Reserven. Über Daten und die Reservenlage wird allerorts heftig gestritten. Wir erleben gegenwärtig die Rückkehr der Debatte „peak-oil", die der Club of Rome mit seinem historischen Bericht über die Endlichkeit der Ressourcen 1972 erstmals losgetreten hatte. Unverändert scheint auch die Wahrnehmung der OPEC, so als würden wir uns immer noch im Schatten der Ereignisse von 1973 befinden. Verfolgt man die mediale Berichterstattung, so hat sich insbesondere eine Konstante fest in der öffentlichen Debatte verankert: die OPEC als mächtiges Kartell, das dem Westen den Erdölhahn zudreht. Es ist nicht nur die Boulevardpresse, die dieses alte Feindbild regelmäßig neu belebt. Auch seriöse Magazine bewegen sich oft am Rande des guten Geschmacks, wenn sie ihre Kritik an der OPEC äußern.[10]

Feindbild OPEC als Folge von Ignoranz und Kalkül

Die Ölkrisen von 1973 und 1979 zeigten erstmals klar die Abhängigkeit der Industriestaaten von den nahöstlichen Ölexporteuren. Die Krisen wurden jeweils nicht durch Verknappung des Erdöls, sondern durch politische Instabilität ausgelöst. Im Oktober 1973 war es der vierte arabisch-israelische Krieg, der infolge von US-Militärhilfe für Israel den arabischen Ölboykott der OPEC zur Folge hatte. 1979 überraschte die Welt ein fast 80-jähriger schiitischer Kleriker namens Khomeini, der den Schah und die USA aus dem Iran vertrieb. Es war eine Kombination von historischen Zufällen, die knapp zehn Jahre nach Gründung der OPEC aus dem unscheinbaren Zusammenschluss junger Nationalstaaten, die mehr Mitspracherecht in ihrer Ölförderung wollten, einen globalen Akteur machte.[11]

Der Putsch des libyschen Obersts Muammar Al-Gadaffi und der Beginn der Nationalisierungen sowie der arabisch-israelische Konflikt katapultierten die OPEC plötzlich Anfang der 1970er Jahre ins internationale Rampenlicht. Von Dialog und Stabilität waren Erdölkonsumenten und die OPEC-Staaten 1973 weit entfernt. Erdöl wurde erstmals als politische Waffe eingesetzt. Die Konfrontation zwischen arabischer/islamischer und westlicher Welt schien einen neuen Höhepunkt erreicht zu haben. Selbstbewusste Ölminister junger Nationalstaaten, von denen einige erst ihre Unabhängigkeit erreicht hatten, boten den Regierungen des Westens die Stirn. Auslöser war der israelisch-arabische Konflikt. Dieses Bild eines angespannten Verhältnisses zwischen Ost und West im Namen der Energieversorgung hat sich tief im kollektiven Gedächtnis vor allem des Westens verfestigt, daran hat sich auch 30 Jahre später trotz veränderter Rahmenbedingungen wenig geändert.

Dabei war im Herbst 1960, als die OPEC offiziell in Bagdad gegründet wurde, die politische und kommerzielle Erdöllandschaft noch ganz anders gewesen. Die Förderstaaten und ihre Ölminister spielten kaum eine Rolle. Marktbeherrschend waren die großen internationalen Ölfirmen, die sogenannten „Seven Sisters“, deren Konzerngründer sich in den 1930er und 1940er Jahren großzügige Konzessionen zur Ausbeutung des Erdöls im nahöstlichen und südamerikanischen Raum gesichert hatten. Eine Erdölfirma wie „Aramco“ übernahm in Saudi-Arabien die Rolle eines „Staates im Staat“. Die US-Konzerne förderten und verarbeiteten das Erdöl und machten Politik im großen Stil. Die Regierung der Förderstaaten hatte so gut wie keinen Einfluss auf ihre Bodenschätze und musste die jeweiligen Förderquoten und damit verbundenen „Royalties“, Zahlungen an die Staatskasse, unwidersprochen hinnehmen. Gegen diesen Zustand vermehrten sich die Proteste von Riad bis Caracas. Bereits 1951 hatte es der iranische Premier Mohammed Mossadegh geschafft, die britischen Konzessionen zu verstaatlichen und eine nationale iranische Erdölfirma zu gründen. Mossadegh wurde 1953 von den USA im Rahmen eines Putsches beseitigt, der Schah als absoluter Monarch neuerlich eingesetzt. Doch dieses Beispiel einer Nationalisierung sollte Schule machen.

Fünf Erdöl produzierende Länder schlossen sich 1960 zwecks verbesserter Mitsprache bei der Ausbeutung ihrer Ölressourcen zusammen: Kuwait, Iran, Irak, Saudi-Arabien und Venezuela. Die ursprüngliche Idee des ägyptischen Staatschefs Gamal Abdel Nasser, eine Erdölorganisation als Sektion der Arabischen Liga mit Sitz in Kairo einzurichten, wurde vom Irak erfolgreich unterlaufen. Interessant war die Mischung der Gründungsstaaten: Mit Venezuela und dem Iran als Mitglieder war ein klares Zeichen gesetzt, dass es sich nicht um einen arabischen Klub handeln würde, sondern um einen Zusammenschluss von Entwicklungsländern, deren wesentliches Exportgut das Erdöl war und ist. Die fünf Gründerstaaten forderten einen Dialog mit den internationalen Ölkonzernen und mehr Preisstabilität. Sie wussten schon damals, dass ihre Erdölreserven nicht erneuerbar waren und ihr wirtschaftliches Überleben stark von den Erdöleinnahmen abhing, und daran hat sich bis heute nichts geändert. Von Verstaatlichung der internationalen Ölkonzerne oder Förderquoten war keine Rede. Der zentrale Wunsch der Förderstaaten lautete, dass die Konzerne bei Änderungen der Förderpolitik und damit der „Royalties“ sie zu konsultieren hätten. Es ging aber auch um „fair return of capital“ der Investoren, die viel Risikokapital in die Erschließung der Erdölfelder gesteckt hatten.

Die Geschichte nahm dann einen völlig anderen Verlauf. Aus dem Dialog und der Kooperation wurde im Zuge des Erdölembargos 1973 ein Verhältnis der Konfrontation. Die Verstaatlichung erfolgte in allen OPEC-Staaten. Aus den einst mächtigen Konzernen, die direkt die Förderung kontrollierten, waren Kunden geworden, die sich primär auf die Erdölverarbeitung verlegen mussten. Die Vorstände von ExxonMobil, BP, Shell/Royal Dutch und anderen mussten von nun an bei den Regierungen der Förderstaaten anklopfen und konnten nicht mehr im Alleingang die Erdölpolitik gestalten. Diese Entwicklung gilt nicht nur für die OPEC-Staaten, auch in den Nicht-OPEC-Staaten hat die Renationalisierung die internationalen Konzerne vor völlig neue Situationen gestellt. Besonders pikant ist die Lage für internationale Energiekonzerne in Russland geworden. Seit der umfassenden Wiederverstaatlichung unter Präsident Putin, die mit der Verhaftung von Yukos-Chef Michail Khodorkhovsky im Herbst 2003 ihren Anfang nahm, hat die Rolle staatlicher Konzerne wie Gazprom und Rosneft stark an Bedeutung gewonnen. Die russische Regierung handhabt die Konzessionen sehr willkürlich, wie sich besonders am Fall der Shell-Lizenz und dem Projekt Sachalin II klar gezeigt hat.[12]

Die internationalen Konzerne verfügen gegenwärtig nur mehr über rund zehn Prozent der bekannten Erdölreserven, die große Mehrheit der Reserven wird hingegen von den nationalen Konzernen inner- und außerhalb der OPEC kontrolliert. Rund 78 Prozent der bekannten Erdölreserven liegen auf den Staatsgebieten der elf OPEC-Mitglieder. Was daher dringend geboten ist, nennt sich neue Partnerschaft zwischen den nationalen und internationalen Konzernen. Erstere sollen den internationalen Firmen ihren Förderbereich öffnen, hierfür stellen Letztere ihre Technologien, ihr Kapital und ihre Fachkräfte zur Verfügung. Zudem betonen die Vorstände der großen internationalen Firmen auch immer stärker die soziale Verantwortung für die Infrastruktur, den Umweltschutz etc. in den Förderstaaten.[13]

Es geht also auch darum, einen Interessenausgleich zwischen den Investoren und den nationalen Firmen zu finden. Hier funken aber Politik und Geschichte in die Wirtschaft hinein. Denn die Frage von Investitionen in die Erdölindustrie, die Preisfrage und vieles mehr wird vom zerrütteten Verhältnis zwischen den Staaten des Nahen Ostens und dem Westen dominiert. Der Vorwurf gewisser Kreise in Washington oder London, teils auch in Berlin an die Adresse wichtiger OPEC-Staaten lautet, diese würden Ressourcendiplomatie betreiben und den hohen Erdölpreis für ihre „anti-westliche Außenpolitik" instrumentalisieren. In diesem Zusammenhang wird auch regelmäßig von einer strategischen Allianz zwischen dem Iran und Venezuela gesprochen, welche aber einer näheren Prüfung nicht standhält.

Die Einkünfte aus dem Erdölexport für die nationale Politik einzusetzen, ist völkerrechtlich völlig legitim. Die USA, Norwegen oder Großbritannien, die alle Energieproduzenten sind, handeln ebenso im Sinne der souveränen Kontrolle über ihre Bodenschätze, wie dies die OPEC-Staaten tun. Das Erdöl des Nahen Ostens als „our oil" zu bezeichnen, wie dies nicht nur Politiker, sondern auch junge Studenten in den USA regelmäßig tun, bildet die Antithese zur staatlichen Souveränität. Warum Ressourcendiplomatie für sich gesehen inakzeptabel sein soll, ist für den Beobachter nicht nachvollziehbar. Die Verquickung von Erdöl, Politik und Finanz stellt ein altes Thema dar, das weder der Iran noch andere Staaten jüngst erfunden haben. In den 1920er Jahren bereits kursierte in den USA der Spruch „The oil-business is too important to leave it to the oil-people". In diesem Sinne machte der damals weltweit wichtigste Erdölproduzent USA, der 1945 fast 90 Prozent des Erdölverbrauchs seiner Alliierten abdeckte, klar, dass eine politische Einmischung ins Erdölgeschäft zwingend sei.

Dass Petrodollars sehr wohl in den Export radikaler Ideologien fließen können, zeigen seit den 1970er Jahren die vielen Stiftungen von Saudi-Arabien, welche die islamischen Gemeinden von Westafrika bis Südostasien nachhaltig verändert haben. Der ehemalige CIA-Agent Robert Baer beschreibt diese Fakten mit vielen Details, welche auch Hollywood mit dem Film „Syriana" aufgriff.[14] Saudi-Arabien steht aber im Gegensatz zum Iran nicht am internationalen Pranger, wenn es um den Vorwurf der Finanzierung terroristischer Vereinigungen geht, deren Zusammenhänge Baer in seinem Buch mutig aufgreift. Saudi-Arabien ist ein treuer Verbündeter, der aber jederzeit kippen könnte.

Die OPEC insgesamt kollektiv zu verdächtigen oder einzelne Staaten der Ressourcendiplomatie zu bezichtigen, ist ein eher scheinheiliges Argument, wenn andere Staaten bewusst ausgeklammert werden. Was sich aber trotz aller Veränderungen auf dem Energiemarkt, der wachsenden Rolle Russlands und anderer Förderstaaten klar zeigt, ist das mediale Festhalten am Bild einer erpresserischen OPEC, welche die „Nabelschnur des Westens", sprich die Erdölversorgung, kappen könnte. Die OPEC wird kurioserweise regelmäßig falsch eingeschätzt. Sie wird über- oder unterschätzt.

Der Erdölmarkt ist ein komplexes Zusammenspiel zahlreicher Akteure und Faktoren. Die Finanzmärkte haben über die Termingeschäfte im Rohölsektor ebenso einen Anteil an der Preisbildung und damit Auswirkungen auf Angebot und Nachfrage, wie auch die Geopolitik die Entwicklung stark beeinflusst. Der finanzielle und der physische Markt fließen ineinander, denn der elektronische Handel von Rohölaktien ist seit Beginn der 1990er Jahre eine Realität, die sich nur schwer kontrollieren lässt. Die OPEC allein dreht also nicht an einem Hebel, der die Welt bewegt. Oftmals sind die Drosselungen von OPEC-Förderquoten ohne Auswirkungen auf den Weltmarktpreis geblieben, wenn sie nicht mit wesentlichen anderen Produzenten abgesprochen waren. Ebenso hat die Öffnung der Produktionsquoten im Jahr 2005 wenig zur Beruhigung eines angespannten Marktes beigetragen.

Die OPEC bildet den Zusammenschluss elf souveräner Staaten, die im Konsens ihre Förderpolitik abstimmen. In Zeiten eines Preishochs verringert sich die Quotendisziplin, die Bereitschaft, vorgeschriebene Produktionsmengen einzuhalten, sinkt. Die

OPEC erweist sich als genauso zahnlos wie jede andere internationale Organisation, wenn ihre wichtigsten Mitglieder nicht wollen. Dass der wesentliche Mechanismus in der Marktgestaltung die Förderquote sein soll, kann aber für die OPEC auf Dauer nicht der einzige Weg sein. Die Umsetzung langfristiger Strategien, wie sie bereits auf dem Papier existieren, erfordert wiederum die Schaffung der ökonomischen und politischen Rahmenbedingungen, wie sie in vielen OPEC-Staaten nicht vorhanden sind. Die OPEC hat daher gleichfalls wie andere Organisationen mit der Glaubwürdigkeit zu kämpfen.

Dialoge zwischen Konsumenten und Produzenten

Ursprünglich sollte die von Kissinger gegründete Internationale Energieagentur IEA ein Gegenentwurf zur OPEC werden, um eigene Datenbanken zu erstellen, Recherchen zur Emanzipation vom Erdöl zu leisten und damit die OPEC zu marginalisieren. Kurioserweise sind aus den Rivalen bereits Ende der 1990er Jahre Partner geworden. Die Ökonomen der Forschungsabteilungen treffen sich zum regelmäßigen Informationsaustausch und es herrscht mehr Kooperation als Konfrontation. Der Generaldirektor der IEA, Claude Mandil, betont die Notwendigkeit einer Abstimmung der Politik von Produzenten und Konsumenten, da man sich als Tandem bewege.[15]

Die OPEC hat eine Reihe von Energiedialogen eröffnet, darunter mit China und mit der EU. Der Dialog mit den Europäern funktioniert im zweiten Jahr offenbar gut. Hatte sich die OPEC lange dem Phänomen der Erderwärmung infolge der Kohlendioxidemissionen verschlossen, die vor allem von fossilen Energieträgern verursacht werden, so tauchte der Begriff Klimawandel in den Pressekonferenzen der OPEC-Minister zuletzt immer öfter auf. Der im Juni 2005 gestartete Dialog zwischen der EU und OPEC hat offenbar einen gewissen Mentalitätswandel ausgelöst.

OPEC-Sprecher verweisen nun regelmäßig auf das Engagement ihrer Mitgliedsstaaten zur Förderung umweltfreundlicher Technologie, um die Emissionen möglichst gering zu halten. Seitdem das Thema Energie in der europäischen Prioritätenliste nach oben gerückt ist, wofür die Erdgaskrise zwischen Russland und der Ukraine Anfang 2006 ein wesentlicher Auslöser war, versucht die EU ihre Fühler in Richtung einer gemeinsamen Energiepolitik auszustrecken. Der Anfang wurde mit einem neuen Grünbuch unternommen, das sich insbesondere der Energieeffizienz widmet. Darauf hat die OPEC wiederum mit Unbehagen reagiert, da sie ihrerseits Sicherheit in der Nachfrage einfordert.

Sollten die EU-Staaten ihren Konsum von Erdöl durch andere Energieträger beziehungsweise schlicht durch Energieverzicht verringern, würde das wiederum die laufenden Investitionen für den Ausbau der Förderkapazitäten durch die OPEC-Staaten beeinträchtigen. Auf Seite der Konsumenten, vor allem der europäischen Staaten, fehlen bedauerlicherweise die entsprechenden politischen Entscheidungsträger. Kaum einer der 27 EU-Staaten verfügt über ein Energieministerium. Die Europäische Kommission selbst hat nur sehr geringe Kompetenzen auf dem Energiesektor. Bei allen Lippenbekenntnissen zu einer gemeinsamen europäischen Energiepolitik, stellt sich das Haupthindernis im Fehlen einer gemeinsamen Außen- und Sicherheitspolitik. Jeder Mitgliedsstaat betreibt seine eigene Energiepolitik auch als Teil seiner souveränen Außenpolitik.

Zwischen der OPEC und der EU scheint jedenfalls die Atmosphäre in den Dialogkonferenzen besser zu funktionieren, als dies zwischen der EU und Russland der Fall ist. Der Grund hierfür könnte vielleicht auch darin liegen, dass im Fall von OPEC und EU zwei bunte Konglomerate an souveränen Staaten einander gegenüberstehen, die mit ähnlichen Problemen in der Entscheidungsfindung konfrontiert sind. Anders verhält es sich im asymmetrischen Verhältnis zwischen EU und Russland, denn hier steht ein Autokrat namens Putin 27 Staats- und Regierungschefs gegenüber, von denen jeder Einzelne ein anderes Verhältnis zu Moskau unterhält. Im Jahre 2004 ließ sich Putin mit folgender interessanter Aussage vernehmen: „Vergessen Sie nicht, dass russisches Erdöl christlich ist.“[16] Russland präsentiert sich als verlässlicher Partner im Gegensatz zum kriegsgeplagten Nahen Osten. Das Netzwerk internationaler Terrorgruppen, die sich Al-Qaida zuordnen, hat seit Langem die Verwundbarkeit des Westens in seiner Abhängigkeit von den nahöstlichen Öllieferungen erkannt und für sich instrumentalisiert. Angriffe auf Terminals und die Zerstörung von Pipelines finden in Saudi-Arabien und im Irak systematisch statt. Im Frühjahr 2004 nahmen saudische Al-Qaida-Terroristen die saudische Infrastruktur, vom Erdölterminal Yanbu über Wohnblocks ausländischer Fachkräfte bis zu den Pipelines, ins Visier. Diese Risiken bestehen, doch Sabotageakte sind ebenso auf russische Leitungen möglich. Keine der beiden rohstoffreichen Regionen, ob Nahost oder Russland, kann als stabil bezeichnet werden.

Eine neue Energiekrise als Konflikt zwischen Orient und Okzident, zwischen den Kulturen im Sinne der These von Huntington, braut sich nicht zusammen. Vielmehr verlaufen die Bruchlinien auch innerhalb des Nahen Ostens sowie zwischen den Importstaaten und Nicht-OPEC-Produzenten wie Russland. Eine Konstante ist hingegen die Zerrissenheit innerhalb der OPEC. So herrscht zwischen dem Iran und Saudi-Arabien traditionell ein Antagonismus, historisch wie auch theologisch. In der Entscheidungsfindung in den OPEC-Instanzen sind die Standpunkte von Riad und Teheran oftmals einander diametral entgegengesetzt. Diese Rivalität bestand schon vor der Revolution 1979 im Iran. Mit einem Zerfall des Iraks und der Einmischung beider Staaten könnte sich diese Situation noch verschärfen. Die OPEC hat jedoch schon mehrere Zerreißproben überstanden. Als eine der schwierigsten Phasen in der 45-jährigen Geschichte der Organisation gilt wohl die Zeit von 1980 bis 1988, als der Iran und der Irak einen Stellungskrieg führten, der nicht nur Millionen Menschen das Leben kostete, sondern infolge der Bombardierung der Tanker und Hafenanlagen den Schiffsverkehr im Persischen Golf quasi zum Erliegen brachte. Zudem verfiel der Erdölpreis ab 1982 aufgrund der Erschließung neuer Erdölquellen außerhalb der OPEC-Staaten. Die OPEC wurde 1985 von vielen Beobachtern totgesagt, doch spätestens seit dem Jahr 2000 ist sie als Akteur wieder zurück auf dem Schauplatz Energiemarkt.

Die Preise begannen angesichts wachsender Wirtschaftskraft vieler Importeure zu steigen. Zuvor hatten bereits OPEC und Nicht-OPEC-Staaten sowie auch die USA an einem Strang gezogen, um das 1998 sehr niedrige Preisniveau von knapp zehn US-Dollar pro Fass durch koordinierte Förderpolitik anzuheben. Die OPEC hat seither ihre Rolle als Produzent und Partner der Nicht-OPEC-Staaten ausgebaut. Wenn sie auch ein schwerfälliger Apparat ist, der nach oft nicht nachvollziehbaren Kriterien funktioniert, so hat sie aufgrund der möglichen Ausfallskapazitäten und wichtigen Reserven ihrer Mitglieder eine strategische Funktion, die auch von ihren Kritikern respektiert wird. Wenngleich einzelne Mitglieder nach Maximalpreisen streben, so wissen doch die besonnenen Ökonomen, dass Preisschwankungen und hohe Preisspitzen weder den Produzenten noch den Konsumenten Vorteile bringen. Sowohl der frühere saudische Erdölminister Zaki Yamani als auch der langjährige iranische Erdölminister Namdar Zanganeh haben stets vor der Substitution des Erdöls gewarnt, wenn die Preise zu weit in die Höhe schnellen. Denn die Marktkräfte greifen früher oder später wieder ein.

Diversifizierung als Gebot der Stunde

Einen ausgewogenen Energiemix auf europäischer und nationaler Ebene zu schaffen, so lautet die Priorität auf vielen Energiekonferenzen, die sich im Schatten der Erdgaskrise Anfang 2006 nur noch vermehrten. Im Gefolge der Erdölkrise von 1973 waren wir jedoch schon weiter, um die Abhängigkeit von fossilen Energien zu mindern. In den letzten 30 Jahren geschah zu wenig, um die Energieversorgung ernsthaft neu zu gestalten. Die nächste Erdgas- oder Erdölkrise kommt bestimmt. Es ist zu erwarten, dass dann alle wieder aufgeregt nach Diversifizierung rufen werden.

Kurz vor Ausbruch des Ersten Weltkrieges stellte Winston Churchill als Erster Lord der Admiralität die englische Flotte von Kohle auf Erdöl um. Der Treibstoff Diesel erhöhte die Geschwindigkeit der Kriegsschiffe. Waren die Briten aufgrund ihrer Kohlegruben zuvor autark gewesen, mussten sie nun Erdöl importieren. Noch war die Welt von ihrer heutigen Energieabhängigkeit weit entfernt. Doch erkannte Churchill bereits die Diversifizierung als das entscheidende Prinzip einer verantwortungsvollen Energiepolitik: „Die Sicherheit in der Energieversorgung liegt ausschließlich in der Varietät." Churchill setzte alles daran, die britischen Energieimporte breit zu streuen. Dazu gehörte auch 1920 der Zugriff auf die mesopotamischen Erdölfelder im heutigen Nordirak, die sich London als Mandatsmacht im Nahen Osten verschaffte. Weder von einem Versorgungshafen noch von einem Produzenten wollte man abhängig sein. Das war vor fast 100 Jahren, als der Energiekonsum der westlichen Industriestaaten um vieles niedriger war als heute.

Alle Entscheidungsfindung in Energiefragen hat ihre gewichtige militärische Dimension: Konflikte werden seit dem Ersten Weltkrieg auf der Suche nach Kontrolle von Energieressourcen geführt. Die Energieallianzen unserer Zeit – ob China mit Russland oder China mit Saudi-Arabien oder die EU mit Russland – sind Zweckpartnerschaften, die neben dem Energiehandel auch den Transfer von Technologie und damit Rüstungsgütern enthalten. Doch bei allem Konfliktpotenzial, das der globale Energiemarkt enthält, sollten wir doch eines im Auge behalten: Wir sind wechselseitig voneinander abhängig. Das Zauberwort lautet Interdependenz. Ohne Erdöl und Erdgas funktionierten weder der Transport noch die industrielle Produktion, ohne die Einnahmen aus diesen Rohstoffexporten hätten sich Russland und Saudi-Arabien nicht von ihrer Schuldenkrise erholt. Diese Einsicht sollte zu Zusammenarbeit und nicht zu Erpressung im Namen der Energie führen. Ob es andererseits in den nächsten Jahren gelingt, die Energieversorgung sowohl hinsichtlich der Energieträger als auch der Produktionsländer ernsthaft zu diversifizieren, wird vor allem vom Preis abhängen. Es ist und bleibt ein Hasardspiel, das Prognostizieren der Erdölpreise, von dem das Sein oder Nichtsein vieler Volkswirtschaften abhängt. Apropos, der Hasard stammt aus dem Arabischen, dort ist er nämlich der Spielwürfel ...

---

1 Daniel Yergin: The Prize. The Epic Quest for Oil, Money and Power. London 1991, S. 155.

2 Zu den wohl interessantesten Neuerscheinungen über die Geschichte der Pariser Vorort-Verträge zählt Margaret Macmillan: Paris 1919. Six months that changed the world. New York 2003.

3 Daniel Yergin: The Prize. The Epic Quest for Oil, Money and Power.

4 www.doe.gov

5 International Energy Agency. World Energy Outlook 2006, veröffentlicht am 7.11.2006.

6 Ein Fass entspricht rund 159 Liter. Diese alte englische Maßbezeichnung gilt seit den ersten Tagen der industriellen Erdölproduktion.

7 Kofi Annan, Generalsekretär der Vereinten Nationen, in einem BBC-Interview am 3.12.2006. Annan hat die Lage im Irak als „viel schlimmer" als in einem Bürgerkrieg bezeichnet. Das Leben für den normalen Iraker sei heute schlechter als unter dem Regime von Saddam Hussein.

8 New York Times vom 12.12.2006.

9 Die britische medizinische Fachzeitschrift „The Lancet" veröffentlichte in ihrer Ausgabe vom Oktober 2006 detaillierte Zahlen über die Opfer des Irakkrieges, welche jenen der USA widersprechen.

10 Paul Horsnell, Rohstoffanalyst von Barclay's Capital, spricht gar von einer Xenophobie in der Berichterstattung über die OPEC; Weekly Oil Data review vom 25.10.2006.

11 Shukri Ghanem: OPEC. Rise and Fall of an Exclusive Club. London 1985, S. 70: „The gains achieved by the members did not result from cartel behaviour;

rather it was the result from short-term imbalances created in the oil market by external factors such as: closure of Suez, Arab-Israeli war, Libyan and Iranian revolutions."

12 Die russische Regierung entzog Ende September 2006 kurz vor Fertigstellung des Projekts die Förderlizenz mit dem Argument der Nichteinhaltung ökologischer Auflagen durch Shell. Der Hintergrund war aber die Erhöhung der Produktionskosten durch Shell und damit die Verringerung der russischen Einnahmen bzw. die Forderung, Gazprom umfassend zu beteiligen.

13 Bei einer internationalen Konferenz der OPEC am 12./13.9.2006 in Wien – „OPEC in a new energy-era" – wurden diese Themen stark diskutiert.

14 Robert Baer: Sleeping with the Devil. How America sold its soul for Saudi crude. New York 2002.

15 Vortrag von Claude Mandil am 12.9.2006 am OPEC-Seminar in Wien.

16 Zitiert bei André Glucksmann, in: MUT, Februar 2005.

Alte und neue Kriege: der unselige Krieg gegen den Terrorismus

„Nicht zu oft sollst Du gegen einen Feind kämpfen, denn so wirst Du ihn all Deine Kriegskunst lehren.“

Napoleon Bonaparte, General und Kaiser der Franzosen

„Krieg ist nichts, als eine Fortsetzung des politischen Verkehrs mit Einmischung anderer Mittel. (...) Hören denn mit den diplomatischen Noten je die politischen Verhältnisse verschiedener Völker und Regierungen auf? Ist nicht der Krieg bloß eine andere Art von Schrift und Sprache ihres Denkens? Er hat freilich seine eigene Grammatik, aber nicht seine eigene Logik, d. h. nicht seine eigene Art zu denken.“

Carl von Clausewitz, „Vom Kriege“ (1832)

Nach den Anschlägen vom 11. September 2001 haben die USA den weltweiten „Krieg gegen den Terrorismus“ ausgerufen. Dieser „Global War on Terrorism“ (GWOT) findet seither für die USA und ihre Verbündeten in Afghanistan und im Irak, für die Israeli im Libanon und in den besetzten palästinensischen Gebieten, für Russland in Tschetschenien und für Äthiopien in Somalia statt. Die Liste ist lang, denn zum Terroristen lässt sich rasch jede missliebige Opposition erklären. So macht es Peking mit den muslimischen Uiguren in Chinas Westprovinz oder die usbekische Regierung, indem sie demonstrierende Studenten und Bauern unter der Anklage terroristischer Umtriebe erschießen lässt.

Allen Beteuerungen aus Washington oder London zum Trotz, dass es sich nicht um einen Konflikt mit der islamischen Welt handle, stehen auf diesen Kriegsschauplätzen Muslime und Nichtmuslime einander gegenüber beziehungsweise finden diese Kriege innerhalb der islamischen Welt statt. Es sieht beinahe danach aus, als würde die These vom „Kampf der Kulturen“ gemäß dem US-Politologen Samuel P. Huntington zur sich selbst erfüllenden Prophezeiung werden. Neben der US-Doktrin für Sicherheitsstrategie, die Präventivkriege zur Abwehr von Gefahren wirtschaftlicher oder militärischer Natur empfiehlt, gibt die „National Strategy for Combating Terrorism“ vom Februar 2003 aufschlussreichen Einblick in die US-Haltung zum Umgang mit dem neuen Bedrohungsbild Terrorismus. In dem Strategiepapier von 2003 werden militanter Islam und staatliche Förderer von Terrorismus, die viel zitierten „Schurkenstaaten“, als größte Gefahren identifiziert. Hinzu tritt der bekannte Vorwurf Washingtons, diese Staaten würden den Besitz oder die Produktion von Massenvernichtungswaffen anstreben.

Das Messen mit doppelten Standards, wenn es um Nordkorea einerseits und um den Iran andererseits geht, ist frappierend. So stehen diplomatische Verhandlungen mit Nordkorea im Vordergrund, obwohl das Regime Anfang Oktober 2006 bereits seine ersten Atomwaffen testete. Gegenüber dem Iran, der ein Vertragsstaat des Atomwaffensperrvertrags ist und im Zusammenhang mit seinem Atomprogramm für die Energiegewinnung bislang seine völkerrechtlichen Pflichten nicht verletzt hat, setzt Washington neben Verhandlungen auch auf eine mögliche militärische Option. Washington beschuldigt den Iran, nach Atomwaffen zu streben. Seit der Abwahl von Präsident Khatami im Sommer 2005, unter dessen Amtszeit noch der Dialog mit Frankreich, Großbritannien und Deutschland zwecks diplomatischer Lösung des iranischen Atomprogramms Fortschritte machte, sind der Westen und der Iran nun verstärkt auf Konfrontationskurs.

Der Krieg gegen den Terrorismus ist ein Krieg gegen den Islam

Während die US-Sicherheitsstrategie vom September 2002 als vorrangiges Ziel der Terrorismusbekämpfung die Terrororganisationen mit globaler Reichweite und eben den staatlich gelenkten Terrorismus nennt, wird das Folgedokument vom Mai 2006 präziser. Die Bush-Regierung betont mehrfach, dass es sich beim Kampf gegen den Terrorismus um keine religiöse Auseinandersetzung handle: „a battle of ideas, a battle of arms, not a battle of religions". Vier Ziele nennt die Strategie: die Verhinderung von Angriffen durch Terrornetzwerke, bevor sie stattfinden; die Verhinderung des Zugangs von „Schurkenstaaten" zu Massenvernichtungswaffen; die Verhinderung der Unterstützung von Terrorgruppen und „Asylgewährung" für diese durch „Schurkenstaaten" sowie die Verhinderung der Kontrolle eines Staates durch Terroristen, um ihn als Terror- und Ausgangsbasis zu nutzen.

Angesichts des Vorgehens der USA seit 2001 geht es wohl eher um einen „Krieg gegen den militanten Islamismus" als um einen Krieg gegen den Terrorismus.[1] In diese Richtung weisen zahlreiche Stellungnahmen von US-Funktionären und Militärs, wenn dieser aktuelle Krieg gegen den Islamismus bereits mit einem neuen Weltkrieg verglichen wird. Aus muslimischer Sicht dominiert ohnehin die Wahrnehmung, dass die islamische Welt in ihrer Gesamtheit vom westlichen Krieg gegen den Terror angegriffen wird. Problematisch ist unter anderem die Art und Weise, wie Terrorismusexperten und die von diesen beratenen Entscheidungsträger Verbindungen zwischen sehr unterschiedlich ausgerichteten Bewegungen unter dem Titel eines „internationalistischen Islamismus" herstellen, indem sie Anleihen beim Internationalismus kommunistischer Bewegungen aus Zeiten des Kalten Krieges suchen.

In Bausch und Bogen werden Al-Qaida, die palästinensische Hamas und die libanesische Hisbollah in einen Topf geworfen.

Übersehen wird hierbei, wie sehr sich die Hamas von den Anbiederungsversuchen der Al-Qaida-Sprecher zu distanzieren versucht. In Videobotschaften verkündet Ayman al-Zawahiri, einer der Stellvertreter von Osama bin Laden, regelmäßig die Unterstützung der Organisation für den palästinensischen Kampf. Die Hamas ihrerseits will von dieser Zwangsumarmung durch die Al-Qaida nichts wissen. Wenn sich aber das Chaos in den besetzten palästinensischen Gebieten infolge des umfassenden finanziellen Boykotts durch Israel und den Westen derart fortsetzt und die Anarchie regiert, ist nicht auszuschließen, dass es seitens radikaler Flügel in der Hamas künftig zu einer Zusammenarbeit mit der finanzkräftigen Al-Qaida kommen könnte. Israel behauptet bereits, dass sich nach dem Abzug der israelischen Siedler und Truppen im Sommer 2005 Zellen des Terrornetzwerks im Gazastreifen formiert hätten. Das palästinensische Innenministerium weist dies heftig zurück. Präsident Mahmud Abbas seinerseits befürchtet ebenso das Einsickern von Kämpfern aus den Reihen der Al-Qaida.

Eine Achse zwischen der Hamas und der Al-Qaida wird gerne von Washington hergestellt, um den Boykott der gewählten palästinensischen Regierung zu untermauern. Diese Argumentation entbehrt stichhaltiger Beweise und riskiert es, die ohnehin aufgeheizte Lage in den palästinensischen Gebieten in eine völlige Sackgasse zu treiben. Ebenso fehlerhaft erscheint die Vermengung zwischen der radikal sunnitischen Al-Qaida, die vom strengen saudischen Wahabismus geprägt ist, und der schiitischen Hisbollah. Die fast täglichen Anschläge von den irakischen Al-Qaida-Verbänden auf schiitische Ziele – vom Heiligtum bis zum Gemüsemarkt im Irak – zeigen den tief sitzenden Hass dieser Fanatiker auf die Schiiten, die in ihren Augen Abtrünnige vom wahren Islam sind und ebenso bekämpft werden müssen wie alle anderen Ungläubigen. Kurz vor seinem Tode im Juni 2006 forderte Abu Musab az-Zarkawi, der die Terroranschläge von Al-Qaida im Irak seit dem Einmarsch der USA im März 2003 leitete, in einer Videobotschaft, dass die Palästinenser die Waffen gegen die libanesische Hisbollah ergreifen sollten. Denn az-Zarkawi zufolge würde die Hisbollah, die militärisch und politisch den Südlibanon kontrolliert, die Palästinenser in den großen Flüchtlingslagern dieser Region daran hindern, auf israelisches Staatsgebiet vorzudringen und so den „zionistischen Feind" zu bekämpfen.

Dieser Vorwurf seitens der Al-Qaida an die Adresse der Hisbollah trifft insofern zu, als die Hisbollah tatsächlich immer wieder palästinensische Kämpfer aufgegriffen hat, die einen Grenzübertritt nach Israel versuchten. Die Hisbollah zeigt kein Interesse daran, in einen Konflikt zwischen Israel und den palästinensischen Flüchtlingen im Libanon hineingezogen zu werden. Vielmehr will sie selbst die Spielregeln in diesem Konflikt vorgeben und kooperiert militärisch über Ausbildung und Waffenlieferungen und wohl auch politisch mit der Hamas, wie ihr Eingreifen im Juli 2006 zeigte. Die Hisbollah entführte zwei israelische Soldaten, um der Hamas gegen die israelische Strafaktion im Gazastreifen, die Ende Juni nach der Verschleppung eines israelischen Soldaten mit aller Härte begann, zu Hilfe zu kommen.

Es folgte der Krieg der 33 Tage im Sommer 2006, den Israel gegen die Hisbollah auf libanesischem Staatsgebiet führte. Diese Konfrontation endete mit über 1000 Toten auf libanesischer Seite, zu fast 90 Prozent Zivilisten, davon mehr als die Hälfte Kinder, einer Ölpest im östlichen Mittelmeer und Streubomben im Südlibanon infolge der israelischen Bombardierungen. Auf israelischer Seite starben rund 120 Menschen, davon mehrheitlich Soldaten in den letzten Tagen einer gescheiterten israelischen Bodenoffensive. Die Niederlage, welche Israel im Sommer 2006 einstecken musste, da ein Guerillakrieg gegen eine in der Bevölkerung fest verankerte Widerstandsgruppe weder aus der Luft noch am Boden zu gewinnen ist, gab der Hisbollah starken Auftrieb in der gesamten Region. Die Israeli haben offenbar die letzten 20 Jahre der internationalen Entwicklungen verschlafen, lautete der Grundtenor der Kritik europäischer Militärs an der gesamten israelischen Vorgangsweise.[2]

Israel betrachtet sowohl die Hamas als auch die Hisbollah als terroristische Organisationen, die zu eliminieren seien. Paradoxerweise hat Israel beide Gruppen aber indirekt mitaufgebaut. Die Hamas, die aus der ägyptischen Muslimbruderschaft im Gazastreifen hervorging, wurde Ende der 1970er Jahre von der israelischen Besatzungsverwaltung gefördert, da man hoffte, durch den Bau von Moscheen und Koranschulen den Zulauf junger Palästinenser zur eher linksgerichteten PLO zu unterbinden. Der Aufstieg der Hisbollah zur mächtigsten Kraft im Libanon ist ebenso auf Israel zurückzuführen. Begrüßten die libanesischen Schiiten anfänglich die israelische Operation vom Sommer 1982 gegen die PLO, so wurde infolge der israelischen Besatzung der schiitische Widerstand immer größer. Es waren die Schiiten des Libanons, die ab 1983 mit Selbstmordanschlägen gegen Soldaten der Israelis und der internationalen Friedenstruppen eine völlig neue Kategorie des politischen Kampfes schufen. Die Israeli zogen sich im Mai 2000 aufgrund des anhaltenden Drucks der Hisbollah aus dem Südlibanon zurück. Der Krieg vom Sommer 2006 hat die Hisbollah nur weiter gestärkt, sowohl im Libanon als auch in der gesamten arabischen Welt, da es, wie bereits erwähnt, einigen Tausend schiitischen Milizionären gelang, die mächtigste Armee der Region neuerlich in Schach zu halten. Israel erntet die Früchte seiner Besatzungspolitik. Es verhält sich wie mit Goethes Zauberlehrling: „Die Geister, die ich rief, die werd' ich nun nicht los."

Ganz ähnlich erging es den USA mit der Ausrufung des heiligen Krieges, also eines Dschihad, gegen die sowjetischen Besatzer von Afghanistan zu Beginn der 1980er Jahre. Die USA benutzten den saudischen und pakistanischen Geheimdienst, um ein internationales Netzwerk radikaler islamistischer Fundamentalisten im Kampf gegen die Russen auszubilden und zu bewaffnen. Der Leiter des Nationalen Sicherheitsrates der Administration von Jimmy Carter, Zbigniew Brzezinski, nahm in einem Interview mit dem französischen Wochenmagazin „Le Nouvel Observateur" im

Jänner 1998 zu diesen bedenklichen Allianzen mit Gotteskriegern Stellung. Die Frage des Journalisten lautete: „Und Sie bereuen auch nicht, dass Sie den islamischen Fundamentalismus unterstützt haben, indem Sie zukünftige Terroristen mit Waffen und Ratschlägen unterstützt haben?" Die Antwort von Brzezinski ist bemerkenswert, da sie die Kurzsichtigkeit der US-Außenpolitik und die Unkenntnis historischer Zusammenhänge aufzeigt. Erstaunlicherweise bedient sich der Sicherheitsexperte polnischer Herkunft gerade der großen Geopolitik, um die Richtigkeit der US-Politik in Afghanistan zu bestätigen. Brzezinski erwiderte dem Journalisten: „Was ist welthistorisch von größerer Bedeutung? Die Taliban oder der Zusammenbruch des Sowjetimperiums? Einige wild gewordene Muslime oder die Befreiung von Zentraleuropa und das Ende des Kalten Kriegs?"[3]

Am Beispiel der afghanischen Gotteskrieger zeigt sich klar, wie rasch aus nützlichen Verbündeten Terroristen werden können. Allianzen verändern sich und die Deutung der Weltpolitik kann binnen Jahresfrist eine andere sein. Die Bezeichnung, wer Terrorist ist und wer nicht, sollte daher nur im Lichte einer politischen Konstellation verstanden werden, nicht indem man sich an moralischen oder völkerrechtlichen Kriterien orientiert. Es gilt eben auch in Zeiten der Moralpolitik – im Sinne der Bekämpfung von Terrorismus und der Verbreitung von Demokratie – die klassische Regel der Realpolitik: Regierungen folgen nicht Prinzipien, sondern ihren Interessen.

Auf der Suche nach einer Definition des Terrorismus

Einen umfassenden Aktionsplan gegen den Terrorismus hat die Generalversammlung der UNO zwar im September 2006 angenommen und sich damit erstmals auf eine gemeinsame Strategie im Vorgehen gegen terroristische Handlungen geeinigt. Doch zu einer völkerrechtlich und damit universell anerkannten Definition des Terrorismus ist die Staatengemeinschaft noch nicht gelangt. Es bleibt bei dem bekannten Spruch: „Des einen Freiheitsheld ist des anderen Terroristen." Sind die Aufständischen im Irak für viele Sunniten Freiheitskämpfer, werden sie von der Regierung als Terroristen bezeichnet. Die Experten unserer Zeit haben sich für den Begriff des Terrorismus auf folgende Beschreibung geeinigt: „eine Gewaltstrategie nichtstaatlicher Akteure, die aus dem Untergrund agieren und systematisch versuchen, eine Gesellschaft oder bestimmte Gruppen in Panik und Schrecken zu versetzen, um nach eigener Aussage politische Ziele durchzusetzen."[4]

Die Grenzen des Terrorismus zum politischen Widerstand und zur Guerilla verschwimmen aber in Zeiten des Krieges und der Okkupation. Eine Guerilla nimmt für gewöhnlich militärische und nicht zivile Ziele ins Visier. Wenn eine im Untergrund operierende Befreiungsbewegung ihre Aktionen gegen zivile Ziele richtet, dann werden ihre Mitglieder in der Regel als Terroristen bezeichnet und verfolgt. Dies galt ebenso für die späteren israelischen Premierminister Menachem Begin und Itzhak Shamir, beide in der jüdischen Gruppe „Irgun" im Widerstand gegen die britischen Behörden tätig, wie für die PLO, die zivile Flugzeuge entführte, olympische Sportler tötete und andere zivile Ziele angriff. PLO-Führer Jassir Arafat und Premier Begin sollten in der Folge beide für ihre politischen Verdienste den Friedensnobelpreis erhalten. Arafat wurde von den Israeli vor dem Friedensprozess von Oslo 1993 als Terrorist bezeichnet und auch gegen Ende seines Lebens ließ ihn der israelische Premier Ariel Scharon neuerlich als „Terrorpaten" unter Hausarrest im Bunker von Ramallah beschießen. Die unlösbare Definitionsfrage des Terrorismus ist daher nicht nur eine Frage des Standpunkts in Zeiten des Krieges, sondern auch eng mit dem Zeitpunkt selbst verbunden. So mancher Staatsmann begann seine politische Karriere als Terrorist.

Für die deutsche Wehrmacht waren die französische Résistance und die jugoslawischen Partisanen gleichermaßen Terroristen, denen kurzer Prozess gemacht wurde. Gruppen wie die palästinensische Hamas oder die libanesische Hisbollah sind in den Augen einer demokratischen Mehrheit von Palästinensern und Libanesen legitime Widerstandsbewegungen, die zudem gewählte politische Parteien darstellen. Ebenso zeigen sich die USA und die EU nicht immer darüber einig, wer als Terrorist zu qualifizieren ist. Für die USA und Israel bildet die Hisbollah eine terroristische Vereinigung, nicht so für die EU. Die Europäer haben die Hisbollah nicht auf ihre Terrorismusliste gesetzt, die Hamas wurde aber im September 2003 infolge ihrer Methode der Selbstmordanschläge auf zivile Ziele zur terroristischen Organisation erklärt.

Die Suche nach einer allgemein gültigen Definition ist noch zu keinem Resultat gelangt. Da die politischen Gräben zwischen Nord und Süd und auch innerhalb der westlichen Staatengemeinschaft gerade in dieser schwierigen Frage immer größer werden, wird es in absehbarer Zeit wohl kaum zu einer universell akzeptierten Formel, was einen terroristischen Akt ausmache, kommen. Indes soll aber die Bekämpfung des Terrorismus mit aller Heftigkeit fortgesetzt werden, ohne dass sich alle Beteiligten im Klaren darüber sind, wer und wo der Feind ist. Mit der Erklärung des weltweiten Krieges gegen den Terrorismus ist die Anarchie in die ohnehin verworrenen internationalen Beziehungen eingezogen.

Der unbekannte Feind und die neue Brutalität

Seit den Invasionen in Afghanistan und Irak dreht sich eine Gewaltspirale aus täglichem Terror und Bürgerkrieg immer schneller und blutiger für die Zivilbevölkerung in diesen Staaten. Die Auswirkungen dieses Chaos können jederzeit auf die Nachbarstaaten überschwappen. Aus dem Irak, der vor der Invasion im März 2003 keine Kontakte zur Al-Qaida und keine Massenvernichtungswaffen hatte, ist indes das größte Trainingslager des internationalen Terrorismus geworden. Die hier ausgebildete nächste Generation von Gewalttätern wird die Brutalität ihrer Vorgänger, Veteranen von Afghanistan, Bosnien und Algerien, noch um einiges übertrumpfen.

Weder haben die Konventionen des humanitären Völkerrechts in unserer Zeit Gewicht, da sie westliche Regierungen bewusst verletzen und beiseiteschieben, noch greifen die überlieferten Tabus und moralischen Grenzen, die jede funktionierende Gemeinschaft pflegt und einhält. Die alten Familienstrukturen und Regeln von Ehre und Scham, die vor allem traditionelle Gesellschaften praktizieren, sind in den kriegsgepeinigten Ländern wie Afghanistan nach Jahrzehnten der permanenten Gewalt in weiten Teilen verloren gegangen. Ahmed Raschid beschreibt noch die Generation der Taliban, die sich von ihren Vorgängern, den Mudschaheddin, bereits klar unterscheiden:

„Diese jungen Männer entstammten einer anderen Welt als die Mudschaheddin, die ich über die achtziger Jahre kennen gelernt hatte und die über ihre Stammes- und Clanherkunft genau im Bilde waren, die sich wehmütig an die verlassenen Gehöfte und Täler ihrer Jugend und an die historischen Legenden Afghanistans erinnerten. Diese Jungs hier hatten keine Erinnerungen an Stammeszugehörigkeit, Stammesälteste, Nachbarn oder das bunte Völkergemisch des Heimatdorfes. (…) Ihnen gefiel der Krieg, der möglicherweise die einzige Beschäftigung war, der sie sich anpassen konnten. Ihr schlichter Glaube an einen messianischen, puritanischen Islam (…) war ihr einziger Halt und gab ihrem Leben eine gewisse Bedeutung.“[5]

Wer aber wird nach den Taliban kommen? Die Wahrscheinlichkeit ist groß, dass die Gewaltbereitschaft der nachfolgenden Gotteskrieger noch größer sein könnte. Nicht mehr die Sippe gibt und lebt die Regeln vor, sondern die neue religiöse Gemeinschaft wird zur Heimat einer verlorenen Generation von jungen Männern und zukünftig vermehrt auch von Frauen, die ihr gesamtes Sein einem bewaffneten Kampf hingeben. Hierbei gehen sie im wahrsten Sinne des Wortes über Leichen und halten sich nicht mehr an die ungeschriebenen Gesetze der Kriegsführung. Politische und gesellschaftliche Programme stehen für sie nicht auf der Tagesordnung, ihre Form der Gewalt ist mehr Nihilismus als Terrorismus. Das Zerstören an sich dominiert, nicht die Umwandlung einer Gesellschaft.

Offensichtlich wurde der hohe Grad an absoluter Gewalt mit der Entführung von Margaret Hassan. Die mit einem Iraker verheiratete Irin leitete die Hilfsorganisation „Care" im Irak. Im Herbst 2004 wurde sie von einer bis dahin unbekannten Gruppe gekidnappt, die überzeugte Kriegsgegnerin bat in einer dramatischen Videobotschaft die britische Regierung, ihr zu helfen und die Truppen abzuziehen. Selbst Abu Musab az-Zarkawi, damaliger Drahtzieher der Al-Qaida im Irak, appellierte an die Entführer, Margaret Hassan freizulassen. Offenbar unterstanden ihre Entführer keiner Autorität mehr, denn einige Tage später wurde die 59-jährige Frau durch einen Genickschuss hingerichtet. Frauen zu entführen und sie zu töten, ist ein neues Phänomen in der nahöstlichen Geschichte des 21. Jahrhunderts. Eine Hisbollah im Libanon, die sich aus Kidnappings während der 1990er Jahre finanzierte, entführte keine Frauen. Wenn dies aus einem operativen Fehler heraus dennoch geschah, so wurde die irrtümlich Entführte sofort wieder freigelassen. Die Entführer von Margaret Hassan wie von vielen Tausenden unbekannten Irakern, die mit schweren Folterspuren erschossen, geköpft oder erschlagen seit der Invasion im März 2003 fast täglich gefunden werden, haben eine neue Praxis der Brutalität entwickelt, die auch noch andere Regionen erfassen kann. Die Entführungsvideos mit den Hinrichtungen von Geiseln finden über das Internet rege Verbreitung. Es existiert jenseits der virtuellen Gewaltvideos eine Nachfrage für diese reale Gewalt aus dem Konfliktherd Naher Osten.

Im Irak erleben wir aus aller Ferne, die Iraker aus unmittelbarer blutiger Nähe, willkürliche Erschießungen durch Besatzungstruppen, Akte von vermeintlicher Notwehr, indem bei Kontrollpunkten auf zivile Autos geschossen wird, Hochzeitsgesellschaften mit Positionen von Rebellen systematisch verwechselt werden, sowie die völlige Verrohung eines Aufstands, der sich in erster Linie gegen die Zivilbevölkerung richtet. Diese explosive Mischung aus Kriminellen, Ex-Militärs und Geheimdienstlern sowie Söldnern und Gotteskriegern kann das Terrain ebnen, um den „unvorstellbaren Terrorakt“ vorzubereiten. Auf diesen Ernstfall stellen sich die Geheimdienste von Saudi-Arabien bis in die USA ein. Viele Anschläge, die verheerende Folgen hätten verursachen können, konnten bis jetzt dank umfassender Überwachung, Informanten und verbesserter Zusammenarbeit zwischen den Nachrichtendiensten vereitelt werden. Doch die Kriege mit ihren grausamen Folgen, welche der Westen in den Orient in den letzten Jahren gleichsam exportiert hat, schaffen sowohl in der Region des Nahen Ostens als auch in Europa die Rahmenbedingungen für den massiven Anschlag, den alle erwarten.

Es ist für viele Sicherheitsbeamte von London bis Rom nur eine Frage der Zeit, dass es zu einem solchen schweren Attentat kommen könnte. Von der „schmutzigen Bombe“, also nuklear verseuchtem Material, der „Cyberattack“, der Lähmung elektronischer Systeme, weiteren Selbstmordanschlägen im öffentlichen Transportwesen bis hin zum bakteriologischen Waffeneinsatz ziehen sich die Szenarien. Die Vorbereitungen auf einen solchen Antiterroreinsatz laufen. Zugleich werden immer mehr Stimmen laut, welche Sinn und Zweck sowie die Methoden des laufenden Krieges gegen den Terror immer mehr in Zweifel ziehen. Lässt sich Terrorismus, ein territorial nicht fassbarer Gegner, tatsächlich mit einer Armee besiegen? Sind nicht vielmehr ausgeklügelte Maßnahmen der Exekutive, geschickte Unterwanderung terroristischer Zirkel und vor allem eine völlig neue Auswertung von Informationen durch die Nachrichtendienste erforderlich? Gerade nach dem 11. September 2001 mussten die USA im Zuge der Untersuchungskommission feststellen, wie viel in der Analyse schiefgelaufen war.

Viele Informationen waren bekannt, doch wurden die Zusammenhänge nicht hergestellt. Zum einen verursachten häufige Kompetenzkonflikte zwischen den Sicherheitsapparaten von CIA bis FBI kommunikative und operative Probleme. Zum anderen fehlen jene Experten, die neben einer rein linearen Auswertung von Information über das empirische Wissen und die Intelligenz verfügen, neue Handlungsmuster des Gegners zu erkennen und entsprechende Trends vorherzusehen. Es geht also im Umgang mit dem Bedrohungsbild Terrorismus nicht nur um die Umsetzung von Maßnahmen, wie die verbesserte internationale Kontrolle von Finanzkanälen, sondern in erster Linie vor allem um das Erkennen von Problemen, das richtige Setzen von Prioritäten und damit um die große Strategie. Hierbei stellt sich neuerlich die grundsätzliche Frage: Kann die Welt dem Terrorismus mit militärischen Lösungen begegnen, oder sind nicht vielmehr andere Optionen im Bereich polizeilicher Arbeit, neuer diplomatischer Instrumente und internationaler nachrichtendienstlicher Kooperation zielführender? In einer Epoche, die von vielen lang anhaltenden Kriegen von Nahost bis nach Westafrika bestimmt wird, kann ein solcher neuer Krieg wohl nicht der einzig gangbare Weg sein. Diese Einsicht sollte umso mehr anderen Ansätzen eine Chance auf Lösung der vielen terroristischen Tatbestände geben, zumal der laufende Krieg gegen den Terror nur mehr Unsicherheit weltweit geschaffen hat.

Der neue alte Krieg

Der Einsatz im Irak dauert inzwischen länger als die Beteiligung der USA am Zweiten Weltkrieg. Mehr als 3000 US-Soldaten sind seit März 2003 getötet worden, die Opferzahl auf amerikanischer Seite liegt damit über jener vom 11. September. Auf irakischer Seite sind wahrscheinlich bis zu 900.000 Menschen bislang umgekommen. Der Aufstand gegen die US-geführten Truppen ist nach den Worten von UNO-Generalsekretär Kofi Annan zu einem Bürgerkrieg unter den Irakern ausgeartet. Der Gewalt zwischen Sunniten und Schiiten fallen UNO-Schätzungen zufolge täglich 120 Menschen zum Opfer. Zudem sorgen die Bilder aus den Kriegsgebieten, das Elend der Menschen, die Zerstörung von Moscheen, die Bilder aus Folterkellern für unbändigen Zorn in der gesamten islamischen Welt. Der Kampf gegen den Terrorismus wurde von manchen US-Analytikern bereits als „Vierter Weltkrieg" bezeichnet, wenn man den Kalten Krieg als einen Dritten Weltkrieg miteinrechnen will.

Mit welcher Art von Krieg sind wir zu Beginn des 21. Jahrhunderts konfrontiert? Die Experten der „war studies" begründen den Begriff „Krieg" damit, dass der Kampf gegen Terrorismus ein gewaltsames Eintreten für liberale Werte darstelle und somit existenziellen Charakter für die gesamte westliche Welt, allen voran die USA, habe.[6] Die Art und Weise, wie sich dieser Krieg gestaltet, bedingt jedoch eine rasante Entwicklung in die entgegengesetzte Richtung. Sämtliche wissenschaftliche Untersuchungen zur Entwicklung des Terrorismus seit 2001 kommen zu dem Schluss, dass die Welt in den letzten fünf Jahren gefährlicher und nicht sicherer geworden ist. Wenngleich die Zahl an konventionellen Kriegen, vor allem auf dem afrikanischen Kontinent, wo die meisten Konflikte toben, abgenommen hat, so ist doch die Anzahl von Terrorakten, vom Irak bis nach Indien, stark angestiegen.

Auch im Terrorismus zeichnet sich eine Globalisierung ab. Es entstehen Netzwerke, einzelne Gruppierungen kooperieren und tauschen Informationen aus. Das Internet, der Weblog und die SMS sind die Kommunikationsmittel im organisierten internationalen Verbrechen. Längst ist es schwierig geworden, politische Aktivisten, kriminelle Banden und Terroristengruppen genau zu unterscheiden. Vom Attentat zur eigentlichen Kriegshandlung ist es nicht weit, die Kooperation zwischen dem organisierten internationalen Verbrechen und politischen Terrorgruppen funktioniert. Ob Waffen- oder Drogenschmuggel, Menschenhandel oder andere kriminelle Aktivitäten, die IRA, die ETA und auch nahöstliche Gruppen finanzieren derart ihre Verbrechen.

Sogenannte „asymmetrische Kriege" nehmen als Folge des Staatenzerfalls in der Dritten Welt tendenziell zu. Ein asymmetrischer Konflikt zeichnet sich durch eine große Ungleichheit der Konfliktpartner aus. Während eine Konfliktpartei, in der Regel der Besatzer oder ein umstrittenes Regime, über eine konventionelle Streitmacht verfügt, setzt die andere Seite mit der Guerilla auf den Untergrundkrieg, um die politischen Verhältnisse zu ändern.

Bei dieser Asymmetrie geht es nicht nur um die militärische Stärke wie im Fall Israels gegenüber der Hisbollah im Sommer 2006. Vielmehr sind die Konfliktparteien im gesamten Spektrum militärischer Taktik, ihre Ausrüstung, Ausbildung und Motivation einander diametral entgegengesetzt. Die israelische Doktrin des von Nazideutschland übernommenen Blitzkrieges auf Basis von Lufthoheit, wie ihn der israelische Generalstabschef Dan Halutz betrieb, konnte nicht aufgehen. Ein solcher asymmetrischer Konflikt kann nicht aus der Luft gewonnen werden. Ziel der militärisch und wirtschaftlich schwächeren Seite ist es, den Gegner an einer oder an mehreren konfliktentscheidenden Stellen zu treffen, um den Konflikt zu eigenen Gunsten zu entscheiden. Bei diesen Schwachpunkten kann es sich um Sabotage von Versorgungslinien, Kontrollpunkte, den öffentlichen Verkehr und Ähnliches handeln. Diese Strategie verfolgen sowohl der sehr aufgesplitterte palästinensische Untergrund als auch die Hisbollah, die Aufständischen im Irak und viele vergleichbare Guerillabewegungen.

Die militärisch überlegene Konfliktpartei versucht ihrerseits, den Gegner aufzureiben, indem Anführer liquidiert und Hierarchien geschwächt werden. Die Politik der „gezielten Tötungen" von verdächtigen Hamas-Funktionären, die Israel seit 2002 systematisch praktiziert, ist Teil dieser Zermürbungsstrategie, um die Hamas zu schwächen und Terroranschläge auf Israeli zu verhindern. Auf diese Weise hat Israel bereits Dutzende von Führungspersönlichkeiten der Palästinenser, von Hamas-Gründer Scheich Ahmed Jassin im März 2004 bis hin zu Jugendlichen, die in Hamas-Vorfeldorganisationen ausgebildet und per Raketenangriff getötet wurden, ermordet. Die Liquidationen stellen einen schweren Bruch des internationalen Rechts dar, wie beispielsweise UNO-Generalsekretär Kofi Annan mehrfach kritisierte.

Hinzu kommt die große Gefahr, dass die Zersplitterung des Gegners zu einer weiteren Radikalisierung führt. Premier Itzhak Rabin, der als Militär und Politiker PLO-Chef Jassir Arafat ein Leben lang bekämpft hatte, entschied sich im September 1993 zu einem Handschlag mit Arafat. Rabin tat dies nicht, weil er Arafat plötzlich sympathisch fand, seine Körpersprache während der Zeremonie im Garten des Weißen Hauses in Washington verriet genau das Gegenteil. Was Rabin wohl viel mehr bewegte, war die Einsicht, dass es besser wäre, mit einem soliden politischen Führer, auch wenn er Arafat hieß, zu verhandeln, der auf seine Gefolgschaft eine Autorität ausüben kann, als eines Tages mit einem Dutzend von Islamisten verhandeln zu müssen. Pragmatische Israeli und US-Militärs haben bereits erkannt, dass es mehr Sinn macht, mit einem Hamas-Premier als mit einem unpopulären PLO-Funktionär ins Gespräch zu kommen. Sollte die Hamas infolge gezielter Tötungen weiter geschwächt werden, könnte Israel demnächst einer wahrlich terroristischen Gegnerschaft aus Dutzenden von autonom operierenden Banden gegenüberstehen. Einen Vorgeschmack auf dieses Chaos erleben in tödlicher Form die Briten und US-Amerikaner in Afghanistan und im Irak. Hier übt keiner der Kriegsherren mehr eine solche Autorität aus, dass er für die Zeit nach den Kampfhandlungen als neue politische Führungsfigur aufgebaut werden könnte.

Lang anhaltende Konflikte schaffen einen Kriegszustand, der in seinen militärischen und gesellschaftlichen Abläufen an den Dreißigjährigen Krieg erinnert. Jener große Krieg, der von 1618 bis 1648 halb Europa unter dem Titel eines Glaubenskrieges verwüstete, hätte wohl nicht so lange gedauert, wenn es nach dem Tod der wichtigsten Heerführer, wie Wallenstein und König Gustav II. Adolf von Schweden, nicht zu einem Zerfall der Armeen gekommen wäre. Die Landsknechte und aufgelösten Heerscharen zogen als Marodeure durch Mitteleuropa und terrorisierten die Zivilbevölkerung im eigentlichen Sinn des Wortes. Eine ganz ähnliche Entwicklung trat im Irak ein, als die USA im Frühjahr 2003 als eine ihrer ersten Maßnahmen nach dem Einmarsch in Bagdad die irakische Armee auflösten. Seither kämpfen Zehntausende von ehemaligen Soldaten in den Reihen der Aufständischen, sie plündern und versetzen die Menschen in Angst und Schrecken. Ein Blick in das Buch „Der abentheurliche Simplicissimus Teutsch …" von Hans Jakob Christoffel von Grimmelshausen, ein Sittenbild jenes großen Krieges, lässt bizarre Parallelen mit den kriegerischen Ereignissen vom Balkan bis in den Nahen Osten aufkommen. Die Bilder über die Rohheit der Krieger, die Beschreibung surreal anmutenden Alltags der Zivilisten und die Sehnsucht nach Frieden in dem allgemeinen Wirrwarr fing Grimmelshausen vor bald 350 Jahren ein. Es handelt sich um allgemeingültige Aussagen, die auch auf die Kriege unserer Zeit zutreffen.

Der Dreißigjährige Krieg wird verstärkt als aufschlussreiches Laboratorium für das Studium der sogenannten „Neuen Kriege" untersucht.[7] Denn mit der Auflösung des staatlichen Gewaltmonopols, wie es gegenwärtig durch Vertragsarmeen, also Söldner in Form von privaten Sicherheitsdiensten, der Fall ist, riskieren wir in eine Form der Kriegsführung zurückzufallen, wie sie vor 1648 bestand. Mit den Friedensverträgen von Osnabrück und Münster 1648 wurde die Westfälische Ordnung geschaffen, welche die Grundlage für die Territorialstaaten, also unser immer noch gültiges System einer Gemeinschaft souveräner Staaten, bildet. Umfassende Heeresreformen folgten in ganz Europa im späten 17. und frühen 18. Jahrhundert. Ziel war es, durch die Errichtung stehender Heere, deren Uniform anstelle der bunt gekleideten Landsknechte und vielen Privatarmeen des Adels die Einheit symbolisiert, auch das Monopol der Gewalt über die Armee in die Hände des Staates zu legen.

Wir sind Zeitgenossen einer umfassenden Entstaatlichung des Krieges. Es findet eine regelrechte Privatisierung des Krieges statt, der in den letzten drei Jahrzehnten sich immer mehr aus einem Instrument politischer Interessens- und Willensdurchsetzung zu einer Form privatwirtschaftlich organisierter Einkommenserzielung und Vermögensakkumulation entwickelt hat. Lang anhaltende Kriege, wie jene im Libanon, in Afghanistan oder im Sudan, schaffen einen Zustand der permanenten Gewalt, die von Entführungen, Drogenhandel und sonstigem organisierten Verbrechen charakterisiert ist. Kolumbien, das sich seit bald einem Jahrhundert in einem solchen Dauerkriegszustand befindet – wobei jedoch interessanterweise trotz aller paramilitärischen, terroristischen und Guerillagruppen die staatlichen Institutionen und die von ihnen gesteuerten Abläufe, wie die Durchführung von Wahlen in regelmäßigen Perioden, immer noch funktionieren –, bezeichnete jene besonders blutige Epoche interner Gewalt von 1948 bis 1957 schlichtweg als „violencia".

Im Schatten des damals noch andauernden Kalten Krieges hatten sich in den 1960er Jahren in zahlreichen Konflikten neue Akteure und Methoden herauskristallisiert. Der Libanonkonflikt ist gewissermaßen die Avantgarde jener neuen Kriege, die sich über Jugoslawien mit dem Ableben von Marschall Tito 1980 und über dem Kaukasus mit dem Auseinanderbrechen der Sowjetunion zusammenbrauen sollten. Arabische Beobachter sprechen von einer eigenen „Kultur der Märtyrer-Operationen", gegen die kein militärisches Mittel helfe und die Israel im Sinne eines lang anhaltenden Zermürbungskrieges schwächen sollen. Die vielen israelischen Militäroperationen in den an sich autonomen palästinensischen Gebieten dürften die Mittel und Bewegungsfreiheit dieser Gruppen stark reduzieren, doch schaffen Erstere umgekehrt einen starken Antrieb für neue Freiwillige. Das Durchhaltevermögen der palästinensischen Kämpfer gegen die israelische

Militärmaschinerie während der gesamten Al-Aksa-Intifada zeigt die starke lokale Verwurzelung und Dezentralisierung der palästinensischen Militanten, die den unbeschränkten Kampf gegen die israelischen Besetzer zum einzigen und letzten Lebensziel gemacht haben.[8]

Das Konzept der „Schurkenstaaten", im Sinne einer territorial fassbaren Terrorgefahr, hat sich überholt, wie auch viele Nachrichtendienste schon längst festgestellt haben. Es verlaufen doch gerade internationale terroristische Verbindungen meist auf privat finanzierter Schiene. So hat sich mit der Entstaatlichung der Kriege diese Entwicklung nur rasant beschleunigt. Reiche Nihilisten vom Schlage eines Osama bin Laden gibt es viele. Sie besorgen sich Geld und Rekruten für ihre terroristischen Anschläge mehr oder weniger auf dem freien Markt. Es hat sich eben nicht nur die Telekommunikationsbranche in den 1990er Jahren liberalisiert.

Die von den USA im Jänner 2002 anlässlich der damaligen Rede von US-Präsident Bush zur Lage der Nation aufgestellte „Achse des Bösen" widerspricht dem und nennt drei „Böse". Die einstige „Communist Connection" der Terrornetzwerke des Kalten Krieges, die sich im Nachhinein auch teils als unhaltbar erwiesen hat, wurde neu kulturalistisch verbrämt. Damit geht die Rechnung der teils schon abtretenden Generation von Fundamentalisten auf, sahen sie doch eine Auseinandersetzung auf Grundlage religiöser Wertvorstellungen mit dem sittenlosen Westen, der Kommunisten wie Kapitalisten gleichermaßen umfasst. Und die durch Angst und Desinformation aufgeputschte Öffentlichkeit tappt geradewegs in die Falle des Kulturkampfes. Die Folgen sind eine neue Hexenjagd und ein gefährliches Aufkeimen allgemeiner Hysterie. Diesmal sind es nicht die kommunistischer Gesinnung verdächtigten Hollywoodstars, wie in der McCarthy-Ära, sondern orientalisch anmutende US-Bürger. Der (freiwillige) Rückzug arabischer Studenten von US-Universitäten ist eine erste Konsequenz des Kollektivverdachts.

Territorial organisierte Strukturen lösen sich nicht nur in

Wirtschaft, Finanz- und Nachrichtenwesen auf. Der globale Markt brachte kriminell agierenden Organisationen einen ungeahnten Aktionsradius und neue Möglichkeiten der Mittelbeschaffung. Terroristische Organisationen profitieren von moderner Informationstechnologie und von Finanztransaktionen. Warum sollten sie auch nicht? Die Verquickung mit dem organisierten Verbrechen zur Beschaffung von Barmitteln ist ebenfalls nichts Neues, wie die Genesen zahlreicher Terrorgruppen der Vergangenheit deutlich zeigen. Warum nicht bereits zu einem viel früheren Zeitpunkt die Regierungen, beispielsweise der USA und der Europäischen Union, die Finanzquellen dubioser Vereine unter die Lupe genommen haben, erstaunt den Betrachter. Anonyme Sparbücher und Wertpapiere, wie sie einige EU-Mitgliedsstaaten bis spät in die 1990er Jahre – allen Warnungen von Staatsanwälten und Polizeibehörden zum Trotz – Kunden diskret ohne Nachweis irgendeines Personalausweises anboten, waren vielfach eine beliebte Option, um kriminelle Gelder zu deponieren. Dass die palästinensische Splittergruppe von Abu Nidal über solche Sparbücher in Wiener Geldinstituten beispielsweise verfügt, zeigte schließlich die Verhaftung der Frau des Finanzchefs der Abu-Nidal-Gruppe Anfang 2000.[9]

Es zerfallen die Staaten und kommen die Terroristen

Die Konflikte zwischen Privatmilizen, Guerillatruppen und regionalen Kriegsherren nehmen auch als Folge des Staatenzerfalls tendenziell zu. Die Terrornetzwerke unserer Zeit profitieren von den Staatenimplosionen, insbesondere in krisengeschüttelten Regionen, wie am Horn von Afrika – Beispiel Somalia mit Terrorschienen in Richtung Kenia – oder im Nahen Osten. Fragile Staaten mit schwachen Zentralstrukturen, ethnischer Vielfalt und wirtschaftlichen oder gar sicherheitspolitischen Problemen können rasch zerbrechen und zu „gescheiterten Staaten“, also zu sogenannten „failed states" werden. Auf ihren Territorien, welche die internationale Gemeinschaft nach erfolglosen Feuerwehraktionen sich selbst, der Anarchie und undurchsichtigen Organisationen überlässt, entstehen beinahe systematisch die Grundlagen für den Terrorismus der Gegenwart. Es fehlen aber die empirischen Daten, die objektiven nachrichtendienstlichen Nachweise, wer mit welchen Methoden und mit welchen Ideologien gegen wen vorgeht. Fest steht nur eines, nämlich die jüngste Tendenz terroristischer Agitatoren, sich als Regulierungs- und Gegenkraft der Globalisierung – die wohl der neue Platzhalter für westliche Dominanz oder Modernisierung ist – zu verstehen. Paradoxerweise bedienen sie sich aber gleichzeitig der modernen Kommunikationstechnologie, vor allem aber der weltweiten Medienpräsenz. Die Medien sind in doppelter Hinsicht problematisch: Zum einen schaffen die Bilder von Gewalt einen gefährlichen Nachahmer- und Multiplikator-Effekt, ob es sich nun um die ganz normale urbane Gewalt in Bogotá handelt oder um terroristische Akte in Form spektakulärer Selbstmordattentate; zum anderen sind die Medien auch Quellen einer bewussten Desinformation. Viele Terrororganisationen haben über das Internet bereits ihre eigenen Nachrichtenkanäle eingerichtet. Im Libanon verfügte jede Bürgerkriegspartei während des Bruderkriegs der 1980er Jahre über ihren TV- und Radiosender, um den Krieg auch auf dieser Ebene zu führen. Je billiger und technisch einfacher die Errichtung von Fernsehstationen wurde, umso mehr Verbreitung findet der moderne Propagandakrieg.

Mit dem Wegfall der Armee, der Unfähigkeit der Behörden, ihre Beamten zu zahlen und der allmählichen Auflösung öffentlicher Institutionen ist die Implosion des Staates perfekt. Rasch entsteht ein Vakuum, in welches dann terroristische Verbände leicht eindringen können. Anschläge auf Ausländer oder Hilfsorganisationen erfolgen. Der Übergang vom Attentat zur eigentlichen Kriegshandlung ist dann nur mehr fließend. Während der Staatsapparat des multiethnischen Libanons in den 1970er Jahren auseinanderbrach, sah die internationale Gemeinschaft vom Dilemma des Libanons bewusst weg. Was sich in Afghanistan im Zuge des von den USA finanzierten und logistisch mitaufgebauten Dschihad gegen die sowjetische Okkupationsarmee beziehungsweise dann im Bürgerkrieg in den 1990er Jahren abspielte, das verfolgte die Weltgemeinschaft nur retrospektiv anhand von stückwerkartiger Dokumentation. Denn das Interesse an Afghanistan erwachte erst mit der US-Operation „Enduring Freedom", die am 7. Oktober 2001 startete. Auch hier war ein Staat schon längst zerbrochen, hatten undurchsichtige Figuren Unterschlupf gefunden, organisierten wohlhabende Saudis, welche die USA von ihrer geheiligten islamischen Erde vertreiben wollten, paramilitärische Trainingslager.

Al-Qaida heißt auf Arabisch die „Basis". 1996 formulierte die Gruppe ihr Manifest, dessen erstes Ziel die Vertreibung der USA und der Saudis von der Arabischen Halbinsel ist. In den Kundmachungen von Osama bin Laden ist niemals die Rede von Saudi-Arabien, das einzige Land, das den Namen einer Familie trägt. Vielmehr spricht er ausschließlich vom „Hedschas", also der Arabischen Halbinsel. Mit einer Serie von Anschlägen Ende der 1990er Jahre in Saudi-Arabien und im Jemen, zu denen sich die Al-Qaida bekannte, wurde sie erstmals international bekannt. Sicherheitsexperten zufolge entspricht diese Organisation mehr einem losen Bündnis von teils sehr autonom agierenden Gruppen zwischen Südostasien, den USA und Europa. Mit einer hierarchisch organisierten Struktur, an deren Spitze die Terrorpaten wie Osama bin Laden stehen, hat die Al-Qaida wohl nichts gemeinsam. Anders formuliert handelt es sich beim Namensregister der Mitglieder um die Festplatte in der elektronischen Datenverwaltung der afghanischen Ausbildungslager des saudischen Milliardärs Osama bin Laden. Letzterer arbeitete seit 1979 für die CIA und in Kooperation mit den USA an der Ausbildung von religiösen Kriegern im Widerstand gegen die sowjetischen Besatzungstruppen. Die Strahlkraft von Al-Qaida ist gegenwärtig in hohem

Grade symbolisch. Organisatorisch konnte sich Al-Qaida gerade durch den Irakkrieg wieder neu etablieren. Der Zustrom zu Ausbildungszentren, ob in Afghanistan, in Somalia oder nun auch im chaotischen Kriegsgebiet Irak, ist ungebrochen.

Für den französischen Islamexperten Gilles Kepel ist der aktuelle Terrorismus nur ein letztes „Aufbäumen" von Nihilisten, nachdem die islamischen Modelle, so im Iran oder Algerien, versagt hätten. Vielmehr sieht die heutige Weltlage eher nach einem fatalen Neuanfang der Konfrontation im Namen der Religionen als nach Einzelaktionen von einigen „no-future"-Muslimen, die einen Todeskult betreiben, aus. Entscheidend hierfür ist die Symbolkraft des Palästinakonflikts, der Muslime bis London und Jakarta emotionalisiert. Und Kriege gegen einen territorial nicht fassbaren Feind, den Terrorismus, lösen nichts, sondern schaffen neue Täter. Afghanistan und der Irak sind dank der militärischen Operationen seit 2001 Magneten für Gotteskrieger aller Art.

Islamistischer Terrorismus operiert nicht mit mittelalterlichen Denkmustern, wenn auch diverse Botschaften solches inspirieren mögen. Es gibt eine Logik im Aufbau, hohe Qualität der Mittel und, was vor allem entscheidend ist, beste Kontakte. Nicht irrational betätigen sich Nostalgiker einer untergegangenen glorreichen Epoche islamischer Herrschaft, sondern als Meister der Realpolitik erweisen sich die Islamisten, ob es sich darum handelt, kurz vor Parlamentswahlen in Spanien mit einem Attentat europäische Politik zu machen oder um Druck auf Frankreich zu erzeugen, um die Gesetzeslage – wie im Fall des Verbots des Tragens von Kopftüchern in öffentlichen Schulen – zu ändern.

Ein explosives und schwer durchschaubares Gemisch an alten und neuen Identitäten, an Politikverdrossenheit, an wirtschaftlichen und politischen Schwächen sowie umfassenden Mobilisierungsmethoden ist entstanden. Die sich bereits seit Jahrzehnten abzeichnende Schwächung des Staates als dem wesentlichen Akteur in den internationalen Beziehungen hat sich durch die Globalisierung nur weiter beschleunigt. Noch befinden wir uns aber in einer internationalen Ordnung, die auf souveränen Staaten aufbaut, die es zu erhalten gilt.

Das aufgeweichte Völkerrecht

Das von der Satzung der Vereinten Nationen in Artikel 2, Absatz 4 stipulierte Gewaltverbot untersagt – vom klar definierten Fall des Selbstverteidigungsrechts abgesehen – allen Staaten nicht nur den Einsatz, sondern bereits die Androhung von Gewalt. Ein umfassenderes Verbot, Konflikte kriegerisch auszutragen, hat es nie zuvor in der modernen Geschichte gegeben. Und dennoch: Die friedliche Streitbeilegung beschränkt sich auf Reflexionen im akademischen Rahmen. Das Konzept der „Präventivkriege", wie es unter anderem die am 20. September 2002 vorgestellte US-Doktrin nationaler Sicherheit präzisiert, widerspricht dem völkerrechtlich normierten Grundsatz des Gewaltverbots.

Unter dem Titel des „Krieges gegen den Terrorismus" wächst das Risiko der Aufweichung des ohnehin sehr schwachen Völkerrechts. Das ist umso beklagenswerter, als die Erforschung des Terrorismus, insbesondere des sogenannten „Neuen Terrorismus", viele unbeantwortete und von vielen Entscheidungsträgern vor allem unbeachtete Fragen aufwirft.

Was in der Kriegsführung im Lauf des 20. Jahrhunderts völlig verloren gegangen ist, nennt sich das „öffentliche Gewissen". Das Kriegsvölkerrecht des 19. Jahrhunderts kannte noch die nach einem russischen Gesandten so benannte „Martens'sche Klausel". Danach sollen auch bei Fehlen einer genauen Rechtsregel *„die Bevölkerung und die Kriegführenden unter dem Schutze und der Herrschaft der Grundsätze des Völkerrechts bleiben, wie sie sich ergeben aus den unter gesitteten Völkern feststehenden Gebräuchen, aus den Gesetzen der Menschlichkeit und aus den Forderungen des öffentlichen Gewissens."* Eine solche unter allen Umständen gültige Ethik ist uns abhandengekommen. Die Ursachen hierfür finden sich unter anderem in der Auflösung ausgebildeter Armeen und dem Aufstieg von privaten Sicherheitsdiensten, die nur mehr auf Vertragsbasis arbeiten. Im Fall eines Kriegsverbrechens treten für diese modernen Söldner keine disziplinarrechtlichen Folgen ein, der Vertrag kann beendet werden.

Von der Unmöglichkeit, islamistische Kreise zu durchdringen

Algerien ist in seinem jüngsten Bürgerkrieg, der zwischen Islamisten und den Sicherheitskräften von 1991 bis 1999 tobte und mehr als 200.000 Menschenleben forderte, eine tragische Fallstudie über Terrorismus und seine Bekämpfung. Der 11. September 2001 wurde für Algerien zur Wasserscheide im Verhältnis zu den USA, die seither das Land großzügig beim Wiederaufbau seiner Streitkräfte unterstützen. Eines der treibenden Motive für Washington in dieser neuen engen Allianz zum nordafrikanischen Land, das bislang mehr an Europa beziehungsweise zuvor an der UdSSR und den Blockfreien seine Handelspolitik ausrichtete, mag der Wunsch sein: von den algerischen „Experten" zu erfahren, wie man denn islamistische Zirkel infiltriert. Denn eines der Hauptprobleme vieler westlicher Nachrichtendienste ist schlicht die Unmöglichkeit, die sehr wasserdichten Apparate islamistischer Terrorgruppen zu durchdringen.

Der deutsche Politikwissenschaftler Professor Herfried Münkler stuft den Terrorismus von „9/11" als „Perfektionierung des Grundgedankens eines Partisanenkriegs" ein. Oder wie es die ägyptische Politologin Heba Raouf Ezzat sieht, hätten diese Anschläge gezeigt, wie „Individuen gegen ein Imperium erfolgreich vorgehen können".[10] Im Gegensatz zum Terrorismus früherer Zeiten, der sich die politische Dimension der Selbstbeschränkung auferlegt habe, operierten für Münkler und auch andere Experten Terroristen des 21. Jahrhunderts nach militärischen Prinzipien. Die

Möglichkeiten, solche Terroraktionen zu verhindern, sind bekanntermaßen begrenzt. Wollte man nämlich den öffentlichen Verkehr in Großagglomerationen systematisch kontrollieren, brächte man das berufliche und wirtschaftliche Leben rasch zum Erliegen. Und es bleibt die Kontroverse, die viele europäische Experten von ihren US-amerikanischen Kollegen unterscheidet: Ist nun mit militärischen Mitteln gegen diese neue Dimension des Terrors vorzugehen, oder gilt es per Exekutive und engster Kooperation der Geheimdienste, ein transnationales kriminelles Phänomen, wie die Anschläge von Madrid vom 11. März 2004, zu bekämpfen?

War es noch relativ einfach, in den 1980er Jahren die Kreise rechts- oder linksextremer Randgruppen auf dem jeweiligen Staatsgebiet mittels Informanten zu durchdringen, stellt sich im Falle der Islamisten und ihres weiten Spektrums an Strömungen die Lage ganz anders dar. Mit der Ausnahme Frankreichs und Großbritanniens ist kaum eine europäische Regierung mit Daten und Kontakten oder gar entsprechend ausgebildeten Personen ausgestattet, um die islamistischen Zirkel auf dem eigenen Staatsgebiet so weit wie möglich zu überwachen. Im Gegenteil, oftmals wird bewusst weggeschaut, um der offenen Konfrontation mit bewaffneten Gruppen zu entgehen. Dies gilt vor allem für Österreich und die Schweiz. Das Gefühl der latenten Gefährdung wurde bislang nur gemildert durch das Prinzip Hoffnung. Die Rolle Deutschlands, so vermutete das deutsche Bundeskriminalamt noch 2002, sei offensichtlich die eines Ruhe-, Rückzugs- oder Vorbereitungsraums. Dass dem schon längst nicht mehr so ist, zeigen auch die Aussagen von Taliban-Kämpfern angesichts der starken Beteiligung Deutschlands an der Befriedung von Afghanistan. Die Anschläge in der Türkei, auch jene, die vereitelt werden konnten – wie offensichtlich jener geplante auf den NATO-Gipfel vom 28./29. Juni 2004 –, werfen zwangsläufig auf die türkische Gemeinde in Deutschland ein neues Licht, mit dem sich Politik und Exekutive noch nicht wirklich auseinandergesetzt haben.

In potenzielle Täterkreise verdeckt einzudringen, erfordert

hohe Investitionen, meist auch sicherheitspolitische Drahtseilakte. Müssen doch verlässliche Mitarbeiter und Zulieferer an Daten erst gefunden und dann bei Laune gehalten werden. Relevante Sprachkenntnisse sind rar gesät. Verfügt aber ein Nachrichtendienst über derartige verlängerte Augen und Ohren, dann will er verständlicherweise die unter solch hohem Aufwand erlangten Informationen nicht einfach an jene Apparate weitergeben, die nicht diese Risiken und Kosten übernommen haben. Denn gerade in dieser Branche existiert das alte Prinzip der Gegenseitigkeit.

Ist die Bekämpfung des Terrorismus nun tatsächlich die wesentliche Priorität unserer Zeit, oder sollten wir unsere Mittel, Zeit und vor allem das hohe Gut der Glaubwürdigkeit nicht vielmehr anderen Fragen widmen? In den Schubladen des Pentagons befindet sich auch eine Studie vom Oktober 2003, die den Klimawandel und nicht den Terrorismus als die eigentliche Sicherheitsbedrohung beschreibt.

Die Zukunftsforscher Peter Schwartz und Doug Randall haben unter dem Titel „Imagining the Unthinkable“ einige bedrückende Zukunftsszenarien aufgezeigt, wonach infolge der Strömungsverschiebung des Golfstroms eine radikale Abkühlung des Erdklimas erfolgen würde. Die Konsequenzen wären, so Schwartz und Randall, unter anderem zahlreiche Konflikte um Ressourcen.[11] Angesichts der globalen Katastrophe Erderwärmung mit all ihren Folgen für die Natur, unseren Alltag und die Sicherung von Nahrungsmitteln könnten uns der Nahostkonflikt und der Krieg gegen den Terrorismus eines Tages rückblickend betrachtet als ein banales Problem erscheinen. Die Enkelgeneration wird vielleicht gegen Ende des 21. Jahrhunderts den berechtigten Vorwurf an uns richten, warum wir uns nicht um andere wichtigere Fragen, wie den Stopp der Umweltzerstörung und eine gerechtere Verteilung der Güter zur Bekämpfung der Armut, gekümmert haben.

Über welche Möglichkeiten verfügt die Staatengemeinschaft? Welche Chancen hat eine nationale europäische Regierung und jeder einzelne von uns, um in diesem Dilemma zwischen Orient und Okzident, überschattet vom Krieg gegen den Terror, Auswege zu finden? In erster Linie geht es darum, angesichts ernsthafter Terrorbedrohung einen kühlen Kopf zu behalten, einen kritischen Geist zu pflegen und nicht in Massenhysterie zu verfallen. Neben der Stärkung der Exekutive und umfassender Zusammenarbeit der Nachrichtendienste steht jedoch die Lösung politischer Probleme auf der Agenda. Sei es der Palästinakonflikt, seien es die Schwierigkeiten im Irak, im Iran oder in Afghanistan – sie harren einer Lösung, denn diese Kriege strahlen auf die gesamte muslimische Welt aus.

---

1 Walter Feichtinger: „Krieg gegen den Terror" – eine geostrategische Zusammenschau, in: Österreichische Militärzeitschrift 6/2006, S. 685–698, hier S. 687.

2 Hintergrundgespräche mit britischen und US-amerikanischen Militärs an der Landesverteidigungsakademie in Wien im November 2006.

3 Dieses Interview aus dem Nouvel Observateur vom 15.–21.1.1998 ist in Auszügen abgedruckt bei Tariq Ali: Fundamentalismus im Kampf um die Weltordnung. München 2002, S. 274–275.

4 Siehe Ulrich Schneckener: Transnationaler Terrorismus. Frankfurt am Main 2006, S. 21.

5 Ahmed Raschid: Taliban. Afghanistans Gotteskrieger und der Dschihad. München 2001, S. 76.

6 Walter Feichtinger: „Krieg gegen den Terror" – eine geostrategische Zusammenschau, in: Österreichische Militärzeitschrift 6/2006, S. 685–698.

7 Siehe etwa die Publikationen von Herfried Münkler: Die Neuen Kriege. Hamburg 2002; Mary Kaldor: Neue und alte Kriege. Frankfurt am Main 2000; Martin van Creveld: Die Zukunft des Krieges. München 1998.

8 Neue Zürcher Zeitung vom 11.4.2002.

9 ORF vom 20.1.2000: Österreichische Wirtschaftspolizei verhaftet Komplizin von Abu Nidal, die von einem anonymen Sparbuch der Bank Austria einen Betrag in Millionenhöhe abhebt.

10 Kolloquium der Herbstschule am Centre International des Sciences de l'homme in Byblos am 28.11.2002.

11 Diese Studie ist nunmehr über das Internet verfügbar unter http://www.climate.org/topics/climate/pentagon.shtml. Die Medien griffen das Thema kurz auf; vgl. etwa The Observer vom 22.2.2004.

Ausblick: Dialog oder Konfrontation?

„In unseren wichtigsten Empfehlungen fordern wir neue und verbesserte diplomatische und politische Bemühungen im Irak und der Region sowie einen Wandel der Hauptaufgabe der US-Kräfte im Irak, um es den Vereinigten Staaten zu ermöglichen, mit dem Abzug ihrer Kampftruppen aus dem Irak zu beginnen."

Auszug aus dem Bericht der Irak-Studiengruppe vom 6. Dezember 2006

Sind wir unterwegs nach Harmagedon, jenem biblischen Ort, der die letzte Schlacht zwischen „Gut und Böse" als Vorspiel zum Weltuntergang symbolisiert? Davon sind viele Gruppen christlicher Fundamentalisten in den USA überzeugt. Den Nahostkonflikt bedienen diese Personen, die sich seit einigen Jahren auch in wichtigen Schaltstellen der US-Politik befinden, gerne als Illustration für ihre gefährliche Mischung aus religiöser Besessenheit und Machtpolitik. Ein Blick in manche Bibelfernsehsender der USA genügt, um vernunftbegabten Menschen angesichts der Hasspredigten dieser zeitgenössischen Propheten einen Schauer über den Rücken zu jagen. Ähnlich apokalyptisch tönt es aus den Internetseiten der muslimischen Fanatiker, die den Tag ihres Endkampfes gegen den dekadenten Westen und alle Ungläubigen bereits heraufdämmern sehen. Die Beispiele für kriegerische Mobilisierung im Namen Gottes ließen sich über die Aussagen national-religiöser jüdischer Rabbiner und nationalistischer Hindus fortsetzen.

Fanatiker, die einen neuen Kreuzzug oder Dschihad gegen alles Ungläubige fordern, finden sich in rechtsextremen europäischen Parteien und saudischen Schulen, an den Stammtischen dieser Welt und in den Gotteshäusern von Texas bis Pakistan. Mit Gott wird in allen Religionen gefährliche Politik gemacht. Wer ist hier noch fromm, wenn er als Mensch beansprucht, Gott für seine niederen Zwecke der Gewaltanwendung zu missbrauchen? Im Buch des Propheten Jesaja heißt es: *„Denn meine Gedanken sind nicht eure Gedanken, und eure Wege sind nicht meine Wege, spricht der Herr, sondern so der Himmel über der Erde ist, so viel sind meine Wege höher als eure Wege und meine Gedanken höher als eure Gedanken"* (Jesaja, 55,8–9).

Die Parallelen zwischen all diesen „Soldaten Gottes", die Religion als Mittel zur Durchsetzung ihrer selbst gestrickten Überzeugungen benutzen, sind bemerkenswert. Die jeweilige zentrale Botschaft ihrer Religionen, ob es sich um den Islam, das Christentum, Judentum oder eine andere der Weltreligionen handelt, lautet: Tue Deinem Nächsten nicht an, was Du nicht willst, das man Dir tut, und habe Erbarmen mit der Schöpfung. Von Nächstenliebe und Respekt für das Leben sind aber diese Fundamentalisten weit entfernt. Was sie für den Rest der Menschheit so gefährlich macht, ist ihre wachsende Zahl und Einflussnahme auf das Weltgeschehen. Sie zündeln medial, sprengen sich und andere in die Luft, bombardieren Städte und entscheiden selbstherrlich, wer auf ihrer Seite und wer gegen sie ist.

Nun kann man sich diesem ausweglosen Fatalismus, dass der Weltuntergang knapp bevorstehe, anschließen und sich von den Hiobsbotschaften blenden lassen. Wir haben aber auch die Möglichkeit, uns für eine andere Perspektive zu entscheiden. Es gibt bereits vielversprechende Anzeichen, dass sich eine Koalition der Vernünftigen und nicht der Willigen durchsetzt, um die Entwicklung der internationalen Beziehungen in Richtung von Verhandlungen anstelle neuer Kriege zu bewegen. So ziehen angesichts des Flächenbrandes im Nahen Osten, des Kampfes um Rohstoffe und der Umweltzerstörung Politiker, religiöse Vertreter und Wissenschaftler in Ost und West die Notbremse. Ihre konkreten Maßnahmen – von akademischer Kooperation bis zu mutigen außenpolitischen Initiativen – sind vom Bewusstsein um die globalen Interdependenzen getragen. Das Elend im Irak geht uns alle an, genauso wie wir auch vom Aufstand in den Vororten einer europäischen Großstadt oder dem Artensterben betroffen sind.

Das Zusammenleben der Religionen wird neben dem Klimawandel zur wesentlichen Herausforderung unserer und kommender Generationen werden. Ein Dialog zwischen Christentum und Islam mit Ecken und Kanten, wie ihn Papst Benedikt XVI. bereits als Kardinal Ratzinger einforderte, ist zweifellos notwendig. Doch angesichts der mehr als explosiven Lage im Nahen Osten infolge all der Kriege, die der Westen in den letzten Jahren dorthin getragen hat und der Terroranschläge fanatischer Muslime in der westlichen Welt ist das Verhältnis zwischen Orient und Okzident so angespannt, dass jedes falsch verstandene Wort einen Wirbelsturm auslösen kann. In Diplomatie sollten sich Entscheidungsträger in Ost und West üben, ohne sich aber hinter nichtssagenden Deklarationen zu verstecken. Die anstehenden Probleme müssen klar beim Namen genannt werden, um sie einer Lösung zuzuführen. In den USA gibt es hierfür den trefflichen Spruch: „to call a cat a cat“.

Die USA und ihr Fiasko im Irak: Diplomatie anstelle militärischer Option

Erfrischend klar ist daher auch die Analyse, die der Bericht der Irak-Studiengruppe (ISG)[1] liefert. Die Konklusion lautet: Die Irakkrise soll nicht militärisch, sondern diplomatisch gelöst werden. Vor allem die Staaten des Nahen Ostens, aber auch die Europäer sollen in den Prozess der Stabilisierung des Iraks miteinbezogen werden. Der Bericht fordert auch direkte Gespräche der USA mit dem Iran und Syrien. Besonders dieser Vorschlag scheint in offensichtlichem Widerspruch zur bisherigen Linie der USA gegenüber diesen beiden Staaten zu stehen. Die zweifelhafte Rolle

Syriens im Libanon und der Streit um das iranische Atomprogramm könnten im Falle eines solchen Dialogs von der politischen Agenda rücken.

Den Vorsitz der ISG führten der frühere US-Außenminister James Baker und der Demokrat Lee Hamilton. Die Kommission veröffentlichte ihren Bericht am 6. Dezember 2006, der 79 Empfehlungen für einen Strategiewechsel in der Irakpolitik nennt. Laut Kommission sind sie eine Einheit und sollten nicht isoliert umgesetzt werden. Die irakische Armee und die Sicherheitskräfte sollten bis 2008 befähigt werden, die Sicherheit im Lande selbst zu garantieren. Dazu soll das US-Truppenkontingent kurzfristig verstärkt werden, um den Abzug aller US-Kampftruppen schrittweise bis 2008 durchzuführen. US-Stützpunkte und Spezialkräfte sollen aber weiterhin bleiben. Fast vier Jahre nach dem US-Einmarsch in den Golfstaat beschreiben die Experten die Lage als schlimm und sich weiter verschlechternd. Das Land drohe vollends ins Chaos abzugleiten, der Kollaps der irakischen Regierung und eine noch größere humanitäre Katastrophe, als sie im Zweistromland gegenwärtig stattfindet, seien möglich. Nachbarländer wie Saudi-Arabien und der Iran könnten eingreifen und die Al-Qaida würde im Fall einer klaren Niederlage der USA einen Propagandasieg erringen.

Die Empfehlungen der ISG könnten erste wichtige Schritte zur Lösung des von der US-Regierung und allen Kriegsbefürwortern grob fahrlässig verursachten Fiaskos im Irak sein. Doch wird diese neue Strategie – allerdings unter der Bedingung, sie wird umfassend umgesetzt – wirklich ausreichen, um den Zerfall des Iraks und einen regionalen Krieg zu vermeiden? Die Antwort lautet eher Nein.

Alle politischen Akteure im Irak, die in die Gewalt verwickelt sind, müssen an den Verhandlungstisch geholt werden und einen Kompromiss akzeptieren. Eine solche erste Phase diplomatischer Vermittlung mit strikten Vorgaben für die Konfliktparteien, wie sie die USA in Dayton 1995 zwecks Befriedung von Bosnien-

Herzegowina einsetzten, wäre zumindest ein Ansatz. Es könnte sich hierbei aber nur um einen ersten Schritt handeln, dem detaillierte weitere Verhandlungen für eine nationale Aussöhnung folgen müssten. Die irakische Regierung und die Sicherheitskräfte dürften nicht als „Verbündete" behandelt werden, die als einzige Unterstützung bekämen. Sie müssten vielmehr als „Teil der zahlreichen Akteure des Konflikts" angesehen werden, wie dies eine Studie der International Crisis Group einfordert. Die USA begehen gerade im Nahen Osten systematisch den Fehler, mit einem „kiss of death" ihre Verbündeten zu Tode zu umarmen.

Eine umfassende Befriedung des Iraks erfordert auch eine neuerliche Novellierung der von den USA 2005 vorgelegten Verfassung. Die künstliche Umwandlung des Iraks von einem zentralistisch und autokratisch regierten Land, dessen gesellschaftliche Grundlagen auf mächtigen Stämmen und einigen wichtigen Städten basieren, in einen Bundesstaat kann schon mangels historischer Rahmenbedingungen nicht funktionieren. Es wurde ein Föderalismus verordnet, der angesichts des Kampfes um die Erdöl- und Erdgasfelder sowie der Kurdenfrage, welche auch die Nachbarstaaten Iran, Syrien und die Türkei stark beschäftigt, blutig scheitern könnte. Ausschlaggebend hierfür wird sein, ob die Kurden, anders als nach dem Ersten Weltkrieg, ihren Traum vom eigenen Nationalstaat diesmal durchsetzen werden. Die Gefahr eines militärischen Eingreifens der Türkei in den Irak ist weiterhin gegeben.

Interessant am Bericht der ISG ist zudem die Forderung nach einer umfassenden neuen Strategie für die Region. Im Zentrum der Empfehlungen steht daher auch die Lösung des Palästinakonflikts. Die Autoren des Berichts gehen so weit, neben der Schaffung eines palästinensischen Staates in den Grenzen der Waffenstillstandsabkommen von 1949, also dem Westjordanland, Gaza und Ostjerusalem, auch das Recht auf Rückkehr der palästinensischen Flüchtlinge einzufordern. So paradox es auch anmuten mag, angesichts der völlig verfahrenen Lage im Nahen Osten könnten die Aussichten auf ernsthafte Initiativen für die Lösung des Palästinakonflikts steigen. Der Druck seitens einzelner Mitglieder der US-Regierung von George W. Bush auf Israel wächst jedenfalls.

Europa muss sich für eine Lösung des Palästinakonflikts engagieren

Der Palästinakonflikt in seiner geballten Symbolkraft für die arabische und muslimische Welt in ihrer Gesamtheit ist nicht zu unterschätzen. Die Notwendigkeit einer umfassenden Lösung, die einen lebensfähigen palästinensischen Staat auf zusammenhängendem Territorium als Resultat haben muss, wird von allen im Nahost-Quartett vertretenen Akteuren – den USA, der EU, Russland und der UNO – regelmäßig bekräftigt. Zwar wurden seither einige Initiativen gesetzt, so jene der Arabischen Liga 2002, die eine Anerkennung Israels im Gegenzug für die Rückgabe besetzter Gebiete vorsieht. Doch die oft zitierte Resolution 242 des UN-Sicherheitsrats von 1967 ist noch nicht umgesetzt. Die „sicheren Grenzen“ für Israel sind indes von einer Frage der strategischen Tiefe, die mehr Territorium benötigt, zu einer Frage der Demografie geworden. Wenn Israel ein mehrheitlich jüdischer Staat und zugleich eine Demokratie sein will, muss es sich aus den palästinensisch dominierten Gebieten zurückziehen. In dieser demografischen Frage lag auch das Motiv für den Abzug von 7000 jüdischen Siedlern aus dem Gazastreifen im Sommer 2005.

Der letzte große Anlauf für eine umfassende Lösung des palästinensisch-israelischen Dilemmas erfolgte im Juli 2000, als der damalige US-Präsident Bill Clinton zwischen dem israelischen Premier Ehud Barak und PLO-Chef Jassir Arafat vermittelte. Clinton wollte die drei großen Kernprobleme, die der Oslo-Prozess aufgeschoben hatte, binnen zwei Wochen lösen: die Frage der Grenzen, den Status von Jerusalem und das Rückkehrrecht palästinensischer Flüchtlinge. Diese Verhandlungen von Camp David mussten allein aufgrund des hohen Zeitdrucks und der mangelnden Zugeständnisse beider Seiten scheitern.

Seither gab es keinen entscheidenden Impuls mehr für eine friedliche Lösung. Im Herbst 2000 begann die Al-Aksa-Intifada, es folgten die vielen Opfer auf israelischer und palästinensischer Seite, die Fragmentierung der palästinensischen Politik infolge der Konfrontation zwischen der säkularen PLO und der islamistischen Hamas und die dramatische Verschlechterung in der gesamten Region. Wird die Lage noch schlimmer, bevor sie anfängt, wieder besser zu werden? Noch sind nicht alle Konfliktparteien so erschöpft, dass sie in einer friedlichen Lösung den Ausweg suchen.

Angesichts der geschwächten Position der USA im Nahen Osten könnte Europa von der Scheckbuchdiplomatie im Sinne bloßer Finanzierung von Wiederaufbau endlich zu einem ernsthaften Akteur aufsteigen, bevor China und Indien als Erdölkunden der Golfstaaten den Westen in der Region wirtschaftlich und politisch ablösen. Europa sollte als eine echte Union von 27 Staaten, die sich der Rechtsstaatlichkeit verschrieben haben, hier entschlossen für eine mutigere Außenpolitik auftreten und Konsequenzen aus dem gescheiterten Barcelona-Prozess einer Europäischen Partnerschaft mit den Mittelmeeranrainern ziehen. Eine wesentliche Lehre lautet: Liberalisierung um jeden Preis führt zu einer Aufweichung der staatlichen Strukturen und zum Verlust der Legitimität des Staates.

Anstatt sich auf Freihandel und Dialoge mit der Zivilgesellschaft zu beschränken, wie dies gegenwärtig seitens der europäischen Institutionen der Fall ist, muss die Staatlichkeit im Nahen Osten gestärkt werden. Jene Zivilgesellschaft, die sich in repressiven säkularen Staaten des islamischen Raums wie Ägypten herausbildet, ist zwangsläufig eine islamistisch orientierte. Es handelt sich daher um „eine riskante Stabilisierungsstrategie der Europäischen Union für den südlichen und östlichen Mittelmeer-Raum“.[2]

Eine aktive Zivilgesellschaft kann auch zu Totalitarismus führen, wie die Vorfeldorganisationen der NSDAP in den 1930er Jahren zeigten. Die Zivilgesellschaft in vielen arabischen Staaten ist heute viel stärker von islamistisch dominierten Vereinen und Berufsvertretungen durchsetzt, als dies westliche Regierungen wahrhaben wollen. Wer nur auf die Zivilgesellschaft setzt, ohne die staatlichen Institutionen zu fördern, riskiert es, den Staat zu untergraben. Die Gefahr von Staatenimplosionen, die vom Irak ausgehend zu vielen Grenzverschiebungen führen könnten, ist groß.

Auch wenn die EU in ihrer Gesamtheit im Nahostkonflikt nur schwer zu einem verwässerten Konsens findet, so zeigen doch einige wichtige europäische Regierungen wieder stärker Profil. Relativ rasch gelang es im Sommer 2006, europäische Truppen an die libanesisch-israelische Grenze zu entsenden, um die Waffenruhe zwischen Israel und der Hisbollah zu überwachen. Italien und Spanien haben infolge von Regierungswechsel wieder eine neue eigenständige Außenpolitik im Nahen Osten entwickelt. Gemeinsam mit Frankreich orientieren sich diese beiden Mittelmeeranrainer nun wieder stärker an europäischen als an transatlantischen Interessen. Wenn auch nicht alle 27 EU-Staaten die neue Nahostinitiative auf die Beine stellen können, so zeigen doch einzelne Außenminister und Regierungschefs den klaren Wunsch, die Wurzel des Nahostproblems, nämlich den Palästinakonflikt, zu lösen. Es lässt sich weder der Libanon befrieden, wo noch rund 350.000 Menschen in den palästinensischen Flüchtlingslagern leben und die Hisbollah die Hamas in ihrem Kampf unterstützt, noch ein Ausgleich mit Syrien finden, wenn nicht die von Israel 1967 besetzten Gebiete geräumt werden.

In Deutschland zeichnet sich in der Öffentlichkeit allmählich der Wunsch nach einem entspannteren Verhältnis zu Israel ab. Die Sonderbeziehungen zu Israel sollten demnach von einem ausgewogenen Kurs gegenüber allen Konfliktparteien abgelöst werden. Im November 2006 veröffentlichte eine Gruppe von deutschen Wissenschaftlern das „Manifest der 25“, in welchem die

Grundzüge für eine neue Positionierung Deutschlands gegenüber den Konfliktparteien vorgestellt werden. Es heißt darin:

„Der seit nunmehr fast sechs Jahrzehnten andauernde, immer wieder blutige Nahostkonflikt hat unbestreitbar eine deutsche und in Abstufungen eine europäische Genese; europäisch insofern, als der deutsche Gedanke einer ‚Endlösung der Judenfrage' aus dem europäischen Antisemitismus und Nationalismus hervorgegangen ist. Und die palästinensische Bevölkerung hat an der Auslagerung eines Teils der europäischen Probleme in den Nahen Osten nicht den geringsten Anteil.

Es ist also nicht nur Israel, das Anspruch auf besondere Aufmerksamkeit, Zuwendung und freundschaftliche Kritik Deutschlands (und Europas) hat. Als Deutsche, Österreicher und Europäer haben wir nicht nur Mitverantwortung für die Existenz Israels, die, nachdem die Geschichte nun einmal diesen Gang genommen hat, ohne Abstriche für alle Zukunft zu sichern ist, sondern auch eine Mitverantwortung für die Lebensbedingungen und eine selbstbestimmte Zukunft des palästinensischen Volkes. (...)

*Eine Konflikt***lösung** *ist nur auf sehr lange Sicht im Rahmen einer gemeinsamen regionalen, auch Ägypten, Jordanien, Libanon und Syrien einschließenden wirtschaftlichen Nahostkooperation möglich. Konflikt***transformation** *kann dagegen sofort beginnen. Sie verlangt eine erneute Anstrengung, einen lebbaren modus vivendi zu finden, der Konsequenzen aus den Fehlern von Oslo zieht. Deutsche Politik könnte hier, wenn sie sich als freundschaftlich nach beiden Seiten versteht, einen Beitrag leisten."*

In diesem Zusammenhang sei auch die mutige Initiative des ehemaligen Direktoriumsmitglieds des Zentralrats der Juden in Deutschland, Rolf Verleger, genannt. Sein Aufruf für eine neue Verantwortung Deutschlands im Nahostkonflikt, die von mehr Balance getragen sein muss, geht genau in diese Richtung. Verleger gehört zu jenen jüdischen Stimmen, die sich nicht ohne Wenn und Aber hinter die israelische Politik stellen. Seine Kritik an den israelischen Militärschlägen gegen die palästinensische und libanesische Zivilbevölkerung brachte ihm den Verlust seines Amtes in der jüdischen Gemeinde Deutschlands ein. Kritik an israelischer Politik wird gerne automatisch mit Antisemitismus gleichgesetzt. Dass Kritik am Vorgehen Israels, wenn es in Widerspruch mit dem internationalen Recht gerät, möglich sein darf und muss, sollte ein Teil der Normalisierung zwischen Europa und dem jüdischen Staat sein.

Man kann sich nicht des Eindrucks erwehren, dass gerade auch die diplomatischen Kraftakte, ob bilateral oder in multilateralem Rahmen des Europarats und der EU, eher das politische Vakuum zudecken, das sich breitgemacht hat. Denn anstelle klarer Worte der EU zu wichtigen Themen, wie Migration, der Lage der nicht muslimischen Minderheiten in den islamischen Gesellschaften und Energiepolitik, ist das Festhalten am Dialog weiterhin das Leitmotiv. Anstelle ernst zu nehmender außenpolitischer Initiativen, ob im Nahen Osten, im Kaukasus oder im nicht minder fragilen Südosteuropa, bleibt die europäische Diplomatie vorerst im Dialog der Zivilgesellschaften stecken. Letzteres ist aber die sogenannte „Track-II“-Schiene, die eine Annäherung zwischen den Gesellschaften parallel zur Politik bildet.

Dieses Ausweichen auf den Dialog über die akademischen Institutionen, die Zivilgesellschaften und die Kirchen erinnert in gewisser Weise an die Entwicklung der „humanitären Intervention“ Anfang der 1990er Jahre. Wo die Politik nicht mehr weiterwusste, kamen die Nichtregierungsorganisationen, die Karitativen, zum Zug. Der damalige Präsident von „Médecins Sans Frontières“, Roni Braumann, warf den Politikern angesichts der Krisen von Bosnien, Somalia und Afghanistan fatales Versagen vor und konterte in Anbetracht der medialen Präsenz zahlreicher westlicher Politiker, die sich gerne bei Hilfseinsätzen ablichten ließen: „Decken verteilen können wir selbst, von den Regierungen erwarten wir politisches Handeln.“ Mehr Politik und weniger Öffentlichkeitsarbeit der Regierungschefs ist auch im Dialog zwischen den Zivilisationen erforderlich.

Der Dialog ist eine höchst langweilige Angelegenheit. Will man die Menschen wirklich für eine ernsthafte Auseinandersetzung miteinander gewinnen, muss eine ordentliche Streitkultur her, wie der Großmufti von Sarajevo, Mustafa Ceric, zu Recht einfordert. Um eine solche Debatte zu führen, müssen alle Beteiligten die Karten offen auf den Tisch legen, ihre Forderungen ernsthaft einbringen und ihre Argumente intelligent vertreten. Der laufende Verhandlungsprozess zwischen der EU und der Türkei wird unter anderem zeigen, wie konfliktfähig Europäer und Türken sind. Der Begriff des Dialogs wird zurzeit eher inflationär gebraucht. Ist es nicht sinnvoll, sich auf die wörtliche Bedeutung von Dialog zu besinnen? Dialog – „dia logon" bedeutet den Austausch von Worten zum Zweck der Suche nach Wahrheit. Es muss also mehr dabei herauskommen als eine weitere Großveranstaltung mit gemeinsamen Bekenntnissen zur Toleranz.

Das umstrittene Dossier der Verhandlungen zwischen der EU und der Türkei

Von Befürwortern eines EU-Beitritts der Türkei, die sich vor allem in Großbritannien und in den USA finden, wird gerne das Argument vorgebracht: Mit der Türkei in Europa werde auch der Dialog zwischen muslimischer und christlicher Welt zur Realität. Die Sache ist aber viel komplexer, zumal die EU ohnehin schon überdehnt ist, nach der Ablehnung des Entwurfes einer Europäischen Verfassung in einer tiefen Krise ihrer Institutionen steckt und die Finanzierung aller europäischen Aufgaben bereits mittelfristig nicht mehr zu sichern ist. Eine Vollmitgliedschaft der Türkei in der EU oder eine privilegierte Partnerschaft Europas mit der Türkei, wie es Österreich und Deutschland vorziehen, darf nicht vorrangig von der Warte des Verhältnisses zwischen Orient und Okzident beurteilt werden. Andernfalls führt dieses ohnehin komplexe Dossier in eine Sackgasse der politischen und religiösen Ressentiments.

Steinig gestaltet sich der Weg der Beitrittsverhandlungen, die im Herbst 2005 nach vielen innereuropäischen Debatten schließlich mit offenem Ausgang starteten. Als Verhandlungszeitraum werden 15 bis 20 Jahre genannt. Der Europäische Rat beschloss am 11. Dezember 2006, die Beitrittsverhandlungen mit der Türkei in acht wichtigen Kapiteln des zukünftigen Beitrittsvertrags auszusetzen. Der Verlauf der Verhandlungen wird zunächst weiter von der Zypernfrage abhängig sein. Ankara weigert sich, Schiffen und Flugzeugen des EU-Mitgliedstaates Zypern Zugang zu türkischen See- beziehungsweise Flughäfen zu gewähren. Neben dieser Problematik geht es um Menschenrechtsfragen, um die Migration und natürlich auch um das jeweilige Selbstverständnis der Türkei und Europas mit Blick auf den islamischen Raum.

Die Türkei eignet sich historisch betrachtet nicht als Brückenschlag in den Nahen Osten, sodass Europa mit Ankara an Bord leichter diese Region befrieden könnte. Die Osmanen regierten über 400 Jahre im arabischen Orient. Die türkische Ära wurde als Fremdherrschaft wahrgenommen. Die Tatsache, dass die Türkei der wichtigste Verbündete Israels in der Region ist, die israelische Luftwaffe im türkischen Luftraum trainiert und israelische Rüstungsexporte primär an den Bosporus gehen, fällt für die Wahrnehmung der türkischen Nahostpolitik ebenso ins Gewicht. Die Türkei nimmt traditionell eine Sonderstellung zwischen dem europäischen Kontinent, dem es territorial und historisch verbunden ist, und dem Kaukasus sowie Zentralasien ein. In diesen Regionen, wo junge Usbeken zum Beispiel davon träumen, Türkisch zu lernen und für türkische Firmen zu arbeiten, eröffnen sich für das Land – nicht nur aus Sicht der EU-kritischen Kemalisten – mehr politische und wirtschaftliche Optionen als vielleicht auf dem europäischen Markt. Der Handlungsspielraum nationaler Regierungen nimmt mit der fortschreitenden europäischen Integration ab. Eine europäische Mitgliedschaft bedeutet das Abtreten von Kompetenzen an europäische Institutionen. Länder, die auf ihre Souveränität sehr bedacht sind, bedauern diese Verringerung ihrer Unabhängigkeit. Zu riskant erscheint zudem die Möglichkeit, dass in einer ohnehin angespannten Situation, in der sich die islamische und die westliche Welt momentan befinden, eine Verhandlungskrise zwischen Ankara und Brüssel zum Anlassfall für eine offene Konfrontation werden könnte.

Inwieweit der sogenannte „gemäßigte Islamismus" der Türkei tatsächlich zum Modellfall für andere muslimische Gesellschaften werden kann, wie vor allem die USA regelmäßig betonen, ist ein zweifelhaftes Argument. Zu speziell ist die Geschichte dieses Landes zwischen Laizismus und Islam, um es als Referenz für andere Staaten heranzuziehen. Zudem ist der tief greifende Umwandlungsprozess des Landes, in dessen Schatten Armee und Islamisten gegenwärtig einen Interessensausgleich ausfechten, noch lange nicht abgeschlossen. Die türkische Gesellschaft hat sowohl in den Städten als auch im ländlichen Raum die Reformen der letzten Jahre aktiv mitgemacht. Dies trifft nicht auf weite Teile der türkischen Diaspora in Europa zu, die in einer rückwärts gewandten Position verharrt. Ob eine Türkei in der EU die Integrationsprobleme von Türken in Deutschland oder Österreich lösen könnte, ist ebenso fraglich.

Die Türkei hat ihre eigene Erfahrung mit politischer Gewalt, ob von kurdischer oder islamistischer Seite, gemacht. Die Tatsache, dass praktizierende sunnitische Muslime die Regierung stellen, hielt die Attentäter vom November 2003 nicht davon ab, mehrere blutige Anschläge in Istanbul zu unternehmen. Der Traum von der Wiedererrichtung eines sunnitischen Kalifats auf türkischem Boden bewegte die Drahtzieher. Die türkische Regierung reagierte auf diese Anschläge mit verstärkten Sicherheitsmaßnahmen. Das Land ist im Visier von Fanatikern, wie dies für den gesamten EU-Raum gilt. Eine der vielen Fragen in der Terrorismusbekämpfung, die sich Experten von Ankara bis Paris stellen, ist jene der Prävention in der Verbreitung fanatischer Ideen unter jungen Muslimen.

Wie ist einer islamistischen Gewaltidee in den Köpfen von Menschen zu begegnen?

Die Al-Qaida ist mehr eine Referenz für ideologische Inspiration als eine Organisation mit hierarchischem Aufbau. Der Unterstützerkreis ist sehr heterogen. Eine wesentliche Sorgenkategorie bilden junge Muslime mit bürgerlichem Hintergrund, auf den ersten Blick integriert und unauffällig, die zur Religion ihrer Väter zurückfinden wollen und über die Mittel und Zeit verfügen, sich mit ihrer Sinnsuche, mit ihren Umsturzplänen zu befassen. Ebenso problematisch ist die Rolle der Konvertiten. Über sie ist wenig bekannt, dass sie aber ein gefährliches Potenzial darstellen können, dessen sind sich die Sicherheitsbehörden vor allem in Großbritannien, Frankreich und Deutschland sehr wohl bewusst. Allein in Großbritannien vermutet der Inlandsgeheimdienst MI5 bis zu 1600 Verschwörer, womit sich innerhalb des Jahres 2006 die Zahl potenzieller Terroristen verdoppelt hat. Die Täterprofile werden immer vielfältiger, sodass die Exekutive mit einem breiten Spektrum an möglichen Szenarien konfrontiert wird.

Der 11. September 2001 hat klar gezeigt, dass wir uns auf dem Weg in einen neuen hochexplosiven Ost-West-Konflikt befinden, der weitaus schwerer unter Kontrolle zu halten sein wird als der alte, der zwischen zwei ideologischen Blöcken stattfand, die jeweils über hierarchische militärische Strukturen verfügten. Obwohl der transnationale Terrorismus viele Quellen hat, ist unverkennbar, dass eine Hauptquelle der zunehmenden terroristischen Energie der ungelöste Nahostkonflikt mit seinen vielen Dimensionen darstellt. Erniedrigung kann schwerer wiegen als alle Niederlagen. Das kollektive Gefühl wirtschaftlicher und politischer Schwäche, genährt von den Kriegen des Kolonialismus und allen aktuellen Konflikten, scheint in der muslimischen Welt zu dominieren. Die Sehnsucht nach Gerechtigkeit, die eine zentrale Rolle im Islam einnimmt, blieb bislang unerfüllt. Der Westen kann darauf nur reagieren, indem das Messen mit doppeltem

Maß im Nahostkonflikt und der unselige Krieg gegen den Terrorismus einer anderen Politik Platz machen.

Die vom Baker-Hamilton-Bericht geforderte Einbindung des Irans in eine neue Irakpolitik der USA erscheint auch vor dem Hintergrund der Transformation des Irans nützlich. Jene Staaten, die eine sehr radikale Version eines politischen Islam erfahren haben, deren Gesellschaften nach mehr Freiraum streben, wie beispielsweise in der 28-jährigen Islamischen Republik Iran, könnten sich tatsächlich bereits in einer postislamistischen Phase befinden. Auch die Generation junger Hisbollah-Funktionäre im multikonfessionellen Libanon mit seinen vielen kulturellen Reibungsflächen und freiem Zugang zu Information beginnt die Doktrinen ihrer Lehrmeister teils in Frage zu stellen. So trägt gerade die hohe Bildungsrate im Iran und im Libanon zu einer Schwächung der Islamisten, die das öffentliche Bildungswesen reformierten, bei. Ein politischer Kurs, der den Iran als „Schurkenstaat" ablehnt, stärkt hier wiederum nur die Extremisten. Eine solche Politik des Westens hatte zur Abwahl der Reformkräfte im Sommer 2005 geführt, es folgte Ahmadinedschad auf Khatami, der seiner Wählerschaft keine konkreten Ergebnisse seiner Öffnungspolitik gegenüber den USA und Europa vorweisen konnte. Es ist an der Zeit, zu begreifen, dass sich hinter dem sogenannten „Mullah-Regime" eine bunte politische und wirtschaftliche Szene befindet, die mit dem Westen jedenfalls ins Gespräch kommen will.

Anders verhält es sich in jenen Regionen, wo der Islam, den wahabitische Missionare im Auftrag diverser karitativer Einrichtungen finanziell großzügig vertreiben, zur letzten Zufluchtsmöglichkeit eines politischen Widerstands werden könnte. Dies trifft auf Tschetschenien ganz besonders zu. Bosnien war während der Kriegsphasen 1993 bis 1995 an der Kippe, von Söldnern aus dem Iran und saudischen Stiftungen in einen fanatisierten muslimischen Freiheitskampf gegen die serbischen Nationalisten gedrängt zu werden. Die Intervention der NATO und das Abkommen von Dayton konnten eine derartige religiöse Konfrontation verhindern. War doch die Intervention in gewisser Hinsicht eine Intervention zugunsten der muslimischen Bosnier, die mit dem Rücken zur Wand standen.

Jeder dieser Fälle ist für sich gesondert zu beurteilen, denn zwischen dem radikalisierten Muslim im bosnischen Zenica oder tschetschenischen Grosny und jenem in Manchester oder Köln liegen Welten, andere Lebensbedingungen und unterschiedliche Biografien. Eine wichtige Maßnahme, den die muslimischen Glaubensgemeinschaften zusammen mit den staatlichen Behörden, egal ob in Europa oder im Nahen Osten, umsetzen müssen, ist die Qualitätssicherung in der theologischen Ausbildung der Imame, der Religionslehrer und all jener, die in Bildung und Mission tätig sind. Anstatt selbst ernannten Predigern ohne solides Wissen in Arabisch, Koranexegese und Rechtswissenschaften das Feld zu überlassen, müssen höhere Standards angelegt werden. Zu viel Autonomie für die religiösen Minderheiten kann wie in Großbritannien dazu führen, dass finanzkräftige religiöse Stiftungen, die keiner staatlichen Kontrolle unterliegen, diese Aufgaben übernehmen.

Auch die katholische Kirche musste sich seit dem Zweiten Vatikanischen Konzil mit der Ausbildung ihrer Priester, den moralischen und psychologischen Problemen in den Priesterseminaren befassen und hat erst allmählich gelernt, Fehler einzugestehen. Den Rahmen für diese Maßnahmen muss die Regierung mit der jeweiligen Glaubensgemeinschaft vertraglich festlegen. Ist der Vatikan die Vertragspartei der Konkordate, so bleibt das Problem auf muslimischer Seite das der Repräsentanz: Wer ist der von allen betroffenen Gläubigen anerkannte Vertreter in einem Staat? Gerade für die sunnitischen Muslime, ob in den arabischen Staaten oder in Europa, stellt sich diese Frage. Die Schiiten hingegen verfügen über solide klerikale Strukturen, die jenen der katholischen Hierarchie vergleichbar sind.

In den islamisch geprägten Gesellschaften des Nahen Ostens und Nordafrikas ist zudem eine geistige Erneuerung nötig, die nur dann möglich wird, wenn die politische Repression abnimmt. Säkulare Intellektuelle in der islamischen Welt sind verstorben, wie der ägyptische Nobelpreisträger Nagib Mahfouz, oder ausgewandert, wie der aus Pakistan stammende Filmemacher und Schriftsteller Tariq Ali. Letzterer beschreibt die Malaise zwischen Orient und Okzident als „clash of fundamentalisms". Die Fanatisierung des Islam begründet Ali so: „Das intellektuelle Leben ist verkümmert, sodass aus dem Islam eine statische, an der Vergangenheit orientierte Religion geworden ist." So wie es möglich sein sollte, nicht jüdischer Jude in der Tradition eines Emmanuel Lévinas oder Isaac Deutscher zu sein, so sieht sich Tariq Ali als nicht muslimischer Muslim. Den Freiraum für die geistige Entfaltung des Kulturellen jenseits des Religiösen müssen diese Staaten schaffen. Viele Staaten in der islamischen Welt waren vor 50 Jahren in so wesentlichen Fragen wie der Religionsfreiheit und Gewaltentrennung viel weiter. Seither formiert sich alles Oppositionelle im Namen Gottes, während die säkularen Parteien zur Randgröße verkommen sind. Dass es auch unter widrigen politischen Umständen möglich sein kann, einen säkularen Geist zu erhalten, zeigt folgendes Beispiel. Als der Bosnier Zlatko Dizdarevic, der während der Belagerung von Sarajevo zwischen 1993 und 1995 täglich die legendär gewordene Tageszeitung „Oslobodje" herausgab, von einer Delegation neugieriger Intellektueller gefragt wurde, welcher Nationalität er denn in der durchgehend multinationalen Redaktion von Serben, Kroaten, Muslimen und Juden sei, lautete seine Antwort: „Meine Nationalität ist Journalist."

Ein Kampf der Fundamentalisten und nicht der Zivilisationen findet statt

Religionen, die den Universalitätsanspruch erheben, wie dies für die großen Weltreligionen gilt, waren in gewisser Weise die ersten „globalen Akteure", versuchten sie doch, durch Missionierung mit Buch und Schwert ihre jeweilige Lehre weltweit zu vertreiben. Ob im Nahen Osten oder am Balkan, Kirche und Moschee haben häufiger konfliktverschärfend als konfliktberuhigend gewirkt. Das nationalistische Engagement der serbisch-orthodoxen Kirche an der Seite von Slobodan Milošević war bedenklich. Massaker an bosnischen Muslimen unter Einsatz christlicher Symbole gehörten beinahe schon zur Regel des Grauens. Katholische Liturgie, die Begräbnisse von IRA-Kämpfern begleitet und zu politischen Akten hochstilisiert, findet in einem westeuropäischen Staat statt. Eine Fatwa, die Bücher auf den Index setzt und ihre Autoren für vogelfrei erklärt, weil Prosa die religiösen Gefühle der Muslime weltweit verletzt habe, hätte die Politik schon 1989 angesichts des Falls Rushdie aufwecken sollen. Vor einer Schlacht zwischen den Kulturen warnten Intellektuelle bereits anlässlich des Golfkrieges von 1991.[3] Seither hat sich die Lage im Nahen Osten verschärft, die Lage der Muslime in Europa wird von den Folgen der Terroranschläge überschattet. Die Zahl der Politiker, die den Zusammenprall der Zivilisationen als Krieg der Zukunft beschreiben, wächst.

Sprach man bis zu Beginn des 20. Jahrhunderts noch von der Zivilisation ausschließlich im Singular, so erscheint der Einsatz des Plurals unserer Epoche geradezu als Fortschritt. Wird doch zumindest sprachlich das Spannungsfeld von „Zivilisation versus Barbarei“ aufgelöst, andererseits kann uns Diskussion um den „clash of civilizations“ oder den Kampf der Kulturen auch nicht weiterbringen. Denn beinahe noch gefährlicher als der Diskurs ist die Atmosphäre, die sich aus dieser Debatte für die internationalen Beziehungen ergibt.

Will man eine unwissenschaftliche, aber eine der menschlichen Wirklichkeit verbundene Definition der Zivilisation unternehmen, dann ließe sich folgende Festlegung anbieten: Zivilisation bedeutet, Kinder auch unter schwierigen Umständen, wie Krieg und Bruch aller Tabus, so zu erziehen, dass sie nicht nur zwischen den Feuerpausen die Schulen besuchen und überleben, sondern ihnen ungeachtet des täglichen Wahnsinns Werte vermittelt werden. Eben jene Gebote, die sich in allen Weltreligionen finden und den Respekt vor der Schöpfung normieren. Dies ist den Menschen trotz aller tief liegenden Missverständnisse in Orient und Okzident bislang immer wieder gelungen.

---

1 Die Kommission wurde weder vom Präsidenten noch vom Kongress eingesetzt. Sie geht auf die Initiative eines Abgeordneten zurück und steht in der Tradition der „Elder Statesmen", die in der Vergangenheit besonders dann zu Rate gezogen wurden, wenn das Land von nationalen Tragödien oder politischen Skandalen heimgesucht wurde. Die Kommission setzte sich aus jeweils fünf Republikanern und Demokraten zusammen.

2 Jörg Wolf: Staatszerfall. Die riskante Stabilisierungsstrategie der Europäischen Union für den südlichen Mittelmeer-Raum, in: Christopher Daase/Susanne Feske/Ingo Peters (Hrsg.): Internationale Risikopolitik. Der Umgang mit neuen Gefahren in internationalen Beziehungen. Baden-Baden 2002, S. 257 ff.

3 Esprit juin 1991: Contre une bataille des cultures.

Danksagung

In erster Linie darf ich meinen Gastgebern und Gesprächspartnern zwischen Amman, Algier, Beirut, Damaskus, Jerusalem und Teheran meinen aufrichtigen Dank aussprechen, die mich in den Jahren der Recherche unterstützt haben, indem sie sich für Fragen und lange Gespräche Zeit nahmen. Oftmals entwickelten sich aus diesen Begegnungen Freundschaften, die mein Leben bereichert haben. Nicht alle dieser wertvollen Ratgeber kann ich hier nennen. Folgende Menschen darf ich stellvertretend anführen, da sie an der Verwirklichung dieses Buches einen wichtigen Anteil haben:

Dr. Abdallah Zahia (Byblos), Prof. Theodor Hanf (Freiburg i. Br.), Dr. Mariette Fayad (Byblos), Samir Farah (Beirut), Nathalie und Hani Melki (Beirut), Haleh Bridi (Brüssel/Teheran), Maria Saudi (Amman), Dr. Bijan Khajehpour (Teheran), Prof. Shlomo Avineri (Jerusalem), Dr. Christine von Fürstenberg (Paris), Prof. Hans Klinghoffer (Jerusalem), Dr. Victor al-Kik (Beirut), Dr. Franziska und Dr. Herbert Honsowitz (Teheran), P. Antoine Khalife (Byblos), Avi Rybnicki (Tel Aviv), Prof. Vamik Volkan (Istanbul), Dr. Thomas Michael Baier (Algier/Wien), Dr. Francesco Bascone (Wien), Hasan M. Qabazard (OPEC, Wien) und viele andere.

Eine wesentliche Rolle für die Idee zum Buch kommt Dr. Hannes Steiner zu. Von ihm ging die Initiative aus und er betrieb die Umsetzung. Für den ausführlichen Gedankenaustausch und die Ermutigung darf ich mich bei Dr. Steiner an dieser Stelle bedanken. Meine Wertschätzung darf ich allen seinen Kolleginnen und Kollegen im Ecowin Verlag aussprechen. Lektor Dr. Arnold Klaffenböck betreute umsichtig und mit vielen wichtigen Fragen als guter Geist das Buch und die Autorin im Finale. Mag. Michael

Floiger erstellte spontan die exzellenten Karten und Martin Vukovits hat am Bildmaterial einen wichtigen Anteil. Ihrer aller Mithilfe war entscheidend, da sie aus einem Manuskript ein Buch schufen.

Ausgewählte Literatur

Samir Al-Khalil: Republic of Fear. The Politics of Modern Iraq. Berkeley 1987.

Robert Baer: Sleeping with the Devil. How America sold its soul for Saudi crude. New York 2002.

Hanna Batatu: The Old Social Classes and the Revolutionary Movements of Iraq. New Jersey 1978.

David Ben Gurion: My talks with Arab leaders. Jerusalem 1972.

Michael Brecher: Decisions on Israel's Foreign Policy. London 1974.

Franco Cardini: Europa und der Islam. Geschichte eines Missverständnisses. München 2000.

Georges Corm: L'Europe et l'Orient, de la balkanisation à la libanisation, histoire d'une modernité inaccomplie. Paris 1989.

Dan Diner: Israel in Palästina. Königstein 1980.

Shukri Ghanem: OPEC. Rise and Fall of an Exclusive Club. London 1985.

Theodor Hanf: Co-existence in War Time Lebanon. Decline of a State and Rise of a Nation. London 1993.

Theodor Hanf/Nawaf Salam (Hrsg.): Lebanon in Limbo. Postwar Society and State in an Uncertain Regional Environment. Baden-Baden 2003.

Hans Kelsen: Principles of International Law. London 1950.

Gilles Kepel: La Revanche de Dieu. Paris 1991.

Gilles Kepel: Jihad. Expansion et déclin de l'islamisme. Paris 2000.

Necla Kelek: Die fremde Braut. Ein Bericht aus dem Inneren des türkischen Lebens in Deutschland. Köln 2005.

Norbert Mappes-Niediek: Die Ethno-Falle. Der Balkan-Konflikt und was Europa daraus lernen kann. Berlin 2005.

Herfried Münkler: Die Neuen Kriege. Hamburg 2002.
Jukka Nevakiki: Britain, France and the Arab Middle East. London 1969.
August Richard Norton: Hizbollah of Lebanon. Extremist Ideals vs. Mundane Politics. Council of Foreign Relations. New York 1999.
Ahmed Raschid: Taliban. Afghanistans Gotteskrieger und der Dschihad. München 2001.
Ignacio Ramonet: La Tyrannie de la Communication. Paris 1999.
Yann Richard: L'Islam chi'ite. Paris 1991.
Ulrich Schneckener: Transnationaler Terrorismus. Frankfurt am Main 2006.
Reinhard Schulze: Geschichte der Islamischen Welt im 20. Jahrhundert. München 2002.
Patrick Seale: Asad. The Struggle for the Middle East. London. 1988.

Periodika:

An-Nahar, libanesische Tageszeitung
Haaretz, israelische Tageszeitung
L'Orient-Le Jour, libanesische Tageszeitung
Le Monde
Le Nouvel Observateur
Les Cahiers de l'Orient
Neue Zürcher Zeitung

Glossar

Arabischer Nationalismus
Entstand um 1900 als säkulare nationale Bewegung mit dem Ziel, die türkische Fremdherrschaft zu beenden. Sowohl republikanische als auch royalistische Strömungen waren Teil dieses Nationalismus, der auf einer Erneuerung der arabischen Sprache und Kultur fußte. Die Arabische Revolte unter Führung der Haschemiten und mit britischer Unterstützung während des Ersten Weltkriegs verfolgte die Errichtung eines geeinten Arabischen Königreiches mit der Hauptstadt Damaskus. Hiervon blieb nur ein Traum, der in Form des arabischen Panarabismus weiterlebt. Die Arabische Liga basiert auf dieser Ideologie. Der wichtigste Politiker, der eine Vereinigung aller Araber anstrebte, war Ägyptens Staatschef Gamal Abdel Nasser, der von 1953 bis 1970 regierte. Sein Name stand Pate für den Nasserismus.

Baath-Partei
Arabische sozialistische und nationalistische Massenpartei, gegründet von dem Syrer Michel Aflaq in den 1930er Jahren. Die Partei gelangte in Syrien und im Irak Ende der 1960er Jahre an die Macht. Infolge der Rivalität zwischen Damaskus und Bagdad kam es zur Spaltung. Während die Baath, was wörtlich „Erneuerung" bedeutet, in Syrien immer noch an der Macht ist, wurde sie im Irak mit dem Sturz von Saddam Hussein 2003 verboten.

Diaspora
Bezeichnet religiöse oder ethnische Gruppen, die ihre ursprüngliche Heimat verlassen haben und als Minderheit unter einer anders denkenden Mehrheitsbevölkerung leben. Der Begriff wurde anfänglich vor allem mit den jüdischen und armenischen Gemeinschaften in Europa und Übersee verbunden. Indes ist auch eine wichtige muslimische Diaspora entstanden.

Hamas
Bildete sich in den 1970er Jahren als ein Zweig der ägyptischen Muslimbruderschaft. Durch ein weit verzweigtes soziales Netz erhielt die Hamas verstärkt Zulauf, den Israel anfänglich unterstützte. Die Hamas lehnte den von der PLO mitgetragenen Friedensprozess von Oslo 1993 ab. Anstelle einer Zwei-Staaten-Lösung will die Hamas einen palästinensischen Staat, dessen Gesetzgebung und Gesellschaft im Einklang mit dem Koran stehen. Die Hamas hat bislang Israel nicht anerkannt. Ihr Gründer, Scheich Ahmed Jassin, wurde von israelischen Sicherheitskräften im März 2004 ermordet. Im Jänner 2006 errang die Hamas bei den palästinensischen Parlamentswahlen einen klaren Sieg mit über 70 Prozent der Stimmen.

Hisbollah
Die „Partei Gottes" entstand aus einem Sammelbecken von schiitischen Gruppen im Südlibanon 1983, die mit der Hilfe des Irans den militärischen und politischen Widerstand gegen die israelische Besatzung bildeten. Bekämpfte die Hisbollah anfänglich das politische System des Libanons mit dem Ziel der Errichtung einer islamischen Republik nach dem Vorbild des Irans, veränderte sich der Kurs nach 1989. Die Hisbollah nahm 1992 an den Parlamentswahlen teil, wurde zur stärksten schiitischen Fraktion, hielt aber ihre paramilitärischen Zweige aufrecht. Aufgrund der starken Ausrichtung auf den Iran und Syrien, das die Drehscheibe für den Waffennachschub und finanzielle Zuwendungen ist, wird die Hisbollah von ihren Gegnern als Fünfte Kolonne im Land gesehen. Der Krieg mit Israel im Sommer 2006 stärkte das Ansehen der Hisbollah im Libanon und in der gesamten arabischen Welt, da es ihren Milizionären gelungen war, die israelische Armee in Schach zu halten.

Intifada
Bedeutet auf Arabisch „die Erhebung". Die erste Intifada brach – auch zur Überraschung der PLO – Ende 1987 in den besetzten palästinensischen Gebieten auf. Jugendliche bewarfen systematisch israelische Soldaten und Siedler mit Steinen, Generalstreiks und ziviler Ungehorsam folgten. Nicht die PLO-Kämpfer, sondern die

Zivilgesellschaft sollte das Ende der Okkupation einleiten. Die Intifada endete mit dem Friedensprozess von Oslo 1993. Im September 2000 brach die zweite Intifada (Al-Aksa-Intifada) aus. Diese verlief um vieles blutiger, da palästinensische Selbstmordattentäter ihren Kampf auf das israelische Kerngebiet, also nach Tel Aviv und Haifa, ausdehnten. Die israelische Armee unternahm mehrere militärische Operationen, welche die palästinensische Autonomie schwer trafen, zu großen Verlusten an Menschenleben und Sachschäden führten. Offiziell fand die Intifada im Februar 2005 in einem Abkommen zwischen Premier Scharon und Palästinenserpräsident Mahmud Abbas ihr Ende. Tatsächlich geht sie aber weiter.

Islamismus
Ein kontroverser Begriff, der auch mit islamischem Fundamentalismus oder politischem Islam in Verbindung gebracht wird. Das politische Programm islamistischer Parteien, wie der ägyptischen Muslimbruderschaft, der Hamas oder der Hisbollah, sieht die Errichtung einer politischen und gesellschaftlichen Ordnung vor, die sich an den Prinzipien des Korans orientiert. Eine Trennung von Politik und Religion ist für islamistische Gruppen nicht vorstellbar.

Konfessionalismus
Bezeichnet die Aufspaltung eines Staatsvolks gemäß religiösen Kriterien. Quoten zufolge erhält jede Konfession eine bestimmte Anzahl von Sitzen im Parlament, in Interessenvertretungen im öffentlichen und wirtschaftlichen Leben. Die Basis hierfür kann eine Verfassung oder ein ausgehandeltes Abkommen sein. In multiethnischen Gesellschaften soll dieses System zwar die Rechte aller Gruppen in Balance halten, zugleich ist die Gefahr einer Lähmung des Systems oder eines Bürgerkriegs groß. Der Konfessionalismus existierte bereits im Osmanischen Reich, wurde vom Libanon und der Bundesrepublik Jugoslawien zur Regelung der Einflusszonen der Religions- und Volksgruppen übernommen. Der Irak wurde mit der neuen Verfassung 2005 ebenso nach konfessionellen Quoten politisch neu geordnet.

Laizismus
Gemeint ist eine klare Trennung von Politik und Religion. Die Türkei und Frankreich haben das laizistische Modell am deutlichsten umgesetzt. In der Türkei gilt die „Unterordnung der Religionsausübung unter den Staat“, da die islamischen Imame vom Staat ausgebildet werden. Frankreich hat den Laizismus zu einem politischen Ideal erhoben, das die Grundsätze der Neutralität des Staates gegenüber Religionen zum Inhalt hat.

Levante
Region des östlichen Mittelmeers, wo die Sonne aufgeht (abgeleitet vom italienischen „levare“). Bezeichnet werden die Küstenregionen, die sich von Griechenland über den Libanon bis ins ägyptische Alexandria erstrecken. Gemeint ist mit dem Begriff eine europäisch-orientalische Vermischung von Nachkommen der Kaufleute und einheimischer Bevölkerung, deren Weltoffenheit sich in der Beherrschung mehrerer Sprachen und kulturellen Buntheit auszeichnet. Levantinisch kann aber auch mit Profitgier negativ verbunden werden.

Likud-Partei
Jene national-religiöse Partei, die in Israel 1978 an die Macht kam, damit die mächtige Arbeiterpartei ablöste und unter anderem die Annexion der 1967 eroberten arabischen Gebiete, die sie als Teil von Eretz Israel bezeichnet, befürwortet. Nach Menachem Begin zählte Ariel Scharon zu den wichtigsten Politikern des Likud, der seit der Parlamentswahl im März 2006 in der Opposition ist.

Orient
Bezeichnet das muslimisch geprägte Morgenland als Gegenstück zum christlichen Abendland.

Okzident
Dort, wo die Sonne untergeht. Gemeint ist der Westen, das christlich geprägte Abendland.

Säkularisierung
Prozess der Trennung von Kirche und Staat.

Saud
Ein Stamm auf der Arabischen Halbinsel, der sich Ende des 18. Jahrhunderts mit der strengen sunnitischen Gruppe der Wahabiten verbündete. Im Namen dieser orthodoxen Auslegung des Islam einigte Ibn Saud Abdel Aziz zu Beginn des 20. Jahrhunderts die Stämme von Riad ausgehend. 1932 gründete er das Königreich Saudi-Arabien, das einzige Land, das nach einer Familie benannt ist.

Schiiten
Sie bilden eine muslimische Glaubensgruppe, die sich im Erbfolgestreit nach dem Tod des Propheten Mohammed 632 unserer Zeitrechnung entwickelte. Zusätzlich zum Koran und zur Lehre des Propheten haben die Schiiten rund um ihren religiösen Führer Ali und dessen Nachfolger der Offenbarung noch weitere Elemente hinzugefügt. Zahlreiche Abspaltungen sind aus der ursprünglichen Zwölfer-Schia noch hervorgegangen. Die Schiiten werden von den Sunniten seit Jahrhunderten als Abtrünnige vom wahren Glauben verfolgt. Ihr mächtiger Klerus wirkt gesellschaftlich und politisch als einigendes Band. Stark vertreten sind die Schiiten im Iran, Libanon, in Aserbaidschan und Bahrain.

Sunniten
Sie stellen rund 90 Prozent der 1,4 Milliarden Muslime weltweit. Der Name leitet sich vom arabischen Wort „Sunna" ab, was mit „Gewohnheit, Praxis" übersetzt werden kann. Für die Sunniten sind der Koran und die Sunna des Propheten die Grundlagen ihres Glaubens. Innerhalb der Sunniten konkurrieren Strömungen, wie Wahabiten und Sufis, die den Islam sehr unterschiedlich interpretieren, miteinander. Zudem bestehen mehrere Rechtsschulen.

Sykes-Picot-Abkommen
Das geheime Abkommen zwischen Großbritannien und Frankreich über ihre Einflusszonen im Nahen Osten nach dem Ende des Osmanischen Reiches. In ihren Briefen zwischen November 1915 und Mai 1916 legten die beiden Diplomaten Mark Sykes und François Georges Picot Gebiete direkten und indirekten Einflusses fest, wobei Frankreich ursprünglich eine viel stärkere Stellung in der Region

behaupten konnte, als dies dann beim Erdölabkommen von San Remo 1920 der Fall war. Letzteres legte die späteren Staatsgrenzen der neuen Nationalstaaten fest.

Terrorismus, Terror
Es gibt keine allgemein anerkannte Definition des Terrorismus, da vor allem in Zeiten einer Okkupation die Grenzen zur Guerilla fließend sind. Folgende Beschreibung nach Jakob Rösel, Universität Rostock, sei angeboten: Es geht dem Terroristen nicht vorrangig darum, den einzelnen Gegner zu töten oder ein Objekt zu zerstören. Es geht in erster Linie darum, mit Hilfe eines solchen Angriffs eine vielfach größere Masse von Menschen, einen Staat zu bedrohen oder unter Druck zu setzen – mit anderen Worten: zu terrorisieren. Damit dieser Terror erzeugt wird, ist es notwendig, diese Angriffe zu wiederholen. Die einfache Botschaft des Terrorismus lautet: Wir können jeden von euch erreichen, aber ihr könnt niemanden von uns fassen. Nicht nur ihr Geheimcharakter, vor allem die Arbeitsteiligkeit und der Netzwerkcharakter steigern die Effektivität der Terroristen und begründen terroristische Organisationen.

Zionismus
Steht für die jüdische Nationalbewegung, welche die Wiedererrichtung eines jüdischen Staates anstrebt. Der Begriff existierte bereits, als Theodor Herzl 1896 mit seinem Buch „Der Judenstaat. Versuch einer modernen Lösung der Judenfrage" aktiv wurde, eine solche Idee in die politische Realität umzusetzen. Innerhalb des Zionismus bestehen unterschiedliche Strömungen, die von säkular bis religiös reichen.

Der Kapitalismus wurde zur Wirtschaftsreligion und führt unweigerlich in die Katastrophe

Ronald Barazon

Kampf dem Kapitalismus

224 Seiten
Gebunden mit Schutzumschlag

ISBN: 978-3-902404-30-5

Den Arbeitslosen, den Verlierern der Leistungsgesellschaft und den nochmal 20 Millionen an der Armutsgrenze reicht es. Was ist los in Europa? Hat doch die EU sich dem Kapitalismus, dem totalen Wettbewerb verschrieben, der sich als das beste Wirtschaftssystem erwiesen hat – und dieses Ergebnis? Aber: Die Weltwirtschaft insgesamt wächst wie noch nie, und dieses Ergebnis ist dem Kapitalismus zu danken. Die USA, die Heimat des Kapitalismus, haben anhaltend das stärkste Wachstum und eine geringe Arbeitslosigkeit. Der Kapitalismus sorgt für einen Aufschwung im kommunistischen China, in Osteuropa, in Südamerika. Und trotzdem „Kampf dem Kapitalismus"? Der Kapitalismus wurde zur Wirtschaftsreligion, ähnlich wie früher der Marxismus, und führt unweigerlich in die Katastrophe. Das Buch zeigt die Alternativen auf.

SPANNEND.
www.ecowin.at

Belgien
Lux.
Deutsches Reich
Österreich-Ungarn
Wien
Budapest
Frankreich
Schweiz
1908 an Österreich-Ungarn
Dnjestr
Bessarabien
Moldau
Odessa
Krim
Bukarest
Rumänien
Walachei
1878
Bosnien-Herzegowina
Belgrad
Sarajevo
Serbien
1878
Bulgarien
1908
Sofia
Montenegro
1878
Italien
Rom
Tirana
Albanien
1913
Istanbul
Izmir
Ankara
Sinope
Thessalien
Griechenland
1830
Athen
Morea
Konya
Dodekanes
1912 an Italien
Kreta
1878 unabhängig
1913 an Griechenland
Zypern
1878 an
Großbritann
Jerus
Tunis
Tunesien
1871 unabhängig
1881 franz. Protektorat
Algerien
ab 1830
an Frankreich
Tripolis
Bengasi
Cyrenaika
Alexandria
Kairo
Tripolitanien
1912 an Italien
1912 an Italien
Ägypten
1805 unabhängig
1882 brit. Protekto
1922 unabhängig
Französische Einflusszone
1842 an das Osmanische Reich
Fessan
Murzuk
1898 ang
Kond
Gebietsverluste an europäische Kolonialmächte
Britisches Gebiet, Protektorate, Einflusszonen
Französisches Gebiet oder Einflusszone
Italienisches Gebiet oder Einflusszone